KB204236

이토록
따스한
성령님

이토록 따스한 성령님

초판 1쇄	2023년 12월 27일
지 은 이	신옥수
펴 낸 이	김현애
펴 낸 곳	예배와 설교 아카데미
주　　소	서울특별시 광진구 아차산로73길 25
전　　화	02 - 457 - 9756
팩　　스	02 - 457 - 1957
홈페이지	http://wpa.imweb.me
등록번호	제18 - 19호(1998.12.3)
디 자 인	디자인집 02 - 521 - 1474
총 판 처	비전북
전　　화	031 - 907 - 3927
팩　　스	031 - 905 - 3927
I S B N	979-11-93719-00-8 93230

값 19,800원

● 잘못 만들어진 책은 교환해 드립니다.

이토록
따스한
성령님

신옥수 지음

목 차

3부 이토록 베푸사

서문

시리아의 교부 에프렘(Ephrem the Syrian)은 비유하기를, 성부 하나님이 태양 그 자체라면, 성자 예수님은 빛이요, 성령님은 열이라고 했습니다. 저는 어린 시절부터 햇볕을 무척이나 좋아했습니다. 아침 해가 떠올라 창의 커튼 사이로 햇빛이 비치면, 저의 작은 방에 남아 있는 지난밤의 한기를 밀어내는 따스한 온기가 느껴졌기 때문입니다. 엄마 품만큼이나 좋아했던 햇살의 온기가 다름 아닌 성령님을 가리키는 (떡과 포도주 같은) 성례전이라는 사실을 신학교에 와서 비로소 깨닫게 되면서, 성령님은 처음부터 제게 언제나 "이토록 따스한 분"으로 다가오시는 분임을 알게 되었습니다.

이토록 따스한 성령님

신학교 졸업 이후 사역 현장, 유학 시절, 그리고 오랫동안 지켜온 강단에서 어느 때는 옛적 엘리야에게 허락하셨던 여호와의 불같은 어떤 것이 내려와 제 앞에 있는 나무와 돌과 흙을 태우고 물까지 핥는 기적을 체험하기도 했지만, 때로는 저도 어찌할 바 모른 채 삶의 끝자락을 붙잡고 하염없이 눈물 흘리며 하나님 앞에서 죽고 싶다고 어린아이처럼 하소연하기도 했습니다.

그때마다 성령님은 마치 광야의 천사처럼 지친 제 어깨를 어루만지시고 등을 토닥이시면서 광야의 식탁을 마련해 주시곤 하셨습니다. 먹고 마실 힘조차 없어 다시 눕곤 하던 저를 위로해 주시며 일으켜 주시는 성령님은 제 머리맡에 항상 숯불에 구운 따뜻한 떡과 한 병 물까지 차려 주시는 엄마 같으셨습니다.

그래서일까요? 젊어서는 홀연히 하늘로부터 임하는 뜨거운 불길 같고 급하고 강한 바람 같으신 성령님을 열망하기도 했지만, 이제 나이가 들어서는 부족하고 연약한 저를 품에 안으시고 다시 세워주시는 성령님의 따스한 손길을 더욱 사모하게 됩니다. 그리고 제가 처한 삶의 자리들이 때로는 나무 중에서도 그늘이 가장 시원치 않다는 로

뎀 나무라도 좋았던 까닭은, 그때 그 자리가 아니고서는 결코 만날 수 없었던 성령님의 "이토록 따스한 손길"이 있었기 때문일 것입니다.

본 저서는 그리 길지도 그리 짧지도 않았던 제 삶의 나날을 매일의 햇살처럼 한결같이 어루만져 주신 성령님에 대한 저의 사랑 고백입니다. 이제 저는 여러분을 성령님의 온기로 가득한 이 광야 식탁에 초대하고 싶습니다. 그 옛적 엘리야 때처럼, 성령님의 따스한 손길에 힘입어 가뿐히 일어나 함께 먹고 마시며 그 선물과 힘에 의지하여, "사십 주 사십 야를 가서 반드시 하나님의 산 호렙에 이르러야"(왕상 19:8) 하지 않겠습니까?

이토록 따스한 성령님

1부

이토록 내리사

1. 강림
성령이 오셨네(행 2:14-41)

　　오늘은 그토록 간절하게 기다리던 성령님께서 2,000년 전에 온 우주 만물 가운데 오신 날입니다. 불같이, 바람같이 오셨고, 제자들의 혀를 사로잡아 방언의 표적으로 나타나셨던 성령님을 예루살렘 사람들은 두려움과 놀라움으로 경험하게 되었습니다. "이 무슨 일인가? 천지가 진동할 일이 아닌가?" 서로 수군대며 웅성거리는 군중 앞에서, 베드로가 소리 높여 외친 초기 예루살렘 교회의 첫 설교입니다. 예수님이 하늘에 오르시고 성령님이 이 땅에 임하신 후 첫 번째 역사적 사건이 바로 베드로의 설교였습니다. 이 설교를 통해 우리는 성령님이 우리 가운데 오셨음을 확인하게 되고 증언할 수 있습니다.

오순절에 성령님께서 오셨을 때 그들에게 무슨 일이 일어났을까요? 우리가 성령님으로 충만하게 되면 어떤 일이 일어날까요?

첫째로, 성령님이 오시면 깨닫게 되는 역사가 일어납니다. 신학적으로는 이것을 조명(enlighten)이라고 합니다. 요한복음 14장 16절부터 18절은 이렇게 말씀합니다. "내가 아버지께 구하겠으니 그가 또 다른 보혜사를 너희에게 주사 영원토록 너희와 함께 있게 하리니 그는 진리의 영이라 세상은 능히 그를 받지 못하나니 이는 그를 보지도 못하고 알지도 못함이라 그러나 너희는 그를 아나니 그는 너희와 함께 거하심이요 또 너희 속에 계시겠음이라 내가 너희를 고아와 같이 버려두지 아니하고 너희에게로 오리라." 그렇습니다. 성령님은 진리의 영으로 우리 가운데 오십니다. 세상은 알 수도 볼 수도 없는 성령님이 우리 안에 영원토록 거하십니다.

더욱이 요한복음 14장 26절은 다음과 같이 말하고 있습니다. "보혜사 곧 아버지께서 내 이름으로 보내실 성령 그

　　　　　　　　　　　이토록 따스한 성령님

가 너희에게 모든 것을 가르치고 내가 너희에게 말한 모든 것을 생각나게 하리라." 성령님은 우리를 가르치는 교사요, 상담자이십니다. 그뿐 아니라 우리가 하나님의 말씀을 기억하도록 하십니다. 깨닫게 하십니다. 요한복음 16장 7절부터 13절은 이렇게 기록하고 있습니다. "그러나 내가 너희에게 실상을 말하노니 내가 떠나가는 것이 너희에게 유익이라 내가 떠나가지 아니하면 보혜사가 너희에게로 오시지 아니할 것이요 가면 내가 그를 너희에게로 보내리니 그가 와서 죄에 대하여, 의에 대하여, 심판에 대하여 세상을 책망하시리라 죄에 대하여라 함은 그들이 나를 믿지 아니함이요 의에 대하여라 함은 내가 아버지께로 가니 너희가 다시 나를 보지 못함이요 심판에 대하여라 함은 이 세상 임금이 심판을 받았음이라 내가 아직도 너희에게 이를 것이 많으나 지금은 너희가 감당치 못하리라 그러나 진리의 성령이 오시면 그가 너희를 모든 진리 가운데로 인도하시리니 그가 스스로 말하지 않고 오직 들은 것을 말하며 장래 일을 너희에게 알리시리라." 진리의 성령님이 오시면 우리를 진리 가운데로 인도하십니다. 그래서 우리의 현재의 일도 미래의 일도 알게 해주십니다. 왜냐면 성령님은 하나님의 깊은 뜻을 헤아려 우리에게 알려주시고, 우리가 삶과 일의 이치를 판단하고 분별하게 하시기 때문입니다.

베드로는 성령 강림 이후에 이렇게 깨닫게 되는 조명의 은혜를 경험했습니다. 인식의 전환이 이루어진 것입니다. 예수님이 살아 계셨을 때 하셨던 말씀들이 하나씩 둘씩 떠오릅니다. 무릎을 치며, "아! 그 말씀이 바로 이 말씀이었구나!"라고 깨닫게 됩니다. 그래서 오순절 성령 강림 사건도 이미 수백 년 전에 요엘이 예언한 일들이 성취된 것임을 풀어 설명해 주고 있습니다. 베드로는 "하나님이 오른손으로 예수를 높이시매 그가 약속하신 성령을 아버지께 받아서 너희가 보고 듣는 이것을 부어 주셨느니라"(행 2:33)고 말합니다. 그뿐 아니라 이제 다윗의 예언을 인용해서 예수 그리스도의 죽음과 부활을 선포합니다. 예수님의 죽음은 하나님의 구속 섭리에 의한 것이지만, 예수님을 이방인의 손에 넘겨 죽게 한 것이 유대인의 책임이라는 사실을 지적합니다. 그리고 다윗이 자신의 후손 가운데 메시아이신 그리스도가 부활하실 것을 예언한 그대로, 하나님께서 다시 살리신 그리스도가 바로 예수님이라는 사실을 담대히 외칩니다.

이제 예수님이 그러하셨듯이, 베드로도 유대인들이 가

　　　　　　　　　　　이토록 따스한 성령님

졌던 구약 성경에 능통하게 됩니다. 그런데 유대인들과 차이는 바로 그리스도 계시의 빛에서 구약 성경을 해석한다는 것입니다. 베드로와 바울(행 9:20)이 성령을 받고 난 후 첫 번째 변화는 바로 예수님을 그리스도라고 이해하고 선포한 것입니다. 그런데 왜 하나님께서 수많은 유대인 가운데 예수님의 제자가 아닌 바울을 사도로 선택하셨을까요? 이는 그가 당시에 최고의 율법 학자인 가말리엘의 제자였기 때문입니다. 율법을 근거로 해서 기독교인들을 핍박했던 사울이 다메섹 도상에서 예수님의 음성을 듣게 되고, 아나니아의 안수를 통해 성령님을 받게 되자, 이제 바울이 되어 그리스도의 빛으로 구약을 꿰뚫는 신학자가 되었습니다.

우리가 성령님 안에 거하게 되면 하나님의 말씀이 이해되는 일이 일어납니다. 신구약 성경이 마치 구슬처럼 꿰어지고 그 의미가 연결됩니다. 성령님은 성경의 저자이면서 동시에 해석자이기 때문에, 우리는 온전히 성령님의 도움을 받아야만 성경을 제대로 해석할 수 있습니다. 예수님께서는 살아 계실 때 3년 동안이나 제자들을 친히 가르치셨습니다. 그리고 부활하신 후에도 역시 구약 성경을 풀어 가르치셨습니다. 그러나 제자들은 성령님이 오신 후에야 그 말씀의 뜻을 비로소 이해할 수 있었습니다. 예수님의 고난, 십자가의 죽음, 부활의 비밀을 알게 되는 것은 오직 성령님의 가르침으로만 가능합니다.

어느 시골 교회에서 있었던 일입니다. 한 번도 제대로 교육을 받지 못해 글을 읽고 쓰지도 못하는 할머니가 처음 교회에 나와서 설교를 듣습니다. 처음에는 도무지 무슨 말인지 하나도 알아듣지 못합니다. 그런데 세월이 흐르고 성령님이 역사하셔서 어느 날 할머니가 눈물을 흘리면서, "아이고 내 죄! 아이고 내 죄!" 하면서 우십니다. 복음을 받아들였습니다. 더 놀라운 것은 읽지도 못하는 성경의 내용을 조금씩 알아갑니다. 이제 "예수 내 주! 예수 내 주!"라고 하면서 기도합니다. 그렇습니다. 성령님은 예수님을 구주로 받아들일 수 있도록 인도하실 뿐 아니라, 성경을 이해할 수 있는 능력을 주십니다. 세상에서 유식하거나 무식하거나 아무 상관이 없습니다. 초등학생이든지 박사학위 소지자든지 관계없습니다. 세상은 알 수도 믿을 수도 없는 것을, 성령님은 깨닫고 믿을 수 있게 하십니다.

베드로는 나중에 베드로후서 1장 20절부터 21절에서 "먼저 알 것은 성경의 모든 예언은 사사로이 풀 것이 아니니 예언은 언제든지 사람의 뜻으로 낸 것이 아니요 오직 성령의 감동하심을 받은 사람들이 하나님께 받아 말한 것임이라"고 기록합니다. 그렇습니다. 우리의 진정한 설교자는 인간의 입을 통해 말씀하시는 성령님이셔야 합니다. 성령님 안에 거할수록 우리는 하나님 말씀에 충만한 자들이 될 수 있습니다. 이 세상의 많은 그리스도인은 은혜 받기를 원합니다. 그러나 사실은 이미 큰 은혜를 하나님으로부터 받았습니다. 그렇다면 차이는 무엇일까요? 은혜를 더 받고 덜 받고의 차이가 어디에 있을까요? 그것은 이미 은혜 받았음을 볼 수 있는 눈이 열리는 데에 있습니다. 오직 성령님만이 우리가 받은 은혜를 볼 수 있도록, 그래서 감사할 수 있도록 하십니다. 그러므로 성경을 더 많이 읽으면 읽을수록 받은 은혜를 깨닫게 되고, 성경을 더 깊이 깨달을수록 은혜 충만하게 됩니다. 성령님 안에 거합시다. 말씀으로 충만하게 됩니다. 그것이 은혜를 누리는 길입니다.

둘째로, 성령님이 오시면 우리는 거룩한 비전을 갖게 됩니다. 요엘서 2장 28절부터 30절은 "그 후에 내가 내 영을 만민에게 부어 주리니 너희 자녀들이 장래 일을 말할 것이며 너희 늙은이는 꿈을 꾸며 너희 젊은이는 이상을 볼 것이며 그때에 내가 또 내 영을 남종과 여종에게 부어 줄 것이며 내가 이적을 하늘과 땅에 베풀리니 곧 피와 불과 연기 기둥이라"고 기록하고 있습니다. 그렇습니다. 오순절 성령 강림을 통해 모든 육체 가운데 성령님이 임하시면, 자녀들이 예언하고, 젊은이들은 비전을 갖게 되며, 노인들은 소망을 갖게 됩니다. 삶의 전환이 생깁니다. 새로운 삶의 길이 열립니다.

오순절 성령 강림 사건은 단 한 번, 유일회적입니다. 그러나 이제 예수님을 구주로 시인하고 성령님의 도우심을 간구하는 자들은 언제든지 성령님으로 충만하게 됩니다. 여기서 "부어 주리니"라는 말은 "엑케오"인데, '퍼붓다'라는 뜻입니다. 마치 한여름에 맹렬한 소나기가 사정없이 쏟아질 때의 강렬한 모습과도 같습니다. 맹렬하게 퍼붓는 비를 아무도 막을 수 없듯이 성령님의 은혜는 불가항력적이며, 그 누구의 신분이나 나이도 가리지 않는다는 것을 표현합니다.

본문에서 예언은 단지 미래를 말하는 것이 아닙니다. 장차 일어날 하나님의 섭리와 사람들의 일을 믿음으로 미리 보고 말하는 것입니다. 루터는 예언을 "성령님께서 복음의 말씀을 통해 불붙이고 불타게 하시는, 그리스도를 통한 하

이토록 따스한 성령님

나님에 대한 지식"이라고 이해합니다. 그렇습니다. 하나님의 뜻을 바르게 알고 깨닫고 이해하는 것을 말합니다. 삶에 대한 바른 분별력과 판단력, 즉 지혜를 뜻합니다. 어린 자녀들이 하나님의 뜻에 비추어 삶을 살아가게 된다는 말입니다. 그들의 삶의 빛이요 발의 등불처럼, 성령님께서 그들을 안내하고 지도하십니다.

젊은이는 환상, 즉 거룩한 비전을 갖게 됩니다. 이제 주어진 현실만을 보면서 좌절하거나 낙심하지 않고, 하나님의 미래를 내다보며 살아가게 됩니다. 비전이란 남이 보지 못하는 것을 보는 것입니다. 마치 망원경으로 보는 사람처럼 미리 저 멀리 앞을 내다보는 것입니다. 그뿐 아니라 나무만 보지 않고 숲을 봄으로써 전체 그림을 보게 됩니다. 상황을 낱개로 보지 않고 전체적인 관점을 지니게 됩니다. 다시 말하면, 하나님의 안목과 관점으로 세상을 바라보는 것입니다. 모든 사건과 상황 및 관계를 마주할 때, 하나님의 시각으로 이해합니다. 그래서 현실만 바라보지 않고 영원의 빛으로 시간을, 하늘의 빛으로 땅의 일을 해석할 수 있는 능력이 부어집니다. 바울은 날마다 주어지는 거룩한 비전을 좇아 그의 평생을 온전하게 하나님께 드린 사람입니다. 육십

평생 날마다 젊은이처럼 마케도니아의 환상, 로마의 환상을 바라보며 복음 선포에 온몸을 불살랐습니다. 여러분, 젊게 살기를 원하시나요? 성령 충만을 사모해 보세요. 날마다 거룩한 비전에 사로잡혀 살아가게 될 것입니다.

성령님으로 충만하게 되면 늙은이도 꿈을 꾼다고 했습니다. 원래 나이가 들면 잠도 없어지고 그만큼 꿈도 덜 꾼다고 합니다. 여기서 말하는 꿈은 '소망'을 뜻합니다. 소망을 잃어버린 노인들이 이제 그리스도 안에서 미래를 꿈꾸며 새로운 삶의 희망을 지니게 됩니다. 비록 몸은 쇠약해 가지만, 속사람은 날로 새로워지는 일이 일어납니다. 성령님을 받으면 어린이처럼 맑고 고운 꿈을 간직하게 됩니다. 천국의 소망, 영생의 소망으로 가득 차서 인간의 한계를 넘어서는 삶의 능력을 누리는 사람들이 됩니다. 그렇습니다. 성령 충만한 노인들은 꿈을 지닙니다. 날마다 소망 가운데 살아갑니다. 쉽사리 늙지 않습니다.

이렇게 성령님의 역사는 남녀 차별이 없습니다. 자유인이나 종이나, 부유한 자나 가난한 자나, 배운 자나 못 배운 자나, 노인이나 어린아이를 가리지 않고 누구에게나 역사하십니다. 이것이 바로 모든 사람에게 임하시는 성령님의

　　　　　　　　　　　　　이토록 따스한 성령님

역사입니다. 날마다 더욱 사모합시다. 구하는 자에게 아낌없이 주시는 가장 좋은 선물인 성령님을 받아 누리는 저와 여러분이 됩시다.

셋째로, 성령님이 오시면 능력이 나타납니다. 표적과 기적(sign and wonder)이 일어납니다. "또 내가 위로 하늘에서는 기사를 아래로 땅에서는 징조를 베풀리니 곧 피와 불과 연기로다"(행 2:19). 초기 예루살렘 교회는 사도들에 의해 기사와 표적이 많이 있었습니다. 사도들은 하나님의 말씀을 전할 뿐 아니라, 손을 내밀어 병을 낫게 하고, 표적과 기적이 예수님의 이름으로 이루어지도록 기도했습니다. 앉은뱅이도, 시각 장애인도, 손 마른 자도, 귀신 들린 자도 치유되고 회복되는 일이 생겨납니다. 베드로가 갇혔던 감옥 문이 활짝 열리게 되고, 빌립이 순식간에 공간을 이동하며, 바울과 실라가 기도하고 찬양하니 감옥이 흔들리는 일도 일어납니다. 그 기적들을 통해 복음이 가장 강력하고도 확실하게 증거되었습니다.

우리 가운데 성령님이 임하시면, 우리는 하나님의 능력을 행하는 자들이 될 수 있습니다. 구약 시대에 제사장이나 왕이나 선지자들에게만 일시적으로 임했던 그 큰 능력이 이제 예수 그리스도를 주님으로 고백하는 모든 자에게 나타나고, 그들을 통해서 행해질 수 있습니다. **"각종 환자에게 손을 얹은즉 나으니라"**는 예수님의 기적이 우리 안에서 살아 있는 역사가 될 수 있습니다. 그러므로 성령님의 능력에 사로잡힙시다. 그저 소수의 능력 행하는 부흥사나 기도원 원장이나 은사자들에게만 아니라, 하나님의 자녀들 모두에게 베푸시는 하나님의 능력을 사용하고 활용합시다. 십자가에서 온갖 질병이 치유되고, 모든 저주가 끊어지며, 죽음이 멸망당하고, 모든 심판이 치러졌기에, 이제 오직 예수님 십자가의 피를 의지하여 불같은 성령님을 힘입어 우리는 능력을 행할 수 있습니다.

물론 우리가 성령님을 도구화해서는 안 됩니다. 마치 성령님을 주고받을 수 있는 것처럼, 팔고 살 수 있는 것처럼, 우리 맘대로 불러오고 갖다 쓰고 할 수 있는 것처럼 생각해서는 안 됩니다. 그러나 하나님 나라의 확장과 복음 선포를 효과적으로 하기 위해서 우리는 성령 충만과 능력 충만을 사모하고 간구해야 합니다. 하나님 나라는 권능 가운데 임합니다. 성령님은 세상 속에서 더 강력한 능력으로 나타나길 원하십니다. 하나님은 그의 자녀들이 세상에서 훨씬 더 능력 있는 삶을 살아가게 되길 바라십니다. 사탄의 권세를 대적하고 승리하며, 죄악의 유혹과 공격을 이겨내고, 육신의 정욕, 안목의 정욕, 세상적인 것을 억누르면서 거룩한 성품을 이루어 갈 뿐 아니라, 눈에 볼 수 있는 능력을 행사하며 살아가는 저와 여러분이 됩시다. 성령 충만을 통해 하나님의 사랑과 공의와 평화가 능력으로 나타나서 우리가 있는 자리가 언제나 기쁨과 승리의 장소가 되도록 기도합시다. 우리가 머무는 곳마다 능력 충만, 성령 충만의 역사가 일어나도록 간구합시다.

넷째로, 성령님이 오시면 구원에 이르는 회개의 역사가 일어납니다. 오늘 베드로의 설교를 들은 이들은 한결같이 "우리가 어떻게 할까?" 가슴을 치면서 울부짖었습니다. 마음에 찔려 죄를 깨닫고, 양심에 뉘우침의 역사가 일어났습니다. 그들의 죄가 무엇일까요? 하나님의 아들 예수님을 그리스도로 믿지 않은 것입니다. 그들을 향한 하나님의 사랑을 거절한 것이 죄입니다. 그런데 성령님이 오셔서, 그들의 귀를 열어 베드로의 설교에 마음이 감동되도록 하셨습니다.

이제 베드로의 설교를 들은 3천 명의 사람들이 한꺼번에 예수님께로 돌아오는, 그야말로 기적과 같은 일이 일어났습니다. 그렇습니다. 성령님은 좀처럼 자신을 드러내는 데 몰두하시는 분이 아니며, 오히려 자신의 자리를 기꺼이 내어드려 성부 하나님과 성자 예수님을 드높이고 찬양하도록 우리를 도우십니다. 그뿐 아니라 마치 자녀의 마음이 부모에게 돌아오듯이, 이 세상 모든 죄인의 마음을 하나님에게로 돌이키도록 하시는 회개의 영으로 역사하십니다. 그러므로 성령 충만한 사람들은 많은 무리가 주님께로 돌아오는 역사에 동참하는 사람입니다.

저는 어린 시절 빌리 그래함 목사님의 여의도 집회에 참석했던 기억이 있습니다. 그 뒤로 미국에서 종종 방영되는 빌리 그래함 전도 집회를 빼놓지 않고 시청하곤 했습니다. 그는 복음 전도자로서 한 세기를 살아간 위대한 목회자요 설교가입니다. 나이가 들어 파킨슨병으로 건강이 약화되었음에도, 그의 집회는 많은 군중이 모여들어 늘 축제와도 같은 분위기를 자아냈습니다. 유명한 복음성가 가수들의 찬양 후에 빌리 그래함 목사님의 복음 메시지가 선포됩니다. 그의 메시지는 다른 부흥사들과는 달리 대단히 화려하지

이토록 따스한 성령님

도 않습니다. 그의 말은 현란하거나 현학적이지도 않습니다. 단순하고 담백하면서도 진정성이 있습니다. 한 가지 분명한 메시지는 예수님이 그리스도라는 복음입니다. 마지막에 청중을 초청합니다. 그리스도를 믿기로 작정한 사람들을 강단 앞으로 불러내어 주님을 영접하는 시간을 갖습니다. 처음에 볼 때는 이런 의문을 가졌습니다. "주최 측에서 미리 선정한 사람들이 나오는 것이 아닐까? 어떻게 저렇게 매번 수많은 사람이 앞으로 나올까? 과연 그들이 예수님을 다 믿게 되는 것일까?" 그러나 시간이 흐를수록 그 단순하고 진실한 말씀이 우렁차게 울려 퍼질 때, 성령님이 매우 강하게 역사하심을 느끼게 되었습니다. 이전보다 훨씬 더 복음이 선포되고 받아들여지기 어려운 시대에, 그의 메시지를 통해서 회개와 구원의 역사가 이루어짐을 분명히 확인할 수 있었습니다.

한 번 생각해 볼까요? 저는 모태신앙입니다. 그래서 어머니의 배 속에서부터 복음 메시지를 듣기 시작했고, 어머니를 통해서 믿음의 씨앗이 심긴 사람입니다. 그렇기에 성경을 읽고 구원의 소식을 들을 때 저항하지 않고 받아들일 수 있었습니다. 그러나 정말이지 한 번도 복음을 접할 수 없었고 전해 듣지 못했던 사람들이 예수님은 그리스도이며 우리 삶의 주님이라고 하는 말을 들을 때 참 황당하지 않을까요? 믿지 않는 부모님과 가족을 위해 오랫동안 기도해 온 제 주변 분들의 얘기를 들으면, 정말 불신자들이 예수님을 받아들인다는 것은 세상이 거꾸로 되는 기적 그 자체라고 합니다. 그런데 그들이 복음을 듣고 눈물을 흘리며 마음이 움직여 두 손을 들고 "예수님은 나의 주님입니다"라고 고백하게 되는 것은 바로 성령님 덕분입니다. 사람의 일이 아니라 하나님의 일입니다. 오직 성령님이 임하시면 예루살렘과 온 유대와 사마리아와 땅끝까지 이르러 복음이 증거되고 선포되며 확증되는 일이 일어납니다.

여러분! 우리에게 구원을 위해 주어진 다른 이름은 없습니다. 오직 예수 그리스도뿐입니다. 우리의 구원을 이루기 위해서 주어진 다른 통로는 없습니다. 이는 성령님의 은혜와 능력을 통해서만 가능합니다. 하나님의 말씀을 들을 때, 가슴을 치고 눈물을 흘리며 "우리가 어찌할꼬?"라고 탄식하며 돌아서는 회개의 역사는 오직 성령님이 인도하시는 일입니다.

이제 오순절 성령 강림 이후 모든 시대, 모든 곳에서 성

이토록 따스한 성령님

령 충만의 역사가 일어나고 있습니다. 아니 더 많이, 더 크게 역사해야 합니다. 아직도 복음을 전해 듣지 못한 수많은 사람이 있습니다. 아직도 복음을 깨닫지 못하고 있는, 진리에 무지한 사람들이 많습니다. 삶의 비전을 상실한 채 미래의 꿈을 꾸지 못하고 하루하루를 방황하는 젊은이들이 너무 많습니다. 하나님의 선하신 뜻을 깨닫지 못하고, 육체의 정욕과 안목의 정욕, 그리고 이 세상에 있는 것들을 사랑하며 쫓아가는 자녀들이 우리 곁에 있습니다. 노인들이 진정한 삶의 소망과 기쁨을 누리지 못한 채, 체념과 허무로 목숨을 끊는 일들이 잦아집니다. 바로 우리의 일입니다. 그들에게 성령님의 능력이 나타나야 합니다. 그들 속에서 성령님의 권세가 드러나야 합니다. 그들을 회개로 부르는 복음의 초청이 일어나야 합니다. 구원에 이르는 길을 안내하고 초대하는 성령님의 역사가 우리를 통해 계속되어야 합니다.

예수님의 십자가와 부활을 믿고 영원한 생명을 얻게 되는 것은 오직 성령님의 사역을 통해서입니다. 오순절 성령 강림에서 시작된 이 거룩한 사역을 오늘도 우리의 순종과 헌신을 통해 지속해야 합니다. 주님 다시 오실 때까지 우리와 함께 거하시며 우리 가운데 역사하시는 성령님께서 땅끝까지 이르도록, 성령 충만의 사역을 이루시도록 간구합시다. "성령이 오셨네!" 그리고 이제 "성령 충만하시네!"라고 외치며 나아가는 저와 여러분이 됩시다.

𝄞 함께 찬양드립니다.

> 허무한 시절 지날 때 깊은 한숨 내쉴 때
> 그런 풍경 보시며 탄식하는 분 있네
> 고아같이 너희를 버려두지 않으리
> 내가 너희와 영원히 함께하리라
>
> **성령이 오셨네 성령이 오셨네**
> 내 주의 보내신 **성령이 오셨네**
> 우리 인생 가운데 친히 찾아오셔서
> 그 나라 꿈꾸게 하시네
>
> 억눌린 자 갇힌 자 자유함이 없는 자
> 피난처가 되시는 성령님 계시네
> 주의 영이 계신 곳에 참 자유가 있다네
> 진리의 영이신 **성령이 오셨네**

성령이 오셨네 성령이 오셨네

내 주의 보내신 **성령이 오셨네**

우리 인생 가운데 친히 찾아오셔서

그 나라 꿈꾸게 하시네

2. 능력
불길 같은 주 성령(행 2:1-4)

기독교의 3대 절기는 성탄절, 부활절, 그리고 오순절입니다. 모든 기독교인이 축하하고 감사하며 해마다 기념하는 절기들입니다. 예수님이 온 인류를 구원하시기 위해 인간의 몸을 입으시고 자세를 낮추어 허리를 굽혀서 이 땅에 찾아오신 날이 성탄절입니다. 부활절은 그 예수님이 십자가에서 죽으신 후 사흘 만에 다시 살아나셔서 우리에게 빈 무덤으로 스스로 부활을 증언하신 날입니다. 그리고 오순절(Pentecost)은 예수님이 살아 계셨을 때 아버지 하나님께 구하여 보내주시기로 여러 차례 약속하신 다른 보혜사인 성령님을 온 인류에게 보내주신 날입니다.

이토록 따스한 성령님

구약 시대의 오순절은 유월절 후 첫 안식일 다음 날로부터 50일째 되는 날인데, 이스라엘이 가나안 땅에서 처음 열매를 거두어들인 것을 기념하는 감사절입니다(출 34:22-23; 레 23:15-16; 민 28:26). 광야에서 생활하던 40년 동안 만나와 메추라기로 연명했던 이스라엘 백성이 이제 첫 수확을 감사하며 보리떡을 만들어 여호와께 첫 소제를 드린 날입니다. 따라서 오순절은 이스라엘 백성에게는 가나안 땅에서의 새로운 삶을 의미했습니다. 그런 의미에서 이 오순절에 성령님께서 강림하신 것은 매우 상징적인 의미를 지니고 있습니다. 오순절 성령 강림 사건은 성도들이 예수 그리스도 안에서 성령님을 통해 새로운 삶을 시작하게 될 것을 시사해 줍니다. 그리스도 안에 있는 성도들은 성령님으로 말미암아, 이집트의 종살이와도 같이 죄 아래 있던 옛사람이 죽고 새사람으로 거듭 태어나서 예수 그리스도께서 주시는 영적 자유와 풍요로움을 누리게 됩니다.

그렇기에 오순절에 성령님이 강림하신 것은 무척 중요한 의미를 지닙니다. 천하 각국에 흩어져 있던 모든 경건한 유대인들이 예루살렘으로 모여들었고, 거기서 그들은 성령님의 역사를 직접 눈으로 보고 귀로 들을 수 있었기 때문입니다. 방언의 역사를 목격하고 베드로의 설교를 들은 그들이 각각 고향으로 돌아가서도 성령님의 역사와 복음에 대한 이해를 마음속에 간직했을 것입니다. 나중에 사도들을 통해 복음이 전해졌을 때 어렵지 않게 복음을 받아들일 수 있었습니다.

이 일은 이미 오래전에 약속되었던 일입니다. "그 후에 내가 내 영을 만민에게 부어 주리니 너희 자녀들이 장래 일을 말할 것이며 너희 늙은이는 꿈을 꾸며 너희 젊은이는 이상을 볼 것이며 그때에 내가 또 내 영을 남종과 여종에게 부어 줄 것이며 내가 이적을 하늘과 땅에 베풀리니 곧 피와 불과 연기 기둥이라"(욜 2:28-30). 예수님도 제자들에게 약속하셨습니다. "요한은 물로 세례를 베풀었으나 너희는 몇 날이 못되어 성령으로 세례를 받으리라 하셨느니라"(행 1:5). 그렇습니다. 이제 구원 역사의 주인공이 바뀌었습니다. 성육신과 십자가와 부활을 통해 이루어진 예수 그리스도의 구원이 온 인류에게 실질적으로 적용될 수 있기 위해서, 같은 하나님이시지만 다른 인격의 성령님께서 우주적으로 이 땅에 강림하셔야 했습니다. 오순절은 역사의 주인공이 교체되는 우주적 사건입니다.

과연 오순절에 무슨 일이 일어났을까요? 사도행전 2장 2절에 보면, "홀연히 하늘로부터 급하고 강한 바람 같은 소리가 있어 그들이 앉은 온 집에 가득하며"라고 합니다. 3절은 "마치 불의 혀처럼 갈라지는 것들이 그들에게 보여 각 사람 위에 하나씩 임하여 있더니"라고 묘사합니다. 이렇게 본문은 바람과 불같이 상징으로 성령님의 강림을 표현하고 있습니다. 이는 "강한 바람이 으르렁거리는 듯한 소리"로 좀 더 뜻을 살려 번역할 수 있는데, 여호와의 루아흐(ruach)를 말하는 것입니다. 여호와의 숨, 호흡, 그리고 바람과 폭풍을 뜻하는 루아흐는 이제 에스겔 선지자가 말했듯이, 모든 만물에 생기를 불어넣는 바람과도 같이 역사합니다. 예수님이 말씀하셨듯이, 바람이 어디로 와서 어디로 부는지 알 수 없는 것처럼 하나님의 주권적인 사역을 가리킵니다. 이러한 성령님의 역사가 온 집안에 가득했습니다.

더 나아가 3절은 "마치 불의 혀처럼 갈라지는 것들이 그들에게 보여 각 사람 위에 하나씩 임하여 있더니"라고 기록하고 있습니다. 이는 우주적으로 강림하신 성령님이 각 성도에게 임하시는 모습을 표현한 내용입니다. 누가는 성령님이 불의 혀 같은 모습으로 각 사람에게 임했다고 증언합니다. 여기서 "불의 혀"는 불이 맹렬하게 타오르는 것을 묘사한 것입니다. 그런데 이것은 이미 세례 요한에 의해 예고된 일입니다. "요한이 모든 사람에게 대답하여 이르되 나는 물로 너희에게 세례를 베풀거니와 나보다 능력이 많으신 이가 오시나니 나는 그의 신발끈을 풀기도 감당하지 못하겠노라 그는 성령과 불로 너희에게 세례를 베푸실 것이요"(눅 3:16).

그렇다면 불같은 성령님이 뜻하는 것은 무엇일까요? 불같은 성령님의 사역을 통해 우리는 어떻게 변화될 수 있을까요?

첫째로, 불은 하나님의 임재와 영광을 상징합니다. 구약 성경에는 하나님의 임재를 불로 표현한 내용이 많습니다. 출애굽기 3장 2-5절은 "여호와의 사자가 떨기나무 가운데로부터 나오는 불꽃 안에서 그에게 나타나시니라…"고 말합니다. 이렇게 모세가 떨기나무에 붙은 불을 통해 하나님의 임재를 경험합니다. 그리고 "낮에는 구름 기둥, 밤에는 불 기둥이 백성 앞에서 떠나지 아니하니라"(출 13:22)는 말씀은 하나님께서 불 기둥으로 이스라엘 백성 가운데 동행

이토록 따스한 성령님

하셨음을 말해주고 있습니다. 출애굽기 24장 17절에서는 시내 "산 위의 여호와의 영광이 이스라엘 자손의 눈에 맹렬한 불같이 보였고"라고 했습니다. 40장 38절에서도 역시 "낮에는 여호와의 구름이 성막 위에 있고 밤에는 불이 그 구름 가운데에 있음을 이스라엘의 온 족속이 그 모든 행진하는 길에서 그들의 눈으로 보았더라"고 하여, 여호와의 영광(쉐키나)이 하나님의 백성 가운데 불처럼 역사하셨음을 말하고 있습니다.

그러나 다른 곳에서는 여호와의 불이 진노로 표현되기도 합니다. 이스라엘 백성의 범죄로 말미암아 그들에 대한 하나님의 사랑은 진노로 표현됩니다. 사랑하는 자와 관계가 깨어지는 것을 보호하기 위한 열정으로, 하나님은 때로 질투하십니다. 때로는 불같은 진노가 여호와의 마음에 가득 찹니다. 이사야도, 에스겔도, 예레미야도 여호와께서 불같은 진노를 발하신다고 표현하고 있습니다. "이는 나의 진노의 맹렬한 불이 너희를 사르려 함이라"(렘 15:14b). 그래서 이스라엘 백성은 하나님께 제사 드릴 때 반드시 여호와의 불을 함께 준비합니다. 우리의 죗값을 대신 치른 소와 양의 피를 보시고 불같은 진노를 푸시는 하나님의 모습을 상징적으로 보여주는 것입니다.

그러나 오순절 성령 강림을 통해서 이제 하나님의 진노의 불은 예수 그리스도를 믿는 모든 사람에게 은혜의 불로 임하게 되었습니다. 갈보리 언덕의 십자가에서 흘린 예수님의 피는 온 인류의 죄에 대한 하나님의 진노를 통째로 풀어드린 사건입니다. 그러므로 하나님의 보좌가 이제는 진노의 보좌가 아니라 은혜의 보좌이기에, 예수 그리스도의 이름으로 누구나 하나님 앞에 담대히 나아갈 수 있게 되었습니다. 이것이 모든 사람에게 새롭고 살아있는(a new and living way) 길입니다. 이방인과 여인들, 아이들, 그리고 노예들에게는 막혀 있던 하나님과의 만남이 이제 모두에게 활짝 열린 은혜의 사건입니다. 그뿐 아니라 오순절에 성령님의 역사는 "각 사람"에게 임했습니다. 헬라어 원문에는 "헤카스톤 아우톤"이라고 표현되어 있는데, 여기서 '아우톤'은 복수형으로서 그 자리에 있던 모든 사람을 뜻합니다. '헤카스톤'은 단수형으로 각자 한 사람 한 사람을 강조하는 표현입니다. 그러니 이제 성령님은 예수 그리스도를 믿는 모든 사람, 그리고 한 사람 한 사람에게 보편적으로 사역하십니다.

그러므로 예수 그리스도의 십자가와 부활 사건을 경험

하지 못한 구약 시대의 이스라엘 사람들보다 우리는 훨씬 더 행복한 사람들입니다. 특히 오순절을 경험하지 못한 구약 사람들보다 우리는 몇만 배나 더 복된 사람들입니다. 왜 그럴까요? 구약 시대에는 소수의 특별한 사람들에게만 성령님이 임하셨습니다. 하나님께서 범죄한 인간의 육체들에 거하지 않으시고 떠나가신 후에(창 6:3-"나의 영이 영원히 사람과 함께하지 아니하리니"), 성령님은 왕, 제사장, 예언자들에게 일시적으로, 잠정적으로, 그리고 외적으로 역사하셨습니다. 그래서 다윗은 밧세바와 동침하고 그녀의 남편 우리아를 살해한 후에 회개하면서 성령님이 떠나지 않기를 간구했습니다(시 51:11-"나를 주 앞에서 쫓아내지 마시며 주의 성령을 내게서 거두지 마소서"). 사울이 범죄한 후에 성령님이 그에게서 떠나가자, 비참해진 사울의 모습을 다윗이 직접 목격했기 때문입니다.

예수님께서는 이 땅에 계실 때, "내가 떠나가는 것이 너희에게 더 유익하다"라고 말씀하셨습니다. "내가 떠나가지 아니하면 보혜사가 너희에게로 오시지 아니할 것이요 가면 내가 그를 너희에게로 보내리니"(요 16:7b)라고 하십니다. 육체를 입으시고 이 땅에 오셔서 시간과 공간의 제한을 받으실 수밖에 없는 예수님과는 달리, 이제 오순절에 성령님이 강림하시면, 성령님은 이제 각 사람에게 임하셔서 영원토록 내주하시고 충만하게 될 것이기 때문입니다. 그래서 예수님은 성령님이 우리와 함께(with) 거하실 뿐 아니라, 우리 속에(in) 계실 것이라고 약속하셨습니다. 예수님을 구주로 믿는 모든 사람 안에 영원토록 내주하신다는 말입니다. 우리를 고아와 같이 버려두지 않으신다는 약속대로, 이제 성령님은 우리 육체 가운데 거처를 정하시고, 우리의 삶 가운데 임재하시며, 자신의 영광을 우리 안에서 드러내십니다.

우리는 이 놀라운 사건을 이루신 삼위일체 하나님을 찬양할 수밖에 없습니다. 인류를 향한 모든 진노를 친히 먼저 푸시고, 예수 그리스도를 통한 구원 사역을 이루신 후에, 각 사람에게 구원을 구체적이고 실질적으로 적용하고자 성령님의 강림을 허락하신 하나님이십니다. 그 오묘한 지혜와 헤아릴 수 없는 사랑을 우리는 오순절을 통해 인식하고 확인할 수 있습니다. 이스라엘 백성에게 공동체적으로 임재하시고 동행하셨던 그 하나님이 성령님 안에서, 성령님을 통하여 각 사람에게 불 기둥이 되셔서 밤낮으로, 평생, 그리고 영원토록 함께하십니다. 성령님께서 한 사람 한 사람

이토록 따스한 성령님

에게 "너는 내 것이라"고 하시며 불로 인을 쳐 주시고, 하늘나라에 이르기까지 한 걸음씩 인도하십니다. 불같은 성령님께서 날마다 우리와 함께하시길 빕니다. 불같은 성령님의 임재와 영광을 맛보며 누리며 살아가는 우리가 되길 간절히 바랍니다.

둘째로, 불은 하나님의 능력(power)을 상징하는 것으로 생명의 에너지의 원천입니다. 물과 마찬가지로 불은 우리 인간뿐 아니라 모든 생물의 생명을 유지하는 데 필수적인 요소입니다. 불은 에너지의 원천입니다. 불이 없으면 모든 생물은 생기를 잃게 되고 사멸합니다. 그러므로 성령님이 불과 같은 모양으로 각 성도에게 임했다는 것은, 하나님이 성령님을 통해 하늘의 생명과 힘을 성도들에게 주셨다는 것을 말합니다. 그러므로 불같은 성령님의 임재 가운데 우리는 하늘의 능력을 덧입는 사람들이 되어야 합니다. 거칠고 힘겨운 이 땅의 삶을 살아가는 동안에, 우리는 하늘의 능력을 힘입지 않고는 한 걸음도 나아갈 수 없습니다. 때로 우리의 발목에 힘이 빠지고, 무릎의 진액이 빠져나가며, 어깨가 축 늘어질 때, 하나님의 능력을 통해 새 힘을 얻을 수밖에 없습니다. "영원하신 하나님 여호와, 땅끝까지 창조하신 이는 피곤하지 않으시며 곤비하지 않으시며 명철이 한이 없으시며 피곤한 자에게는 능력을 주시며 무능한 자에게는 힘을 더하시나니 소년이라도 피곤하며 곤비하며 장정이라도 넘어지며 쓰러지되 오직 여호와를 앙망하는 자는 새 힘을 얻으리니 독수리의 날개치며 올라감 같은 것이요 달음박질하여도 곤비하지 아니하겠고 걸어가도 피곤하지 아니하리로다"(사 40:28b-31).

불은 열기가 있습니다. 하나님 나라와 예수 그리스도의 교회는 사랑의 열기로 가득 차야 합니다. 성도는 사랑 없는 이 빙하 같은 세상에 하나님의 뜨거운 사랑을 나타내는 불 같은 존재가 되어야 합니다. 낙심하고 좌절하여 지친 이웃들에게 하늘의 힘을 나누어주는 사람들이 되어야 합니다. 성령님의 충만하심을 경험하는 사람들은 이 사랑의 불씨를 가슴에 지닌 사람들입니다. 한 사람의 영혼을 사랑하는 마음으로 가득 채워진 사람들입니다. 온 세상의 구원을 위한 복음 전도의 열정으로 가슴이 들끓는 사람들입니다. 병약하고 가난한 자, 소외되고 힘없는 사람들을 향해 불쌍히 여기는 마음으로 잠을 이루지 못하는 사람들입니다. 복음

이토록 따스한 성령님

을 전하지 않고는 내 속에 있는 성령님의 불이 뜨거워져 화를 입게 되리라는 바울의 고백처럼, 우리 안에 세상을 이처럼 사랑하시는 예수님의 답답함과 안타까움으로 가득한 사람들입니다. 이 사랑의 불씨가 예루살렘으로부터 지펴져서 온 유대와 사마리아와 땅끝까지 퍼져 나간 것이 초기 교회의 역사입니다. 그러므로 불같은 성령으로 충만한 성도가 됩시다. 우리의 생명이 다하기까지 식지 않는 사랑의 열정으로 살아갑시다.

셋째로, 불은 변화를 가져옵니다. 칼뱅은 성령님의 사역을 불에 빗대어, "하나님께서 사람의 마음에 불을 붙이시고 이 세상 허영을 다 태우시고 만물을 깨끗하게 하신다"라고 주장했습니다. 불은 태우는 속성이 있습니다. 더러운 것들을 태워 정결케 하는 게 불입니다. 죄악으로 오염된 세상을 정결케 하는 일은 바로 성령님으로 충만한 사람들이 할 일입니다. 말라기 3장 2절은 "그가 임하시는 날을 누가 능히 당하며 그가 나타나는 때에 누가 능히 서리요 그는 금을 연단하는 자의 불과 표백하는 자의 잿물과 같을 것이라"고 일찍이 예언했습니다. 예수 그리스도께서 강림하시는 날에는 세상을 불로 정결하게 한다는 말씀입니다. 이제 불같은 성령님이 임하시면, 죄악의 강물에 오염된 세상을 정결하게 할 뿐 아니라 모든 성도의 성품에 아직도 남아 있는 죄된 본성, 죄를 향한 성향과 습관들을 날마다 순간마다 불태워 구별하십니다. 우리의 교만의 뿔과 욕심의 기름 덩어리와 거짓의 뿌리와 시기와 질투의 가시와 게으름의 고름 덩어리를 불태워 우리를 변화시킵니다.

불이 지나간 자리는 그 이전의 모든 것이 하나도 남아 있지 않습니다. 제가 미국에서 살았던 캘리포니아는 매우 건조해서 종종 산불이 나곤 합니다. 한 번 산불이 나면 도무지 그 불길을 끄기가 어렵습니다. 때로는 며칠씩 수많은 임야를 태우고, 가옥을 전소시키며, 나중에는 시커먼 재만 남긴 채 흉한 모습을 드러냅니다. 이전의 푸르던 산의 모습은 온데간데없이 사라져 도무지 찾을 수 없게 됩니다. 불같은 성령님이 임하시면, 우리의 옛사람, 옛 정욕, 옛 자아가 사라집니다. 그래서 새사람, 새 자아로 빚어지게 됩니다. 질그릇과도 같은 우리를 날마다 불같은 성령님으로 빚으시는 하나님의 손길에 우리를 맡겨 드립시다. "나는 이대로가 좋아요. 날 내버려두세요. 오늘은 말고 내일 하지요." 이런 핑계와 변명과 무시로 인해 불같은 성령님의 역사를 거절하지 않는 저와 여러분이 됩시다. 우리가 그럴 때마다 성령님은 우리 안에서 위축되십니다. 우리의 냉담과 무시 속에서 성령님의 그 뜨거운 불은 점차로 식어갑니다. 우리 안에서 날마다 활활 타오르는 불같은 성령님의 역사를 사모합시다. 재밖에 남지 않은 차가운 심장이 되지 않도록 순간마다 성령님의 충만을 간구합시다.

마지막으로, 불같은 성령님은 인격의 변화를 가져옵니다. 삶의 가치관과 태도, 비전과 습관까지도 변화시킵니다. 배신자 베드로가 순교자로서 충성된 증인의 삶을 살게 됩니다. 예수님의 말씀에 무지했던 베드로의 눈이 열려 성경을 꿰뚫고 바르게 해석하는 인식의 변화가 일어납니다. 그의 삶의 지평이 활짝 열려 예루살렘뿐 아니라 세상 끝까지 바라볼 수 있는 가치관과 비전의 확장이 이루어집니다. 충동적인 기질의 사람 베드로가 이제 성령 충만한 사도로서 사람 됨됨이가 바뀌는 역사가 일어납니다. 의심 많던 도마가 확신에 찬 사람으로 변화됩니다. 예수 부활의 증인으로 살다가 마침내 순교자가 됩니다. 우레의 아들 요한이 사랑의 사도가 되어 하나님은 사랑이라고 외칩니다. 숨을 거두기까지 하나님 사랑, 이웃 사랑의 복음만을 증언합니다. 기독교를 핍박하고 훼방했던 사울이 죽기를 각오하고 로마에 이르기까지 복음을 전하는 바울 사도가 됩니다.

성령님의 우주적 강림으로 이제 모든 사람이 성령님 안에 거하게 되었습니다. 그리고 삼위일체 하나님이 성령님을 통해 우리 안에 거하게 되었습니다. 그래서 늘 함께하시는 성령님 안에서 날마다 삼위일체 하나님의 얼굴을 바라보며, 우리는 하나님의 얼굴을 닮아갑니다. 인격적인 교제를 쉬지 않으므로, 하나님의 말씀과 기도를 통해 거룩해집니다. 성령님께서 주신 은사와 능력을 힘입어 담대히 사역의 현장에 나아갈 수 있습니다. 오직 성령의 열매인 사랑의 9가지 색상을 반영하는 사람들이 되어갑니다. 사랑, 기쁨, 화평, 오래 참음, 자비, 양선, 충성, 온유, 절제의 열매들을 맺어 갑니다. 예수 그리스도의 성품을 닮아갑니다. 하나님의 형상으로 새롭게 빚어져 갑니다. 비록 실수와 허물과 잘못과 죄악 가운데 있을지라도, 날마다 사죄의 은혜와 불 같은 성령님의 은혜를 힘입어 조금씩 조금씩 달라져 갑니다. 이는 오직 성령님의 충만함을 힘입을 때만 가능합니다.

이토록 따스한 성령님

오늘 우리는 오순절 제자들이 그러했듯이 마음을 합하여 간구합시다. 성령님의 우주적 강림을 감사드리며, 이제 성령님의 충만을 사모합시다. 우리 안에, 이 지역 안에, 우리나라 온 땅에 성령님의 불길이 타오르도록, 그리하여 하나님의 임재를 경험하고 하나님의 능력을 체험하며 치유와 회복과 변화를 가져오는 역사가 일어나도록 마음을 모아 기도합시다. 성령님의 기름 부으심과 함께 우리 안에 계신 성령님의 충만함을 날마다 덧입을 수 있도록 더욱 간절히 기도하는 우리가 되기를 하나님은 원하십니다. 하나님의 뜨거운 사랑의 심장이 우리 안에 부어지는 역사를 사모합시다. 예수님을 처음 믿고 구원받았을 때 펄쩍펄쩍 뛰며 좋아했던 저와 여러분이, 이제 시간이 흐를수록 냉랭해지고 무감각해지더니 불길 같은 성령님의 역사와는 상관없는 삶을 사는 것은 아닌지요. 오순절 성령 강림 사건은 반복될 수 없는 유일회적인 사건이지만, 오늘 우리 가운데 그 감격과 감동이 회복되어야 할 우주적 사건입니다. 그리고 지속해서 충만하게 됨으로써 오늘 여기서 새로운 사건이 되어야 할 현재 진행형입니다. 이러한 불같은 성령님의 역사에 우리의 마음과 몸을 내어드립시다.

🎼 함께 찬양드립니다(찬송가 184장).

불길 같은 주 성령 간구하는 우리게

지금 강림하셔서 영광 보여주소서

성령이여 임하사 우리 영의 소원을 만족하게 하소서

기다리는 우리게 불로 불로 충만하게 하소서

3. 진리
진실하신 주 성령(요 14:16-26)

　여러분! 만일 여러분이 오늘 세상을 떠나게 된다고 하면 사랑하는 사람들에게 무엇을 남기고 가시렵니까? 예금 통장인가요? 집인가요? 아니면 값진 보석인가요? 아마도 우리는 자신에게 가장 소중한 것을 나누어주고 싶어 할 것입니다. 동시에 남겨진 사람들에게 가장 귀한 것을 주는 것이 무엇보다도 유익할 것입니다. 예수님은 제자들에게 마지막으로 주신 본문 말씀에서 선물을 약속하십니다. "내가 아버지께 구하겠으니 그가 또 다른 보혜사를 너희에게 주사 영원토록 너희와 함께 있게 하리니 그는 진리의 영이라"(요 14:16-17a). 예수님은 3년 반 동안 제자들과 늘 함께 계셨습니다. 그런데 이제 자기의 죽음이 얼마 남지 않았음을 의식하면서 마지막 고별 설교를 하십니다. 그들에게 무엇을 선물로 주시겠다고 약속하셨나요? 그렇습니다. 아버지 하나님께 구하여 보혜사를 선물로 주시겠다고 하십니다.

도대체 보혜사는 누구일까요? 보혜사는 한글 성경의 뜻으로는 '보호하시고 은혜를 주시며 가르치시는 분'입니다. 헬라어로 보혜사는 '파라클레토스'입니다. 이는 여러 가지로 번역될 수 있습니다. '남을 돕는 자', '위로자', '상담자', '변호사' 등입니다. 그러니 성령님께서는 우리의 삶과 신앙을 돕는 자요, 좌절한 자를 일으켜 세우는 위로자이며, 세상과 하나님의 법정에서 우리를 변호할 변호사이고, 어려운 인생의 문제들을 상담해 주시는 상담자입니다. 보다 정확한 뜻은 "바로 곁에서 돕기 위해 부름 받은 자", 또는 "우리 곁에 서 있는 자"입니다. 마치 예수님이 살아 계실 때 제자들 곁에 늘 함께 계셨던 것처럼, 예수님이 세상을 떠나신 후에 제자들 옆에 늘 함께 계실 분입니다. 그렇기에 보혜사는 예수님과 같은 역할을 하는 분입니다. 또 다른 그리스도이신 분입니다.

여기서 다른 보혜사란 누구일까요? 예수님도 보혜사요,

이토록 따스한 성령님

예수님이 아버지 하나님께 구하여 보내주실 분도 역시 보혜사입니다. 같은 하나님으로서 보혜사의 기능을 하는 다른 분, 즉 성령님을 우리에게 보내주시겠다는 말씀입니다. 비록 예수님은 우리 곁에 영원히 계시지 못하고 곧 십자가에 달려 돌아가실 것이지만, 우리에게 보내주실 다른 보혜사인 성령님은 우리를 결단코 떠나지 않고 영원토록 우리와 함께, 그리고 우리 안에 거하실 것입니다. 그러니 불안에 떨고 있는 제자들에게 이제는 마음에 근심하지 말고 오히려 기뻐하라고 권면하십니다. "내가 떠나가는 것이 오히려 너희들에게는 훨씬 더 유익하다. 나는 이 땅에 육체로 왔기 때문에 너희와 함께 늘 있을 수 없다. 시간과 공간의 제한을 받기 때문에 같은 시간에 여러 곳에서 함께 있을 수 없다. 그러나 이제 내가 떠나가면 누군가 배턴(baton)을 이어받게 될 텐데, 그분이 바로 성령님이다. 그분은 너희 안에 거하실 것이기 때문에 이제 모두에게 동시적으로 언제 어디에서나 너희와 함께 계실 수 있다." 바로 그분의 이름을 진리의 영이라고 부르십니다.

그렇습니다. 예수님은 진리입니다. 그러나 예수님이 아버지 하나님께 구하여 보내주실 성령님은 진리의 영입니다. 왜냐면 눈으로 볼 수 없고 만질 수 없는 영으로 임하시기 때문입니다. 마치 바람이 불듯이 오셔서 우리를 인도해 가시기 때문에, 우리는 성령님의 움직임을 파악할 수 없습니다. 그러나 우리는 경험할 수 있습니다. 예수님께서 말씀하시기를, "세상은 능히 그를 받지 못하나니 이는 그를 보지도 못하고 알지도 못함이라 그러나 너희는 그를 아나니 그는 너희와 함께 거하심이요 또 너희 속에 계시겠음이라"(요 14:17)고 하십니다. 그렇습니다. 세상은 성령님을 받지 못한다는 말씀입니다. 왜냐면 성령님을 보지도 못하고 알지도 못하기 때문입니다. 그러나 우리는 성령님을 알 수 있는데, 우리 안에 계셔서 우리와 함께 거하시기 때문입니다. 성령님을 받은 자만이 오직 성령님의 존재를 알 수 있습니다. 성령님이 그 안에 계신 자만이 성령님을 볼 수 있습니다. 즉 성령님을 맛보고 누리는 자만이 성령님의 활동을 확증할 수 있다는 말씀입니다.

우리가 예수님을 믿지 않을 때는 성령님이 누구신지, 무엇을 하시는지 알 수가 없습니다. 물론 우리 안에 계신 성령님을 꺼내어 남들에게 보여줄 수는 없습니다. 참 답답하지 않습니까? 그러나 우리는 성령님이 진리의 영으로 우

이토록 따스한 성령님

리를 인도해 주실 때, 우리 안에서 성령님의 존재를 확인할 수 있고, 남들에게 확실히 증언할 수 있게 됩니다. 그렇다면 진리의 영이신 성령님은 어떤 분인가요? 우리를 어떻게 도와주실까요?

첫째로, 진리의 영이신 성령님은 증인입니다. 가끔 범죄 영화를 보면, 피고나 원고를 위해서 결정적인 증인이 등장합니다. 살인사건에서 누군가 그 장면을 생생하게 지켜본 사람이 있다면, 누가 살인자인지 법정에서 가리는 데 둘도 없는 증인이 될 것입니다. 때로 변호사도, 검사도 서로 자기 측에 유리한 증인을 찾고 또 그 사람을 보호하기 위해 애쓰는 것을 봅니다. 중요한 증인은 증인 보호 신청을 통해 상대편에 의해 살해되거나 도주하지 않도록 하기도 합니다. 법정에서 가장 강력한 증인이 사라지면, 재판에서 결정적으로 패배하거나 승리하게 되기 때문입니다. 그래서 어떤 영화에서는 범죄조직이 자신들의 죄를 감추기 위해서 결정적인 증인들을 하나씩 둘씩 제거하는 모습들도 등장하곤 합니다. 구약 시대에는 어떤 사건에 대해서 최소한 두세 명의 증인이 있어야 법적인 효력을 지녔습니다. 간음이나 살인사건도 한 사람의 증거로는 불충분합니다. 그도 그럴 것이 어떤 한 사람이 남을 모함하기 위해서 "내 두 눈으로 똑똑하게 봤다"라고 주장한다면, 그래서 사람들이 그 말을 믿어준다면 억울하게 죄인이 되는 사람들이 많아질 것입니다. 그러므로 이것은 사회적이고 법적인 안전장치입니다.

성령님은 그리스도를 증언하는 영입니다. 요한복음 15장 26절은 이렇게 말합니다. "내가 아버지께로부터 너희에게 보낼 보혜사 곧 아버지께로부터 나오시는 진리의 성령이 오실 때에 그가 나를 증언하실 것이요." 성령님은 예수님이 누구신지, 우리를 위해 무슨 일을 하셨는지, 어떻게 우리를 도우시는지에 대해서 증언하십니다. 왜냐면 태초부터 성령님은 예수님과 함께 계셨을 뿐 아니라, 이 땅에서도 예수님과 함께 계셨기 때문입니다. 그리하여 예수님이 마리아에게서 출생하실 때도 성령님에 의해 수태되셨습니다. 예수님은 성령님으로 충만하여 사십 일 동안 광야에서 금식하셨습니다. 성령님의 기름 부으심을 받아 예수님은 온갖 병을 고치시고 귀신을 쫓아내셨습니다. 성령님은 예수님의 모든 사역과 행동을 똑똑히 지켜보셨습니다. 그러므로 누구보다도 정확하게 예수님에 대하여 증언하실 수 있습니다. "이로써

이토록 따스한 성령님

너희가 하나님의 영을 알지니 곧 예수 그리스도께서 육체로 오신 것을 시인하는 영마다 하나님께 속한 것이요 예수를 시인하지 아니하는 영마다 하나님께 속한 것이 아니니 이것이 곧 적그리스도의 영이니라"(요일 4:2-3).

맞습니다. 예수님이 우리의 주님으로 오셨음을 증언하는 분이 성령님입니다. 그래서 성령님으로 말미암아 우리는 예수님을 "나의 주님"으로, "나의 구원자"로 믿고 고백하게 됩니다. 그뿐만이 아닙니다. 성령님은 우리에게 하나님을 "아빠"라고 부르게 하십니다. "너희가 아들이므로 하나님이 그 아들의 영을 우리 마음 가운데 보내사 아빠 아버지라 부르게 하셨느니라"(갈 4:6). 하늘과 땅을 지으신 창조주 하나님을 '나의 아버지'로 부르고 믿도록 하시는 분이 바로 성령님입니다. 그러므로 성령님을 받지 못한 사람들은 그 누구도 하나님을 "아빠"라고 부를 수 없습니다. 여러분 가운데 하나님을 아빠, 아버지로 부르는 분들은 이미 성령님을 받은 사람입니다. 성령님이 그 안에 거하는 사람입니다.

더 나아가 성령님은 우리가 누구인지를 증언하십니다. "무릇 하나님의 영으로 인도함을 받는 사람은 곧 하나님의 아들이라 너희는 다시 무서워하는 종의 영을 받지 아니하고 양자의 영을 받았으므로 우리가 아빠 아버지라고 부르짖느니라 성령이 친히 우리의 영과 더불어 우리가 하나님의 자녀인 것을 증언하시나니"(롬 8:14-16). 이제 우리는 하나님의 자녀입니다. 사탄의 자녀가 아니라 하나님의 자녀라는 것을 성령님께서 날마다 우리 안에서 증언해 주십니다. 우리 마음속에 성령님께서 확실한 도장을 찍어주셨습니다. "너는 하나님의 것이라." 하나님의 생명책에 우리의 이름을 기록해 놓으셨습니다. 우리는 모두 천국의 호적 등본에 하나님의 자녀로 이름이 올라가 있습니다. 하나님께서 우리의 호주가 되십니다. 한 번 이름이 올라가면 그 누구도 절대로 그 이름을 지울 수 없습니다. 호적이 말소되지 않습니다.

성령님의 증언은 거짓되지 않습니다. 간혹 사람들은 돈에 매수되어, 정과 의리 때문에 법정에서 위증하기도 합니다. 그러나 성령님의 증언은 위증이 될 수 없습니다. 왜냐면 성령님은 홀로 증언하지 않고 하나님의 증거를 받게 되기 때문입니다. 예수님을 증언하시는 분이 성령님만이 아닙니다. 예수님은 "나를 본 자는 아버지를 보았고 아버지를 아는 자는 나를 알게 된다"라고 반복해서 말씀하고 계십니다. 그래서 예수님은 아버지 하나님으로부터 보고 들은 것

이토록 따스한 성령님

을 말한다고 말씀하십니다. 그러니 예수님을 증언하는 분은 영원부터 지금까지 함께 계시는 분, 아버지 하나님과 성령님입니다. 성령님의 증언에 아버지 하나님의 증언이 합해지니, 결코 거짓이 없는 증언입니다. 우리를 결단코 속이지 않습니다. 참된 것입니다. 그래서 믿을 수밖에 없습니다. 진리의 영이 증언하기 때문입니다.

둘째로, 진리의 영이신 성령님은 조명해 주십니다. 오늘 본문은 이렇게 말씀하십니다. "보혜사 곧 아버지께서 내 이름으로 보내실 성령 그가 너희에게 모든 것을 가르치고 내가 너희에게 말한 모든 것을 생각나게 하리라"(요 14:26). 계속해서 예수님은 다른 곳에서도 말씀합니다. "그러나 진리의 성령이 오시면 그가 너희를 모든 진리 가운데로 인도하시리니 그가 스스로 말하지 않고 오직 들은 것을 말하며 장래 일을 너희에게 알리시리라"(요 16:13). 그렇습니다. 성령님은 우리의 교사입니다. 하나님의 뜻을 우리에게 알려 주시고 밝혀 주십니다.

성령님은 사건들을 밝히 드러내십니다. 어떤 사건을 그 참된 모습으로 제시하는 분입니다. 예수님께서 밝히 말씀하셨는데도 깨닫지 못했던 제자들이 이제 진리의 영이신 성령님의 도움으로 바르게 깨닫게 됩니다. 사실 예수님의 제자들은 예수님과 함께 있을 때 예수님이 하시는 말씀을 잘 이해하지 못했습니다. 그래서 때로 예수님의 핀잔을 듣기도 했습니다. 무리로부터 따로 불러내어 과외까지 시켜주셨어도 깨닫지 못한 적이 많았습니다. 십자가의 고난과 부활에 대해서도 몇 차례나 일러주었습니다. 그런데도 "소 귀에 경 읽기"였습니다. 그러나 성령님이 오시자, 이전에 하셨던 예수님의 말씀이 하나씩 둘씩 떠오르는 것입니다. 변화산에 예수님과 함께 올랐던 베드로와 야고보와 요한도 이제는 성령님을 통해, "아, 그게 실은 예수님의 부활을 미리 보여주신 것이구나"라고 깨닫게 되었습니다. 오순절 성령 강림 후에 예수님께서 이전에 가르쳐 주셨던 모든 성경 말씀들이 꿰어지고 맥이 뚫리는 경험을 하게 됩니다. 그래서 베드로는 영감 있는 설교를 하게 됩니다. 어째서일까요? 성령님께서 그에게 진리의 빛을 비춰 주셨기 때문입니다. 어두운 눈을 밝혀 주셨기 때문입니다.

진리의 영이신 성령님이 오시면 우리의 눈이 열리게 됩니다. 이전에 보지 못했던 것들을 보게 됩니다. 이해할 수

이토록 따스한 성령님

없었던 것들을 이해하게 됩니다. 듣지 못했던 것들을 듣게 됩니다. 이전에 세상에 있을 때는 알 수도 없었고 받을 수도 없었던 것입니다. 그래서 성경이 눈에 들어옵니다. 설교가 귀에 들어옵니다. 사실 처음에 신앙생활을 하게 되면 무척 답답합니다. 성경이 안 읽힙니다. 설교를 들어도 무슨 소리인지 하나도 못 알아듣습니다. 예배 시간에 앉아 있는 게 정말 고역입니다. 그런데 성령님이 역사하시면, 놀랍게도 성경을 읽을 때 마음이 뜨거워집니다. 설교도 조금씩 알아듣게 됩니다. 성령님께서 우리의 눈에 안경을 씌워주셔서 우리의 시력을 하나님의 진리에 맞추어 교정해 주십니다. 성령님께서 우리의 귀에 보청기를 달아주셔서 천국 언어에 주파수가 맞추어집니다. 그러면 신기하게도 세상이 달라지고 내가 바뀝니다. 말씀을 읽고 들을 때 깨달음이 주어집니다. 전에는 그냥 건너뛰었던 본문들이 눈에 크게 들어오고 생생하게 살아납니다. 설교를 들을 때, 나에게 하시는 말씀으로 들립니다. 마음속에서 "아멘!"이 터져 나옵니다.

성경의 저자이신 성령님이 직접 성경을 해석해 주시기 때문입니다. 여러분! 학원에서 학생이 가장 많이 몰리는 수업은 어떤 수업일까요? 바로 "저자 직강!"입니다. 책을 쓴

저자가 직접 강의하면, 글의 의도와 계획을 이 세상 누구보다도 잘 아는 사람이니, 가장 명확하고 알기 쉽게 가르치게 됩니다. 마찬가지입니다. 성경을 기록한 저자이신 성령님께서 우리에게 가장 알기 쉽게 하나님의 뜻을 풀어주실 것입니다. "먼저 알 것은 성경의 모든 예언은 사사로이 풀 것이 아니니 예언은 언제든지 사람의 뜻으로 낸 것이 아니요 오직 성령의 감동하심을 받은 사람들이 하나님께 받아 말한 것이라"(벧후 1:20-21). 그렇습니다. 하나님의 말씀 속에 하나님의 뜻이 다 들어있습니다. 성령님은 그래서 세상에서 가장 유능한 교사입니다. 본문의 의도와 행간에 숨겨진 뜻을 풀어주십니다. 성경의 부분 부분만이 아니라 전체 맥락을 환히 보여주십니다. 무엇보다도 하나님의 마음을 꿰뚫어 알려주십니다. 그래서 성경을 읽고 설교를 듣다가 우리의 마음이 하나님의 마음에 접촉되면 사건이 일어나게 됩니다. 하나님의 진심을 알게 되면 눈물이 나오고 가슴이 뭉클해지며 그 진심에 감동해서 설득당하게 됩니다. 하나님의 사랑에 대한 믿음이 생겨납니다.

성령님은 우리의 과거를 기억나게 하고 미래를 기대하게 해주십니다. 성령님은 우리를 계속 회상시킵니다. 아니 계

이토록 따스한 성령님

속해서 깨우쳐 주시고 기억나게 하십니다. 그래서 우리에게 주어진 것들을 하나님의 은혜로 받아들이게 합니다. 가끔 성도님들 중에서 "다 하나님의 은혜지요"라고 말하는 분들이 계십니다. 그런데 그 말이 그리 쉬운 게 아닙니다. 이전에는 다 내가 잘나서 여기까지 온 줄로 알았습니다. 그런데 돌아보니 모든 사건 속에서 하나님의 섬세한 간섭과 돌보심의 손길이 있었음을 깨닫게 됩니다. 이전에는 그게 나의 잘못인 줄 몰랐습니다. 그런데 실은 나의 잘못이요, 하나님께 엄청난 고통을 드렸던 범죄였음이 눈에 확 들어오게 됩니다. 과거의 사건이 새롭게 떠오릅니다. 이전에는 그것이 무엇을 의미하는지 몰랐는데, 그 의미가 분명하게 눈에 들어옵니다. 무엇보다도 이전에는 너무나 내게 당연하게 생각했던 것들이 다 하나님의 은혜였음을 깨닫게 됩니다. 그렇습니다. "오직 하나님이 성령으로 이것을 우리에게 보이셨으니 성령은 모든 것 곧 하나님의 깊은 것까지도 통달하시느니라 사람의 일을 사람의 속에 있는 영 외에 누가 알리요 이와 같이 하나님의 일도 하나님의 영 외에는 아무도 알지 못하느니라 우리가 세상의 영을 받지 아니하고 오직 하나님으로부터 온 영을 받았으니 이는 우리로 하여금 하나님께서 우리에게 은혜로 주신 것들을 알게 하려 하심이라"(고전 2:10-12).

하나님의 은혜는 우리에게 무엇인가를 새롭게 주시는 것이 아닙니다. 하늘에서 무엇을 막 던져주시는 것이 아닙니다. 오히려 이미 내게 주어져 있는 것들이 하나님이 주신 것임을 발견하는 눈이 열리는 것이 바로 은혜를 받는 것입니다. 전에는 아무렇지도 않게 느껴지던 일들이, 내가 지금 갖고 누리고 있는 것들이 실은 하늘에서 온 것임을 깨닫게 되는 것이 바로 은혜를 받는 것입니다. 오직 성령님이 우리를 조명해 주실 때 가능합니다. 그때 참으로 감사할 수 있습니다. 그래서 성령 충만한 사람들은 겉으로 볼 때 별로 감사할 조건이 없는 것 같은데도 늘 감사를 드립니다. 입에 "할렐루야, 아멘!"을 달고 삽니다. "하나님이 도우셨어요. 하나님이 함께하셨어요. 하나님이 인도하셨습니다." 이렇게 고백하게 됩니다. 성령님이 우리를 지속해서 조명해 주시기 때문입니다. 이 은혜를 날마다 경험하시길 바랍니다. 진리의 영이신 성령님의 인도하심을 의지하시길 바랍니다.

셋째로, 진리의 영이신 성령님은 우리의 분별을 도와주심

이토록 따스한 성령님

니다. 성령님의 주된 사역 가운데 하나는 바로 우리가 모든 일을 분별하도록 하는 것입니다. 하나님의 뜻이 무엇인지, 선과 악이 무엇인지, 죄와 불의가 무엇인지를 분별하는 것입니다. 여러분! 우리는 모두 날마다 끊임없이 무언가를 선택하며 살아갑니다. 잠을 더 잘 것인가, 그렇지 않을 것인가? 공부할 것인가, 쉴 것인가? 어느 직장을 선택할 것인가? 그 사람을 계속 만날 것인가, 헤어질 것인가? 이 옷을 살 것인가, 말 것인가? 살아있는 한 우리는 모두 어떤 선택을 하며 살아갑니다. 좋은 선택도 하겠지만, 나쁜 선택도 하게 됩니다. 최상의 선택도 하지만, 최악의 선택도 하게 됩니다. 문제는 우리가 다 그 선택의 책임을 지며 살아가게 된다는 것입니다. 우리의 삶은 선택의 연속이요, 그로 인한 책임의 결과입니다. 그래서 우리는 더 불안해합니다. "혹 잘못 선택하면 어떡하지? 내 미래가 잘못되면 어떡하지? 내 인생이 실패하면 어떡하지?"

그러나 우리는 염려할 것이 없습니다. 바로 우리 곁에서 우리를 도우시는 분이 계시기 때문입니다. 우리 안에서 영원토록 우리를 떠나지 않고 우리에게 분별할 수 있도록 인도하시는 성령님이 계시기 때문입니다. "우리는 하나님께

속하였으니 하나님을 아는 자는 우리의 말을 듣고 하나님께 속하지 아니한 자는 우리의 말을 듣지 아니하나니 진리의 영과 미혹의 영을 이로써 아느니라"(요일 4:6). 그렇습니다. 우리는 하나님께 속한 사람들입니다. 그래서 하나님의 말씀을 듣게 됩니다. 세상을 따르지 않게 됩니다. 왜냐면 날마다 우리 안에서 성령님께서 분별해 주시기 때문입니다. "그러나 내가 너희에게 실상을 말하노니 내가 떠나가는 것이 너희에게 유익이라 내가 떠나가지 아니하면 보혜사가 너희에게로 오시지 아니할 것이요 가면 내가 그를 너희에게로 보내리니 그가 와서 죄에 대하여, 의에 대하여, 심판에 대하여 세상을 책망하시리라"(요 16:7-8). 성령님이 우리에게 죄와 의와 심판에 대하여 분별하도록 권고하시며 책망하시기 때문입니다. 우리의 양심에 진리의 빛을 비춰 주십니다. 우리의 도덕성을 예민하게 자극하십니다. 우리의 지각을 단련시켜 주십니다.

성령의 은사들 가운데 영 분별의 은사가 있습니다. 성경은 이렇게 말합니다. "우리가 이것을 말하거니와 사람의 지혜가 가르친 말로 아니하고 오직 성령께서 가르치신 것으로 하니 영적인 일은 영적인 것으로 분별하느니라 육에 속한 사람은 하나님의 성령의 일들을 받지 아니하나니 이는 그것들이 그에게는 어리석게 보임이요, 또 그는 그것들을 알 수도 없나니 그러한 일은 영적으로 분별되기 때문이라"(고전 2:13-14). 성령님은 하나님의 깊은 것이라도 통달하시는 진리의 영이므로, 언제든지 하나님의 온전한 뜻 가운데로 우리를 인도하실 수 있습니다. 영적인 것은 영적인 것을 분별할 수 있습니다. 성령님 안에 거하는 자는 우리의 생각이 하나님에게서 온 것인지, 자신에게서 온 것인지, 아니면 사탄으로부터 온 것인지를 분별할 수 있게 됩니다. 선과 악을 분별하게 됩니다. 그래서 죄를 피하게 되고, 악을 떠나게 되며, 교만과 욕심의 유혹에서 벗어나게 됩니다. 여러분! 우리는 날마다 순간마다 성령님의 감화와 감동하심에 민감해야 합니다. 이것을 영적인 민감성(spiritual sensitivity)이라고 합니다. 성령님이 주의 주시는 것, 경고하시는 것, 조언해 주시는 것에 귀를 기울여야 합니다.

어린아이는 무엇이 좋은 것인지, 나쁜 것인지 잘 분별하지 못합니다. 그러나 성인이 되면 지각이 성숙해서 어느 정도 분별할 수 있습니다. 성경은 말합니다. "이는 젖을 먹는 자마다 어린 아이니 의의 말씀을 경험하지 못한 자요 단단

한 음식은 장성한 자의 것이니 그들은 지각을 사용함으로 연단을 받아 선악을 분별하는 자들이니라"(히 5:13-14). 그러니까 선과 악을 분별하는 능력이 자라는 것이 성령님의 인도함을 받는 삶입니다. 여러분! 성령 충만하다는 것을 어떻게 알 수 있을까요? 죄를 즉시 깨닫게 됩니다. 숨겨진 죄가 또렷하게 드러납니다. 마음속에 덮어두었던 죄까지 되살아납니다. 성령님은 우리에게 죄를 회개하고 악으로부터 돌이키라고 우리를 부르십니다. 그러므로 죄에 대한 민감성은 곧 성령 충만의 정도와 비례합니다. 바울은 이렇게 권면하고 있습니다. "내가 이르노니 너희는 성령을 따라 행하라 그리하면 육체의 욕심을 이루지 아니하리라 육체의 소욕은 성령을 거스르고 성령은 육체를 거스르나니 이 둘이 서로 대적함으로 너희가 원하는 것을 하지 못하게 하려 함이니라"(갈 5:16-17).

그렇습니다. 악을 피하고 선을 행하는 것, 그것이 성령님의 뜻이요 인도하심입니다. 그것이 진리 안에 거하는 길입니다. 바울은 말합니다. "성령을 소멸하지 말며 예언을 멸시하지 말고 범사에 헤아려 좋은 것을 취하고 악은 어떤 모양이라도 버리라"(살전 5:19-22). 그러므로 날마다 성령님

이토록 따스한 성령님

을 좇아 분별하며 살아가는 저와 여러분이 되길 바랍니다. 그것이 우리에게 다른 보혜사를 선물로 주신 예수님의 뜻에 보답하는 길입니다. 더욱 간절히 기도해 보세요. "성령님이여, 내 안에 영원히 거하시며 날마다 더욱 충만하게 하옵소서. 바르게 증언해 주시며 조명해 주옵소서. 그리고 순간마다 분별하게 해주셔서 진리 안에 거하게 하옵소서. 성령의 열매가 풍성하게 맺히도록 도우소서. 나를 이끄소서. 아멘."

🎼 함께 찬양드립니다(찬송가 189장).

진실하신 주 성령 성도 곁에 계시사
순례길을 갈 때에 손을 잡아주소서
모든 곤한 사람들 기쁜 소식 들으니
성령 말씀하기를 나를 따라오너라

4. 회개
성령의 불길로 태우사(눅 3:3-14)

　　본문 말씀은 예수님이 공적인 사역을 하시기 전에 등장한 세례 요한의 외침에 관한 내용입니다. 당시 유대 나라는 로마의 식민지가 되어 백성들이 매우 어렵게 살아가고 있었습니다. 단순히 경제적인 어려움만이 아니라 종교적으로도 타락해 있었고, 영적으로는 흑암의 시대였다고 할 수 있습니다. 그래서 사람들은 메시아가 나타나서 유대 민족을 해방하고 민중을 구원하기를 오랫동안 고대했습니다. 그런 시기에 예수님보다 6개월 먼저 태어난 요한이 광야에서 낙타털 옷을 입고 허리에 가죽 띠를 띠고는, 메뚜기와 석청을 먹으면서 지냅니다. 그런데 요한에게 하나님의 영이 임하

　　　　　　　　　　　　　　　이토록 따스한 성령님

자, 죄 사함을 얻게 하는 회개의 세례를 요단 강에서 베풀게 되었습니다.

요한은 다음과 같이 외칩니다. "광야에서 외치는 자의 소리가 있어 이르되 너희는 주의 길을 준비하라 그의 오실 길을 곧게 하라 모든 골짜기가 메워지고 모든 산과 작은 산이 낮아지고 굽은 것이 곧아지고 험한 길이 평탄하여질 것이요 모든 육체가 하나님의 구원하심을 보리라 함과 같으니라"(눅 3:4-6). 이 말씀은 일찍이 구약 선지자 이사야의 책에 기록된 것이기도 합니다. 무슨 의미인가요? 유대의 구원자가 오시기 전에 광야에서 외치는 자의 소리가 들릴 것인데, 그 내용은 바로 회개에 관한 것이라는 말입니다. 예수님이 오시기 전에 유대 나라 사람들이 먼저 요한의 메시지를 듣고 회개해서 주님의 길을 준비해야 한다는 말입니다. 그리하여 많은 사람이 요한에게 나아왔고, 요한은 그들에게 일일이 세례를 베풀어줍니다. 그리고 참된 회개를 위하여 무엇을 해야 하느냐고 묻는 사람들에게 회개의 열매가 무엇인지에 대하여 말씀합니다.

성도 여러분! 우리는 예수님을 나의 주님으로 영접한 순간에 우리의 모든 죄를 다 용서받았습니다. 예수님의 십자가에서 모두 다 용서되었기 때문입니다. 바로 그 순간에 예수님이 우리 안에 들어오시고 영원토록 떠나지 않고 우리와 함께 계십니다. 요한은 말합니다. "영접하는 자 곧 그 이름을 믿는 자들에게는 하나님의 자녀가 되는 권세를 주셨으니"(요 1:12). 이것을 일생에 단 한 번 이루어지는 회심이라고 합니다. 회심은 한 번뿐입니다. 우리가 두 번, 세 번 예수님을 영접할 필요는 없습니다. 그러나 예수님을 믿고 난 이후에도 우리는 시시때때로 죄를 범하게 됩니다. 우리 안에 있는 죄악으로 향하는 본성, 선보다 더 악을 좋아하는 본성이 아직 다 변화되지 않았기 때문입니다. 우리는 죄악으로 오염된 세상의 강물에서 여전히 살고 있습니다. 때로 사탄의 유혹과 공격이 우리를 놓아주지 않기 때문입니다.

그러므로 날마다 순간마다 우리의 죄악의 문제를 해결해야 합니다. 죄를 지을 때마다 반복적으로 회개해야 합니다. 죽을 때까지 우리는 회개하면서 우리의 구원을 이루어야 합니다. 그런데 어떤 이단들은 한 번 예수님을 믿고 구원을 얻으면, 죽을 때까지 회개할 필요가 없다고 떠들어댑니다. 소위 '기쁜 소식'을 가르친다는 박옥수 집단의 주장입니다. 물론 씻을 수도 없고 도무지 용서받을 수 없을 것 같

이토록 따스한 성령님

은 죄를 범한 사람들에게는 이 얼마나 기쁜 소식인지 모릅니다. 하지만 그것은 우리의 양심을 달래기 위한 달콤한 거짓말입니다. 속지 마세요. "회심은 1회에 해당하지만, 회개는 계속해서 이루어져야 한다"라는 사실을 잊지 마십시다. 성경은 우리가 비록 하나님의 자녀일지라도, 밥 먹듯이 죄를 범하고 끝내 예수님을 거절하는 자들은 결단코 천국을 얻지 못할 것이라고 말씀하고 있습니다.

여러분! 기독교인과 비기독교인의 차이가 무엇인가요? 그가 회개하는 사람인가, 그렇지 않은가에 달려 있습니다. 물론 세상 사람 중에도 자기반성을 잘하는 사람들이 있습니다. 간혹 우리보다 더 도덕적이고 선한 사람들도 있습니다. 그러나 그것은 성경이 말하는 회개와는 분명 다릅니다. 왜냐면 회개의 대상은 우선 하나님이기 때문입니다. 내가 사람들에게 범한 죄 역시 결국은 하나님과 관계된 일입니다. 먼저 하나님 앞에서 죄를 뉘우치고 돌이켜야 합니다. 그런데 회개는 그것으로만 끝나는 게 아닙니다. 동시에 자신에게도, 이웃에게도 우리는 죄를 회개해야 합니다. 우리는 하나님을 향하여, 자신을 향하여, 그리고 이웃을 향하여 회개합니다. 3중적인 회개입니다. 우리는 하나님과 자신과 사람들에게 지은 죄를 날마다 회개해야 합니다. 이것은 단순한 도덕적 개선이나 자기반성을 넘어서는 것입니다. 그렇다면 이러한 참된 회개는 어떻게 해야 할까요?

첫째로, 참된 회개는 성령님 안에서 죄를 바르게 깨닫고 이해하는 것입니다. 죄란 무엇인가요? 하나님의 마음과 뜻을 저버리는 것입니다. 하나님의 법에 어긋나는 것입니다. 하나님과 정반대로 등지는 것입니다. 그러므로 회개란 내가 얼마나 하나님으로부터 멀리 떠나 있는지를 깨닫는 것입니다. 그래서 회개는 죄로부터 하나님에게로 돌이키는 것입니다. 180도 방향을 바꾸는 것입니다. 동에서 서로, 남에서 북으로 방향 전환하듯이 그렇게 확 달라지는 것입니다. 성경은 말합니다. 성령님이 오시면, "죄에 대하여, 의에 대하여, 심판에 대하여 세상을 책망하시리라"(요 16:8). 우리의 죄는 오직 성령님이 깨닫게 해주셔야 알 수 있습니다. 회개의 영을 부어 주셔야 합니다. 우리 스스로 죄를 발견하고 깨닫는 것은 참 어렵습니다. 성령님께서 역사하셔야 우리는 죄에 대하여 정직해질 수 있습니다.

우리는 죄를 회개하기 전에 먼저 성령님께서 내 눈을 열

이토록 따스한 성령님

어 죄를 보게 하시고, 내 마음을 열어 죄를 뉘우치게 하시도록 기도해야 합니다. 우리가 회개할 수 있도록 일깨우고 도우시는 분은 성령님입니다. 그러나 동시에 회개의 행동을 하는 사람은 바로 나입니다. 예수님을 배신한 베드로도, 예수님을 팔아넘긴 가룻 유다도 둘 다 죄를 범했습니다. 그러나 베드로는 스스로 돌이켜 회개의 행동을 했습니다. 그렇지만 유다는 끝내 돌이키지 않고 자살을 선택했습니다. 우리가 유다처럼 스스로 돌이키지 않는다면, 온전한 회개는 이루어지지 않습니다.

참된 회개는 하나님이 누구신가를 이해하는 것이 우선적입니다. 우리는 어떻게 하나님을 알 수 있을까요? 오직 성령님을 통해서 예수님을 바라볼 때 알 수 있습니다. 우리가 얼마나 교만한지는 예수님의 십자가에서 알 수 있습니다. 높고 크신 분이 낮고 천한 사람의 몸을 입으시고 이 땅에 찾아오셨을 뿐 아니라, 죽기까지 자신을 낮추셨습니다. 주님이 종이 되셨습니다. 그러나 우리는 별로 대단하지도 않으면서 무언가 된 줄로 알고, 높지도 않으면서 높은 척하고, 때로 목이 뻣뻣합니다. 우리가 얼마나 교만하고 거만하며 오만한지는 예수님 앞에 서면 금방 폭로됩니다. 그리고 우리가 얼마나 욕심에 가득 찬 사람인지는 예수님 앞에 서면 확실히 드러납니다. 부자이신 예수님이 가난하게 되셨고, 모든 권력을 가지신 분이 그것을 다 내려놓으셨으며, 심지어 자신의 생명까지도 다 내어주시는 희생을 바라보면서, 우리는 얼마나 이기적이고 자기중심적이며 양손에 더 움켜쥐려고 몸부림치는지 자신의 모습을 바라볼 수 있습니다. 참으로 우리를 위해서 정성껏 섬기시며 최선을 다해주신 예수님의 모습과는 달리, 때로 우리는 얼마나 게으르고 무책임하며 태만한지 발견하게 됩니다. 예수님의 십자가에 우리의 교만과 시기와 질투와 분노와 탐욕과 거짓과 살인과 육체의 정욕과 이기심과 방탕과 불의가 매달려 있습니다. 그래서 우리는 십자가 앞에 자주 나아가야 합니다. 그때마다 하나님은 말씀하십니다. "이것이 바로 네 모습이다(This is where you are)."

하나님 앞에서는 크고 작은 죄의 차이가 없습니다. 그러니 살인범의 죄는 크고 절도범의 죄는 작거나, 성폭행의 죄는 크고 거짓말의 죄는 작은 게 아닙니다. 하나님 앞에서는 모든 죄가 다 죽어 마땅한 죄입니다. 세상 법정에서는 경범죄가 있고, 벌금형도 있고, 불구속 기소가 있고, 집행유예가

이토록 따스한 성령님

있고, 무기징역이 있고, 사형이 있지만, 하나님의 법정에서는 모든 죄가 다 사형에 해당하는 죄입니다. 그러므로 조그만 죄라도 심각하게 여기고 즉시 회개하는 생활을 해야 합니다. 사람이 자신의 잘못을 예수님의 발 앞에 내려놓으면, 그는 마치 날개를 단 것처럼 느끼게 됩니다. 왜냐면 하나님께서 용서하지 못하실 죄는 하나도 없기 때문입니다. 우리가 죄를 갖고 나아갈 때마다, 예수님은 십자가에서 흘리신 거룩하신 피를 준비해 놓으셨다가 그때그때 씻어주십니다. 검붉은 죄가 흰 눈처럼 됩니다. 그러므로 날마다 기도합시다. "성령님! 제가 죄를 깨닫고 발견할 수 있도록 도와주옵소서. 저의 죄를 처리해 주옵소서."

둘째로, 성령님 안에서의 회개는 죄를 마음으로 참회하고 고백하는 것입니다. 참된 회개는 마음으로 참회해야 합니다. 자신의 죄를 바라보면서 매우 비통하게 여겨야 합니다. 뼈저린 후회가 뒤따라야 합니다. 가슴을 치며 나의 죄를 바라보면서 슬퍼해야 합니다. 오래전에 돌아가신 저의 어머니의 입관 예배를 드릴 때, 제가 얼마나 울었는지 모릅니다. 엄마와 헤어진다는 슬픔, 이제 다시 그 얼굴을 볼 수 없다는 아쉬움보다는, 살아 계실 때 엄마에게 더 잘해 드리지 못한 것이 너무나 미안했습니다. "엄마, 미안해요. 엄마, 미안해요." 3, 40분 동안 내내 회개했습니다. 태어나서 처음 곡이라는 것을 평소에 연습도 해보지 않았는데 하게 되었습니다. 저 배꼽 아래에서부터 울음이 올라오는데, "아, 이게 통회한다는 것이구나"라고 느꼈습니다. 하나님은 우리가 평소에 통회하는 마음으로 회개하기를 원하십니다. 억지로 하거나 혹은 체면을 위해 하는 게 아니고, 진심으로 죄송하고 몸 둘 바를 모르는 마음으로 통회해야 합니다. "성령님! 저는 죄인입니다. 지금 당장 벌 받아 죽어도 마땅합니다. 저는 세상에서 가장 몹쓸 죄인입니다. 저를 불쌍히 여기소서." 이렇게 울부짖어야 합니다. 입으로 고백해야 합니다.

"회개는 과거의 잘못된 행동에 대한 마음속에서 우러나오는 슬픔이다"라고 말합니다. 또한 "영혼 깊이 느껴지는 참회로 흘러내리는 눈물은 죄인만이 알 수 있는 죄 사함에 대한 최초의 기쁨이다"라고 신학자 토마스 무어가 말했습니다. 그런데 그뿐만이 아닙니다. "참된 회개는 형벌을 두려워하는 것보다 오히려 죄악을 혐오하는 것이다. 죄를 미워하는 것이다. 그것을 통해서 하나님의 사랑을 발견하고

이토록 따스한 성령님

느꼈기 때문에, 참된 회개는 무엇보다도 죄악을 혐오하게 된다"라고 윌리엄 테일러도 말합니다.

사실 우리가 회개하지 않는 동안에 우리 마음에는 참된 평안이 없습니다. 기쁨도 사라집니다. 저는 하루에도 죄를 회개하지 않으면 그다음 행동으로 나아가기가 참 힘듭니다. 그래서 꼭 하루에도 몇 번씩 회개의 시간을 갖습니다. 그렇지 않으면 자꾸 허둥대고, 어이없는 실수를 하기도 하며, 실속 없는 시간을 보냅니다. 그래서 너무 때늦은 회개는 본인의 건강에도 좋지 않습니다. 마찬가지로 하나님께도 고통을 안겨드리게 됩니다.

시편에는 이렇게 기록되어 있습니다. "하나님은 의로우신 재판장이심이여 매일 분노하시는 하나님이시로다 사람이 회개하지 아니하면 그가 그의 칼을 가심이여 그의 활을 이미 당기어 예비하셨도다"(시 7:11-12). 우리가 회개하지 않을 때, 하나님의 마음에 분노가 쌓여 칼을 가신다고 합니다. 진노의 불화살을 준비하셔서 쏠 준비를 하신다고 합니다. 그런데 그때 사랑의 하나님은 얼마나 괴로우실까요? 그렇기에 요한은 말하고 있습니다. "만일 우리가 죄가 없다고 말하면 스스로 속이고 또 진리가 우리 속에 있지 아니할 것이요 만일 우리가 우리 죄를 자백하면 그는 미쁘시고 의로우사 우리 죄를 사하시며 우리를 모든 불의에서 깨끗하게 하실 것이요"(요일 1:8-9).

요즘 예수님을 믿는 사람들 가운데 잘못된 생각과 습관으로 살아가는 사람들이 있습니다. 아예 회개하지 않는 사람들도 적지 않습니다. 마음이 굳어져서 회개 없이 신앙생활하는 사람들도 많습니다. 양심도 도덕도 마비된 사람처럼 보입니다. 그런가 하면 회개를 너무 쉽게 생각하는 사람들도 있습니다. 회개가 마치 세탁기 돌리는 일처럼, 일주일에 한 번 예수님의 피라는 세제를 넣고 돌리면 되는 줄 아는 사람입니다. 주일 아침에 아예 일주일 분량을 한꺼번에 몰아서 회개하기도 합니다. 요즘 컴퓨터에는 문서 작업하다가 잘못된 것을 지우는 기능이 있습니다. 삭제 키를 누르거나, 또는 "휴지통에 버리시겠습니까?" 그러면 "네"를 누르면 됩니다. 죄를 깨닫고는, 예수님의 피로 죄를 완전삭제해 버리는 듯한 사람들도 많습니다. 죄에 대한 애절한 참회가 없는, 무슨 세탁예식처럼 가볍게 회개하는 사람들도 있습니다. 물론 예수님의 피야말로 가장 강력한 세탁제입니다. 우리의 죄를 지우는 삭제 기능이 가장 완벽합니다. 그러나

이토록 따스한 성령님

죄에 대한 진지한 통회와 슬픔과 뉘우침 없는 회개는 참된 회개가 아닙니다. 겉모습만 크리스천이 아니라 우리의 속이 날마다 새로워지도록 회개하는 크리스천이 됩시다. 가슴을 치며 슬퍼하면서 통회하는 것이 참된 회개입니다.

셋째로, 성령님 안에서의 회개는 열매를 맺는 것입니다. "그러므로 회개에 합당한 열매를 맺고"(눅 3:8a)라고 요한은 말합니다. 회개는 단지 죄를 깨닫는 것만이 아닙니다. 마음으로 통회하고 입으로 자백하는 것으로 끝나는 것도 아닙니다. 무엇보다도 회개의 열매가 있어야 합니다. 즉 변화되어야 합니다. 오늘 말씀에는 "모든 골짜기가 메워지고 모든 산과 작은 산이 낮아지고 굽은 것이 곧아지고 험한 길이 평탄하여질 것이요"(눅 3:5)라고 했습니다. 가끔 오랜만에 시골에 가면 깜짝 놀라게 됩니다. 분명 높은 산이 있었는데, 터널을 만들고 도로를 내면서 전혀 알아볼 수 없는 모습으로 바뀌었기 때문입니다. 어디 그뿐인가요? 울퉁불퉁하던 길이 평탄해지고, 좁은 길이 넓어지기도 하고, 또 새롭게 길이 만들어지기도 합니다.

저와 가깝게 지내는 사장님이 있는데, 가게를 리모델링했습니다. 먼지를 털어내고 바닥을 다시 깔고 벽을 헐고 진열장을 다시 짜고 페인트를 다시 칠하니 완전히 새 가게가 되었습니다. 우리 사람들도 그렇게 된다면 얼마나 좋을까요? 참된 회개를 통해서 날마다 우리 속사람이 리모델링되어야 합니다. 그래서 이전과 다른 사람이 되어가는 것, 그것이 바로 회개의 열매입니다. 똑같은 죄를 다시 되풀이하지 않는 것, 그것이 참된 회개입니다. 죄악의 행동을 당장 그만두는 것, 그것이 진정한 회개입니다. 그런데 그것이 그리 쉬운 일이 아닙니다. 자신도 모르게 반복되는 죄악의 습관이 우리에게 있습니다. 우리 마음과 말과 행동에 배어 있는 습관적인 죄악도 있습니다. 오죽하면 개가 그 토한 것을 다시 주워 먹듯이, 사람들이 죄악을 도로 범한다고 하지 않습니까?

그러면 우리는 어떻게 회개의 열매를 맺을 수 있을까요? 요한은 그 비결을 가르쳐 줍니다. "무리가 물어 이르되 그러면 우리가 무엇을 하리이까 대답하여 이르되 옷 두 벌 있는 자는 옷 없는 자에게 나눠 줄 것이요 먹을 것이 있는 자도 그렇게 할 것이니라"(눅 3:10-11). 세리들도 "선생이여 우리는 무엇을 하리이까 하매 이르되 부과된 것 외에는 거두지 말라"(눅 3:12b-13). 군인들도 "우리는 무엇을 하리이까 하매 이르되 사람에게서 강탈하지 말며 거짓으로 고발하지 말고 받는 급료를 족한 줄로 알라 하니라"(눅 3:14). 성경은 자기 혼자만 잘살겠다고 호의호식하는 자들에게 이웃을 돌아보라고 합니다. 요한도 말합니다. "누가 이 세상의 재물을 가지고 형제의 궁핍함을 보고도 도와줄 마음을 닫으면 하나님의 사랑이 어찌 그 속에 거하겠느냐"(요일 3:17).

다시 말하면, 자발적인 선을 행하지 않는 죄에서 돌이키라는 말입니다. 어디 그뿐인가요? 당시에 세리는 로마의 앞잡이로서 국민에게 너무 많은 세금을 거두어들였습니다. 로마 당국에는 정해진 만큼만 내고 나머지는 자기가 착복했습니다. 그래서 세리는 돈이 많은 부자였습니다. 그 세리들에게 요한은 정당한 것 외에 더 거두지 말라고 합니다. 이것은 그들에게는 그리 쉬운 일이 아닙니다. 당시에 군인들은 로마를 대신해서 폭력을 행사할 수 있는 특권을 갖고 있었습니다. 마치 일제 시대 친일파 순사들처럼 말입니다. 그러므로 요한은 군인들에게 사람들을 협박하고 권력을 남용하여 남의 재물을 빼앗지 말라고 합니다. 정반대로 사람들을 봐준답시고 뇌물을 받지 말라고 합니다. 그때나 지금이나 이런 부정부패 비리는 여전한 것 같습니다. 요한의 메시지 결론은 하나입니다. "지금 불의하고 부정한 행동을 그만 두라. 아니 돌이켜 선을 행하라." 그래서 회개의 열매를 맺지 않는 사람들은 비록 자신들이 아무리 아브라함의 자손이라고 우쭐대도 소용없습니다. 마치 돌보다도 못한 사람들이 될 수 있기 때문입니다.

여러분! 참된 회개는 반드시 회개의 열매가 있어야 합니다. 에베소서에는 이렇게 기록되어 있습니다. "도둑질하는 자는 다시 도둑질하지 말고 돌이켜 가난한 자에게 구제할 수 있도록 자기 손으로 수고하여 선한 일을 하라"(엡 4:28). 그렇습니다. 도둑질하던 사람이 "이제 다시는 도둑질하지 말아야지"라고 아무리 맹세해도 소용없습니다. 배고프면 다시 도둑질하게 됩니다. 그러니 이제는 자기 손으로 일해서 벌어먹으라는 말입니다. 도둑질할 수 있는 환경에 처하지 않도록 말입니다. 이게 참된 회개의 열매입니다. 이제는 적극적으로 선을 행하라는 말입니다. 사실 우리는 살아가면서 매 순간 선을 행하든지, 아니면 악을 행하든지 둘 중의 하나입니다. 그러니 죄를 범하지 않기 위해서 선을 행해야 합니다. M. R. 빈센트는 "가만히 앉아서 울고 있는 게 회개가 아니다. 회개는 슬픔을 행동으로 바꾼 것이다. 곧 새롭고 나은

이토록 따스한 성령님

삶을 향하여 움직이는 것이다"라고 말합니다.

잠언에서는 이렇게 말씀하고 있습니다. "나의 책망을 듣고 돌이키라 보라 내가 나의 영을 너희에게 부어 주며 내말을 너희에게 보이리라"(잠 1:23). 그렇습니다. 죄악에서 돌이켜야 합니다. 그러나 염려하지 마시길 바랍니다. 하나님께서 친히 영을 보내주셔서 우리가 회개하도록 하십니다. 그런데 회개의 행동은 우리가 해야 합니다. 우리의 죄에 대한 책임도 우리에게 있으며, 회개의 열매를 맺는 일에도 우리의 책임이 있습니다. 우리는 그릇된 죄악의 습관에서 벗어나기 위해 끊임없이 애쓰고 노력해야 합니다. 자칫 주의를 기울이지 않으면 우리는 습관적인 죄악의 노예가 되기도 합니다. 성폭행범은 한 번의 범죄로 끝나지 않습니다. 아동학대범도 마찬가지입니다. "다시는 그러지 말아야지"라고 하면서도 돌이키지 못합니다. 우리도 회개의 열매를 맺지 않으면 반복적인 죄의 습관의 노예가 될 수 있습니다. 작은 죄라도 소홀하게 대하면 크게 자랍니다. 사소한 죄라고 내버려두면 우리 안에서 뿌리 뽑지 못하는 습관이 됩니다.

그러므로 우리는 날마다 순간마다 주의를 기울여야 합니다. 영적으로 예민해져야 합니다. 죄에 대해서 한없이 너그러워서는 안 됩니다. 하나님의 말씀을 읽고 들으면서 자신의 모습을 거울에 비춰보아야 합니다. 그리고 성령님의 도우심을 간구해야 합니다. "성령님! 나의 죄를 깨닫게 하소서. 뉘우치게 하소서. 돌이키게 하소서. 선을 행하게 하소서." 그와 동시에 뉘우치는 행동과 돌이키는 행동을 스스로 해보시기 바랍니다.

회개의 열매를 맺어보세요. 물론 죄에 대해서 노이로제 환자가 되라는 말이 아닙니다. 죄에 대해서는 둔감한 것보다는 예민한 게 훨씬 낫습니다. 그때그때 회개하세요. 죄악을 툭툭 털고 가십시다. 예수님의 피를 사용해 보세요. 마음의 평안과 기쁨을 회복하실 것입니다. 어제보다 나은 오늘, 오늘보다 훨씬 더 나은 모습으로 변화할 것입니다. 자꾸 제자리에 머물지 마세요. 회개의 열매를 맺어 주님께로 한 걸음씩 더 나아가 보세요. 이는 우리의 속사람을 리모델링하는 것입니다. 성령님을 의지해 보세요. 예수님의 피를 사랑하세요. 참된 회개의 주인공이 됩니다. 우리는 죄로부터 승리자들이 될 수 있습니다.

이토록 따스한 성령님

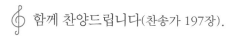 함께 찬양드립니다(찬송가 197장).

정욕과 죄악에 물든 맘을 **성령의 불길로 태우사**
정결케 하소서 태우소서 깨끗게 하여 주옵소서
주여 성령의 은사들을 오늘도 내리어 주소서
성령의 뜨거운 불길로써 오늘도 충만케 하소서

5. 치유
성령의 단비를 부어(롬 8:26-30)

　최근에 술에 취해서 들어온 손님이 반말한다는 이유로 시비를 벌이다가 손님을 살해한 식당의 업주에게 살인 혐의로 구속영장이 신청되었다고 합니다. 단지 반말한다는 이유로 흉기로 찌르고, 그것도 모자라서 실신한 사람을 식당 주차장에 내버려 시체 유기 혐의도 함께 받고 있습니다. 그 과정에서 쇠망치로 죽은 손님의 머리를 수차례 내리치는 확인 사살까지 했다고 경찰은 전해주었습니다. 이 어찌된 일인지요? 이게 제정신인가요? 제 짐작에 이 호프집 주인에게는 아마 남에게 무시당해서 입은 마음의 상처가 무척 크지 않았나 싶습니다. 치유되지 않은 상처가 분노로 폭발하

　　　　　　　　　　　이토록 따스한 성령님

게 되고, 마침내 폭행과 살인에 이르는 끔찍한 결과를 낳게 되었습니다. 엽기적인 살인을 저지르는 사람들의 삶의 발자국을 조사해 보면, 하나같이 치유되지 않은 깊은 상처가 눈에 띕니다. 어린 시절부터 시작된 정서적인 상처가 장애가 되고, 그것이 기형적으로 인격을 형성합니다. 그래서 우리에게는 제정신이 아닌 행동들이 그들에게는 정상적이고 자연스러운 일이 되기도 합니다.

예수님을 믿는 사람이라고 해서 이런 사람들과 크게 다르지 않은 것 같습니다. 우리는 종종 "예수님을 믿는 사람인데 왜 저럴까? 나보다 더 오래 믿었는데 영 아닌 것 같아"라는 생각을 하게 됩니다. 심지어는 목사님도 사모님도, 아니 권사님과 장로님들도 사람들에게 좋지 않은 모습을 보여주는 경우가 많습니다. 바로 그 모습에 걸려 넘어지는 사람들이 적지 않습니다. "나는 그 사람 때문에 교회에 안 나가. 그 사람이 예수 믿는 사람이라면, 나는 그 예수 안 믿겠어." 그런데 그뿐이 아닙니다. 목회자가 교회 사역을 하다 보면 종종 발견하게 되는 일이 있습니다. 성경공부와 제자훈련을 해도, 기도하고 봉사를 해도 성도들의 삶의 문제가 좀처럼 해결되지 않는 경우입니다. 이들 가운데 두 가지 종류의 사람이 있습니다. 하나는 하나님의 능력에 대한 확신을 갖지 못하는 사람들입니다. 이들은 열심히 기도하지만, 기도의 응답을 받지 못하는 것처럼 보입니다. 온갖 영적인 훈련을 시도하지만, 그 열매가 나타나지 않습니다. 마치 오래되고 망가진 음반을 틀었을 때 바늘이 한자리에서 계속 머물러 있듯이, 늘 패배감과 절망을 경험하게 됩니다.

또 다른 사람들은 위선적인 삶을 사는 것처럼 보입니다. 이 사람들은 자신 속에 있는 감정을 억누르거나, 또는 자신들이 심각한 문제가 있다는 것을 부인합니다. 그러면서 이렇게 말합니다. "그리스도인들에게는 그런 문제가 있을 수 없어." 문제를 문제로 받아들이는 대신에 그냥 신앙의 문제와 영적인 문제로 덮어 버립니다. 그러나 해결되지 않는 문제들은 그들의 생활 밑바닥에 깔리게 되어 나중에 여러 가지 모습으로 나타납니다. 병적 증세나 이상한 행동으로 나타나기도 하고, 매우 불행한 결혼 생활을 경험하기도 합니다. 때로는 자녀들에게 깊은 감정적인 상처를 남겨주기도 합니다.

저와 여러분은 예수님을 구주로 마음으로 믿고 입으로 시인하여 구원에 이르는 은혜(saving grace)를 받았습니다. 이제 우리는 모두 죽고 사는 문제는 해결된 사람들입니다.

이토록 따스한 성령님

우리에게 다시 심판은 없으며, 우리는 죽어도 다시 사는 영원한 생명의 길로 들어서 있습니다. 그러나 우리에게는 또 다른 은혜가 필요합니다. 바로 재생시키는 은혜(recycling grace)입니다. 무슨 뜻인가요? 폐품 재생 공장에서는 쓰레기들을 유용한 에너지 연료로 바꾸는 작업을 합니다. 음식물 쓰레기로 연료를 만든다고 합니다. 죄로 말미암아 타락한 인간의 마음과 영혼은 이미 쓰레기와도 같은 불량품이 되어버렸습니다. 예수님의 생명에 접촉하여 구원을 받았지만, 여전히 연약한 심령과 손상된 부분, 그리고 못쓰게 된 부분들이 남아 있습니다. 어떤 부분은 너무 상처가 깊어 불구와 장애가 된 부분들도 있습니다.

이것들을 재생시키는 분이 바로 성령님입니다. "이와 같이 성령도 우리의 연약함을 도우시나니 우리는 마땅히 기도할 바를 알지 못하나 오직 성령이 말할 수 없는 탄식으로 우리를 위하여 친히 간구하시느니라 마음을 살피시는 이가 성령의 생각을 아시나니 이는 성령이 하나님의 뜻대로 성도를 위하여 간구하심이니라 우리가 알거니와 하나님을 사랑하는 자 곧 그 뜻대로 부르심을 입은 자들에게는 모든 것이 합력하여 선을 이루느니라"(롬 8:26-28). 성령님은 우리의 연약함을 도우시는 분입니다. 여기서 연약함이라는 것은 '불구' 또는 '힘이 부족함'이라는 뜻입니다. 혹은 흠집이라는 뜻이 있습니다. '돕는다'라는 것은 마치 간호사가 환자를 돌보는 의료행위를 나타냅니다. 의사와 간호사처럼 우리를 도우시는 분이 바로 성령님입니다. 성령님은 헬라어로 '파라클레토스'입니다. 이 단어는 '파라'와 '클레오'가 합쳐진 말입니다. '파라'는 '옆에'라는 뜻이고, '칼레오'는 '부른다'라는 뜻입니다. "우리가 부를 때마다 우리 옆에서 우리의 연약함을 도와줄 수 있는 분"이라는 의미입니다. 그런데 '돕는다'라는 헬라어는 '순 안티 람바노타이'로, "상대편에게로 와서 붙잡아 주다"라는 뜻입니다. 우리가 부를 때마다 우리 옆에 와서 우리를 붙들어주고 우리와 함께해 준다는 것입니다. 우리의 동반자요 상담자가 되시는 분이 바로 우리의 성령님입니다.

여러분! 식물의 나이테가 있듯이, 사람에게는 삶의 기록표가 남아 있습니다. 나무의 나이테는 해마다 나무가 성장한 기록을 나타내 줍니다. "가물었을 때, 숲속에 불이 나서 거의 타죽게 되었을 때, 사나운 병충과 질병이 유행했을 때, 정상적으로 성장했을 때"가 각각 다릅니다. 이 모든 게 나무의 심층부에 박혀 있고, 나무의 성장 과정이 기록된 자서전으로 남아 있습니다. 마찬가지로 우리의 내면에는 인생의 나이테가 기록되어 있습니다. 거기에는 오래된 아픈 상처가 들어있습니다. 우리의 생각과 감정의 나이테 속에 모든 기록이 남게 됩니다. 컴퓨터에도 메모리라는 기억 장치가 있습니다. 아주 작은 소형 USB 메모리도 있습니다. 이와 마찬가지로 우리의 생각과 감정과 대인관계의 메모리, 즉 기억 장치가 우리 안에 들어있습니다. 그것이 인생을 바라보거나, 하나님과 자신 및 다른 사람을 바라보는 태도에 깊은 영향을 끼칩니다.

종종 우리는 잘못 생각합니다. 말씀 읽고 기도하고 성령 충만하게 되면, 모든 정서적인 문제들이 자동으로 해결된다고 말입니다. 물론 예수님을 만나는 극적인 체험은 아주 귀하고 중요하며 영원한 가치를 지닙니다. 이것은 두 번 다시 되풀이될 필요도 없고 영원히 취소될 수도 없습니다. 그러나 예수님을 믿기 전에 정서적으로 입은 상처가 곧장 낫는 것은 아닙니다. 인격에 손상을 받은 정서적인 문제들은 빨리 낫지 않습니다. 상당한 시간이 걸립니다. 구원은 우리의 정서적인 문제를 한꺼번에 다 해결해 주지 않습니다.

오늘 본문 말씀에서 바울은 이렇게 말합니다. "하나님이 미리 아신 자들을 또한 그 아들의 형상을 본받게 하기 위하여 미리 정하셨으니 이는 그로 많은 형제 중에서 맏아들이 되게 하려 하심이니라 또 미리 정하신 그들을 또한 부르시고 부르신 그들을 또한 의롭다 하시고 의롭다 하신 그들을 또한 영화롭게 하셨느니라"(롬 8:29-30). 하나님은 우리가 태어나기도 전에 이미 우리의 이름을 알고 계십니다. 우리가 처음 만들어진 엄마의 배 속에서부터 우리를 잘 아십니다. 그뿐 아니라 이제 하나님의 아들, 예수 그리스도의 형상을 본받도록 우리를 하나님의 자녀로 미리 정하셨습니다. 이것을 예정이라고 합니다. 그것으로 끝나지 않습니다. 우리를 구원으로 부르십니다. 수십 번, 수백 번의 하나님의 부르심에 우리가 응답하도록 하셨습니다. 그리고 우리를 예수님의 피로 씻어 의롭다 하셨습니다.

거기서 멈추지 않습니다. 우리를 하나님의 아들인 예수님을 닮아가게 하고 마침내 예수님처럼 영광스럽게 하는 것이 하나님의 목표입니다. 우리는 다 이 거룩함의 훈련 과정 가운데 있는 하나님의 자녀들입니다. 그러므로 우리는 지금 가짜 그리스도인이나 위선자가 아닙니다. 아직 되어가고 있

이토록 따스한 성령님

는(becoming) 하나님의 자녀들입니다. 다만 우리의 행동이 지금 올바르고 건강하게 나타나지 않는 것은, 과거에 받은 상처와 잘못 형성된 생각과 감정과 태도가 여전히 우리 안에 남아 있기 때문입니다. 그러므로 예수님을 닮아가기 위해서는 우리의 상처와 아픔들이 함께 치유되어야 합니다. 이것들은 기적처럼 하룻밤 사이에 이루어지지 않습니다. 평생토록 지속해서 이루어지는 길고도 긴 과정입니다. 그리고 사람마다 각각 치유의 속도와 정도와 종류가 다릅니다.

어떤 분들은 이것들을 오직 영적인 문제로만 보고는, 사탄을 대적하거나 귀신을 쫓으면 해결된다고 너무 쉽게 판단합니다. 또는 "성경을 읽고 기도하세요. 믿음이 없어서 그래요. 성령 충만하면 아무런 문제가 없어요. 성도는 절대로 우울증에 걸리지 않아요"라고 단언하기도 합니다. 그러나 이 둘 다 좋은 해결책이 아닙니다. 오히려 성도들이 깊은 죄책감에서 헤어 나오지 못하게 합니다. 스스로 문제를 해결하고자 달려들지 못하게 합니다. 모든 것을 사탄의 문제로 보거나 영적인 문제로 보면, 정작 본인의 감정과 태도에 대하여 문제를 발견하지 못하게 됩니다. 그 부분이 억눌리게 되어 점점 더 기형적으로 변할 수 있습니다.

그렇다면 상처 난 감정이란 무엇일까요? 가장 공통된 감정 가운데 하나는 자신의 가치를 인정하지 못하는 것입니다. 계속 근심을 안고 있으며, 자신을 부적합하게 여기고, 열등감이 있습니다. 늘 "나는 좋지 못해"라고 자신에게 말합니다. "나는 어떤 일도 해낼 수 없어. 아무도 나를 사랑할 수 없을 거야. 내가 손대는 것마다 다 잘못되었거든." 이런 사람이 예수님을 믿으면, 처음에는 하나님의 사랑을 믿습니다. 하나님의 용서도 받아들이고 마음의 평안도 체험합니다. 그러나 어느 날 갑자기 마음속에 있는 것이 솟아오르면서 크게 부르짖습니다. "그것은 거짓말이야. 어떻게 하나님이 나를 사랑하고 또 나 같은 사람을 용서할 수 있을까? 아무도 나를 진정으로 사랑하지 않아. 나는 나쁜 사람이잖아." 이는 복음의 기쁜 소식이 깊게 자리 잡은 상처받은 감정 속으로 침투하지 못했기 때문입니다.

또 어떤 사람은 완전주의자 콤플렉스에 걸려 있습니다. "나는 절대로 제대로 성취할 수 없어. 나는 나 자신이나, 다른 사람이나, 하나님을 결코 기쁘시게 할 수 없어. 나는 늘 모자라거든." 이런 사람들은 항상 애씁니다. "내가 이것을 할 수 있어야 하는데. 나는 좀 더 잘해야 하는데." 그러나 결

　　　　　　　　　　이토록 따스한 성령님

코 목표에 이르지 못합니다. 이런 사람들에게 하나님은 저 높은 꼭대기 위에서 자기를 내려다보는 존재입니다. "제가 지금 하나님께로 올라갑니다." 그러면서 한 계단 한 계단 열심히 일하며 올라갑니다. 마침내 무릎에서 피가 나고, 허벅지는 알이 배기고, 결국 마지막 꼭대기까지 올라갔지만, 하나님은 거기 계시지 않고 세 계단 위로 올라가 계십니다. 또 포기하지 않고 계단을 올라갑니다. 그런데 하나님은 또다시 다섯 계단 위로 옮겨 가셨습니다. 제가 아는 어느 목사님은 바로 이런 완벽주의자 콤플렉스에서 벗어나지 못하고, 마침내 일 중독증 환자가 되었습니다.

그분의 어린 시절 이야기를 들어보니 다 이유가 있습니다. 그 목사님은 어린 시절부터 부모님을 기쁘게 해드리고 인정받고 싶어서, 어머니가 밥상을 준비하실 때 도와드리곤 했습니다. 그런데 어머니는 이렇게 말씀하셨습니다. "얘야. 숟가락을 잘못 놓았구나." 그다음에는 "접시를 잘못 놓았구나." 아버지도 마찬가지였습니다. 그 목사님이 B학점과 C학점을 받은 성적표를 보여드리면, "좀더 노력하면 모두 B학점을 받을 수 있지 않겠니?"라고 말씀하십니다. 다시 열심히 노력해서 모두 B학점을 받으면, "네가 조금 더 노력하면 모두 A학점을 받을 수 있을 것 같구나"라고 말씀하십니다. 그래서 한 학기 동안 최선을 다해서 정말 모두 A학점을 받았습니다. 이제는 칭찬을 받을 수 있으리라는 생각에 들떠서 집에 들어갔습니다. 그랬더니 아버지는 "글쎄, 요즘 선생들이 문제야. 항상 학생들에게 A학점만 주거든"이라고 말씀하십니다. 성인이 된 이 목사님은 모든 교인에게 인정받기 위해서 한시도 쉬지 않고 일하다가 결국에는 쓰러지고 말았습니다.

하나님이 죽었다고 주장했던 유명한 신학자가 기자와 인터뷰를 했답니다. 기자가 물어보았습니다. "당신이 말하는 하나님의 의미는 무엇인가요?" 그러자 그 신학자는 이렇게 대답합니다. "하나님이요? 나에게 하나님이란 내 속에 항상 이렇게 말하는 작은 음성이지요. '아직도 부족해.'" 이런 사람들은 결국 패배감 속에서 하나님을 자기 인생에서 내쫓아 버립니다. 그런 하나님은 죽었다고 선언해야 차라리 속이 편하기 때문입니다.

또 다른 상처의 특징은 '지나친 예민감(super-sensitivity)'입니다. 이런 사람은 다른 사람으로부터 사랑을 받고 인정을 받고 싶어 하지만, 오히려 그와 정반대되는 것을 경험하

이토록 따스한 성령님

고는 마음속에 깊은 상처를 받게 됩니다. 다른 사람이 일반적으로 느끼지 못한 것들을 느낍니다. 너무 예민하기 때문입니다. 가령 제가 지나가다가 너무 바빠서 "안녕하세요?" 하고 서둘러 지나치면, 이런 사람들은 제가 자기에게 화를 냈다고 생각합니다. 이런 사람들은 모든 사안을 이런 관점으로 보기 때문에 여기저기 사방에서 상처를 받습니다. 끝없이 사람들이 자신을 인정해 주기를 바랍니다. 그리고 그것이 자기가 원하는 대로 되지 않을 때, 마음의 문을 꽁꽁 닫고 자기 안에 숨어버립니다.

또 다른 상처의 특징은 "두려움"입니다. 그중에 실패에 대한 두려움이 가장 큽니다. 이런 사람들은 인생의 경주에서 늘 실패할까 봐 두려운 나머지 아주 간단한 돌파구를 찾습니다. 경기장에 나가지 않고 관중석에만 앉아 있습니다. 그리고는 이렇게 말합니다. "나는 이 경기의 규칙들이 마음에 안 들어. 심판도 못마땅해. 공이 좀 문제가 있어. 골대가 비뚤어져 있잖아. 관중이 형편없어." 종일 불평하면서 투덜거립니다. 크리스천 가운데도 이런 사람들이 많습니다. 실패할까 봐 중요한 결정도 못 내리고, 새로운 일을 시도할 수도 없습니다. 그리고 늘 이렇게 말합니다. "만일 이렇게만 되었으면, 혹은 저렇게만 되었으면 모든 것이 잘 되었을 텐데." 이런 생각에 사로잡혀 있는 사람은 자기가 원하는 것을 결코 성취할 수 없습니다. 두려움이 많은 사람은 늘 마음속으로 이미 패배를 경험합니다. 그래서 현실 속에서 결코 성공을 거둘 수 없습니다. 아무 일도 시도하지 못하고, 이렇게도 저렇게도 하지 못하는 우유부단한 사람입니다.

성령님은 우리를 치유하시는 분입니다. 성령님은 우리를 어떻게 치유하실까요? 우리의 손을 맞잡고 우리와 함께 우리를 치유하십니다. 우리가 진료를 받을 때나 수술을 받을 때, 의사는 반드시 환자나 보호자의 동의서를 받습니다. 의사의 진료와 시술에 따르겠다는 약속입니다. 환자나 가족이 거부하면 억지로 병원 측에서 의료행위를 할 수 없습니다. 마찬가지로 우리는 성령님의 치유에 동참하기 위한 준비를 해야 합니다. 성령님께서 우리의 편이 되어 우리 손을 잡아주실 때, 우리도 손을 내밀어 성령님의 역사에 동참해야 합니다. 우리는 어떻게 동참할 수 있을까요?

우리는 자신의 문제를 있는 그대로 바라보아야 합니다. 정직한 마음으로 하나님의 은혜를 힘입어 자신의 경험과 대면해야 합니다. 깊이 숨겨진 내면의 상처를 드러내야 합니

이토록 따스한 성령님

다. 여기서부터 치유가 시작됩니다. 어떤 문제이든지 자신에게도 책임이 있다는 것을 인정해야 합니다. 인생은 마치베틀과 같습니다. 유전적인 요소, 환경적인 요소, 어렸을 때의 경험, 부모로부터 받은 영향, 선생님으로부터 받은 영향, 친구로부터 받은 영향, 인생의 모든 장애물, 이 모든 게 베틀의 씨줄이 됩니다. 여기에 이 모든 것에 대한 나의 반응이날줄이 되어 왔다갔다 합니다. 그러니 아무리 외부로부터어떤 영향을 받았다고 하더라도, 내가 그것에 어떤 반응을보이느냐에 따라 결과가 바뀝니다. 알코올 중독자의 자녀들이라고 해서 다 알코올 중독자가 되는 것이 아니듯이 말입니다. 따라서 나의 모든 행동에는 다른 사람의 영향이 있지만, 결국은 그 한 축에 내 책임이 있다고 할 수 있습니다.

그러므로 너무 남을 비난하거나 내 책임을 부인하는 것은 치유에 걸림돌이 됩니다. 정말 정직하게 자신이 치유되기를 원하는지를 자신에게 물어보아야 합니다. 어떤 분들은 아예 고침 받지 않고 평생 그대로 사는 게 더 낫다고 생각하기도 합니다. 예수님 당시에 38년 된 중풍 병자가 연못주변에 누워 있었습니다. 예수님은 그에게 물어보셨습니다. "네가 진정으로 낫기를 원하느냐? 아니면 계속 그 자리에 누워 다른 사람들의 동정을 받기만 할 것인가?" 우리 가운데 자기의 문제를 다른 사람에게 핑계하는 사람들이 많습니다. 그러나 문제의 원인을 자기에게서 찾지 않으면 결코 문제를 해결할 수 없습니다. 상처가 쉽사리 치유되지 않습니다.

한 걸음 더 나아가 이제 자신의 상처와 관련된 사람들을 용서하는 일이 일어나야 합니다. 평생 자기에게 해를 끼치고 상처를 준 사람을 잊지 못하고 죽어가는 사람들도 많습니다. 그런 사람들이 오히려 먼저 암에 걸리거나 중병에 걸린다는 걸 알고 계시는지요? 상처를 치유하기 위해서는 우리 스스로 자기 자신을 용서해야 합니다. 어떤 분은 말합니다. "네. 하나님이 저를 용서하셨지요. 그런데 나는 절대로 나를 용서할 수 없어요." 그러나 코리 텐 붐 여사는 이렇게 말했습니다. "하나님께서는 우리의 죄를 바다 깊은 곳에 던지시고 강둑에다 '낚시 금지'라는 팻말을 꽂아 놓으신다." 하나님이 용서해 주시고 잊어버린 것을 내가 다시 물밑으로부터 끄집어낼 필요도 없으며, 또 그럴 권리도 없습니다. 무엇보다도 성령님 앞에서 자신의 상처와 문제가 무엇인지, 또한 그것을 위해서 어떻게 기도해야 하는지를 성령님께 간구해야 합니다. 우리의 상처를 성령님 앞에 내려놓고

이토록 따스한 성령님

풀어 놓아야 합니다.

　우리는 때로 우리가 무엇을 구해야 할지 알지 못합니다. 그러나 성령님이 우리 안에서, 우리를 통해서, 우리를 위해서 대신 중보기도를 해주십니다. 우리의 상처의 원인이 무엇인지를 드러내 보여주십니다. 때로는 설교를 통해서, 성경 말씀을 읽거나 듣다가, 사람들과 대화를 나누다가, 좋은 상담자를 만나서, 어떤 특별한 사건을 통하여 나의 문제를 깨닫게 하십니다. 그동안 보이지 않던 나의 깊은 상처가 눈에 들어오고 아픔이 더 크게 느껴집니다. 그러면 치유가 시작됩니다. 어떻게 기도해야 할지 알도록 성령님이 우리의 기도를 안내하시고 인도하셔서, 기도하는 중에 이런 치유가 일어나기도 합니다.

　헨리 포드는 자동차 왕이었습니다. 어느 날 자동차 공장의 기계가 고장 나서 가동이 중지되었습니다. 이것은 보통 일이 아닙니다. 수많은 유능한 전기공과 수리공들을 불렀지만 아무 소용이 없었습니다. 얼마 후 전기 분야에 뛰어난 천재인 찰리 스타인메츠라는 사람이 공장에 도착하자마자 서너 시간도 안 되어 공장이 다시 가동되었습니다. 그 일의 대가로 찰리가 10,000달러의 청구서를 헨리 포드에게 보냈습니다. 아니 겨우 몇 시간 일했는데, 무슨 10,000달러냐고 포드가 말하자, 찰리가 이렇게 답변했다고 합니다. "모터에서 두들기며 일한 것: 10달러, 어디를 두들겨야 할지를 알아낸 것: 9,990달러, 합계: 10,000달러." 그렇습니다. 성령님은 우리의 어디를 두들겨야 할지를 아십니다. 우리는 마땅히 기도할 바를 알지 못합니다. 그러나 성령님은 우리의 어느 부분이 문제인지 알아내시고, 어디를 두들겨야 치유되어 정상적으로 작동되는지를 알고 계시기 때문에, 우리는 우리의 상처를 어루만지시는 성령님 앞으로 나아가야 합니다.

성령님은 우리를 결코 홀로 내버려두지 않습니다. 우리의 모든 것을 충분히 이해하시는 분입니다. 우리 곁에 서서, 손상되어 연약해진 우리를 항상 붙들어주실 준비가 되어 있는 분입니다. 고통스러운 과거의 상처들을 싸매주시려고 늘 대기하고 계십니다. 우리의 구부러진 모습에도 불구하고, 그것 때문에 결코 우리를 떠나지 않으십니다. 우리의 마음을 가장 잘 아시고 꿰뚫어 살피시는 분이기에 조금도 걱정할 필요가 없습니다. 다 내어 맡기기만 하면 됩니다. 우리의 의식과 무의식 속에 숨겨진 부분까지도 성령님에게는 다 드러납니다. 그러나 아무리 울부짖으며 기도해도, 우

이토록 따스한 성령님

리의 깊은 상처와 고통의 기억이 사라지지 않고 너무 깊이 박혀 있어서 좀처럼 빼내지지 않을 때가 있습니다. 여기에 성령님의 사역이 필요합니다. 상처를 어루만지시고, 치유의 기름으로 싸매시고, 성령님의 불로 태우셔서 뿌리를 말리는 치유의 사역이 이루어져야 합니다. 우리 혼자의 힘으로는 불가능합니다.

오늘도 성령님이 말할 수 없는 탄식으로 우리를 위하여 기도하고 계십니다. 여기서 탄식이란 마치 대뇌를 손상당한 환자처럼 우리를 대신하여 끙끙 앓으시는 것을 말합니다. 이 시간도 우리의 건강과 행복과 평안을 위하여 기도하고 계십니다. 성도 여러분! 성령님을 믿으세요. 철저히 의지하세요. 우리는 모두 다 환자라고 할 수 있습니다. 신체적인 환자뿐만 아니라, 심리적, 정서적, 영적인 환자들입니다. 환자는 절대적으로 의사를 신뢰해야 합니다. 어떤 환자들은 의사를 못 믿고 이 병원, 저 병원 쇼핑을 다닙니다. 그러나 성령님은 절대 오진하지 않습니다. 잘못 진단하지 않습니다. 더구나 가장 실력 있는 의사요 상담자입니다. 걱정하지 마세요. 날마다 재생시키는 은혜를 우리에게 베푸시는 성령님에게 가까이 나아가세요. 상한 감정의 멍과 생채기,

심지어 종양까지도 온전하게 고쳐주십니다. 그리하여 마침내 "우리가 알거니와 하나님을 사랑하는 자 곧 그의 뜻대로 부르심을 입은 자들에게는 모든 것이 합력하여 선을 이루느니라"(롬 8:28)는 말씀이 이루어집니다. 우리의 상처와 고통조차도 합력하여 하나님의 선을 이루고 우리의 행복을 이루는 일에 사용될 것입니다. 상처를 치유하시는 성령님이 나를 어떻게, 그리고 어느 정도로 치유하실까요? 날마다 기대하십시다.

𝄞 함께 찬양드립니다(찬송가 183장).

빈들에 마른 풀같이 시들은 나의 영혼
주님이 약속한 성령 간절히 기다리네
가물어 메마른 땅에 단비를 내리시듯
성령의 단비를 부어 새 생명 주옵소서

이토록 따스한 성령님

6. 보혜사
나와 동행하시고(요 14:26)

　오늘은 성령 강림 주일입니다. 우리는 예수님의 부활을 기억하면서 부활 주일을 지켰습니다. 그리고 50일이 지난 오늘은 이스라엘 절기로는 오순절이자, 예루살렘에서 처음으로 교회가 탄생한 성령 강림을 기념하는 주일입니다. 예수님은 살아 계실 때 제자들에게 많은 약속을 하셨습니다. 그 가운데 가장 큰 약속이 바로 오늘 본문 말씀입니다. "내가 아버지께 구하겠으니 그가 또 다른 보혜사를 너희에게 주사 영원토록 너희와 함께 있게 하리니 그는 진리의 영이라 세상은 능히 그를 받지 못하나니 이는 그를 보지도 못하고 알지도 못함이라 그러나 너희는 그를 아나니 그는 너희와 함께 거하심이요 또 너희 속에 계시겠음이라"(요 14:16-17).

기독교인들은 한 해 동안 몇 차례의 절기를 지키게 됩니다. 성탄절, 부활절, 그리고 오늘 성령 강림절은 기독교인의 3대 절기라고 할 수 있습니다. 이 가운데 성도들에게 그리 강조되지 않지만, 실제로는 가장 중요한 절기가 바로 성령 강림절이라고 할 수 있습니다. 어째서 그럴까요? 여러분! 예수님의 탄생과 죽음과 부활에 대해서 과연 우리가 어떻게 알 수 있을까요? 2,000년이 지난 지금 우리가 눈으로 보고 손으로 만져보지도 않았는데 어떻게 예수님을 믿을 수 있을까요? 오직 성령님을 통해서 가능합니다. 성령님이 이 땅에 오시지 않았다면, 우리는 하나님을 아버지로, 예수님을 나의 주님으로 고백할 수 없습니다. 예수님은 아버지 하나님께 구하여 우리에게 성령님을 보내시겠다고 여러 차례 약속하셨습니다. 그리고 성령님의 이름을 보혜사로 부르십니다.

보혜사란 무슨 뜻일까요? 헬라어로 "파라클레토스", 즉 "우리와 함께 계시는 자"입니다. 그 의미는 상담자, 증인, 위로자, 조력자, 후원자로 번역될 수 있습니다. 그렇다면 예수님 자신도 보혜사입니다. 그런데 성령님은 예수님과 다른 보혜사입니다. 예수님은 직접 이 땅에 인간의 몸을 입으시

이토록 따스한 성령님

고 찾아오셔서 우리를 위해 죽으시고 부활하시고 승천하셔서 이제 다시 하나님 보좌 우편에 계십니다. 그래서 예수님이 떠나신 자리를 대리해서 그 역할을 감당하시는 분이 바로 성령님입니다. 예수님은 하늘로 올라가시기 직전에 제자들에게 이렇게 말씀하셨습니다. "사도와 함께 모이사 그들에게 분부하여 이르시되 예루살렘을 떠나지 말고 내게서 들은 바 아버지께서 약속하신 것을 기다리라 요한은 물로 세례를 베풀었으나 너희는 몇 날이 못되어 성령으로 세례를 받으리라 하셨느니라"(행 1:4-5). 이 약속은 말씀 그대로 성취되었습니다. 먼 옛날 요엘 선지자에게 주셨던 약속이 예루살렘 성전에서 이루어졌습니다. "그 후에 내가 내 영을 만민에게 부어 주리니 너희 자녀들이 장래 일을 말할 것이며 너희 늙은이는 꿈을 꾸며 너희 젊은이는 이상을 볼 것이며 그때에 내가 또 내 영을 남종과 여종에게 부어 줄 것이며 내가 이적을 하늘과 땅에 베풀리니 곧 피와 불과 연기 기둥이라"(욜 2:28-30).

제자 120명이 마가 다락방에 모여 기도할 때, 갑자기 하늘로부터 급하고 강한 바람 같은 소리가 들렸습니다. 불의 혀같이 갈라지는 것들이 사람들에게 보이고 성령님이 충만하여 방언을 말하기 시작했습니다. 성령님이 우주적으로 강림하신 것입니다. 영원토록 우리와 함께 계시고 우리 안에 거하시기 위함입니다. 성령님의 케노시스(kenosis)입니다. 그리하여 이제 하나님의 아들이신 예수님을 영접하는 자들에게 하나님의 자녀가 되는 권세를 주십니다. 하나님을 아빠라고 부르게 하십니다. "무릇 하나님의 영으로 인도함을 받는 사람은 곧 하나님의 아들이라 너희는 다시 무서워하는 종의 영을 받지 아니하고 양자의 영을 받았으므로 우리가 아빠 아버지라고 부르짖느니라 성령이 친히 우리의 영과 더불어 우리가 하나님의 자녀인 것을 증언하시나니"(롬 8:14-16). "너는 내 것이다"라고 마치 도장을 찍듯이, 우리 마음속에 성령님이 들어와 계십니다. "그가 또한 우리에게 인치시고 보증으로 우리 마음에 성령을 주셨느니라"(고후 1:22). 세상 사람들은 알 수도 없고 받을 수도 없는 성령님이 이제 우리 안에 거하십니다. 세상 끝날까지 우리와 함께 하시는 참 좋으신 분이 성령님입니다. 그렇다면 보혜사이신 성령님은 우리 안에서 무슨 일을 하실까요?

첫째로, 보혜사이신 성령님은 교사(teacher)입니다. "보혜

이토록 따스한 성령님

사 곧 아버지께서 내 이름으로 보내실 성령 그가 너희에게 모든 것을 가르치고 내가 너희에게 말한 모든 것을 생각나게 하리라"(요 14:26). 그렇습니다. 성령님은 우리의 교사입니다. 모든 것을 가르쳐 주십니다. 예수님이 살아 계실 때 제자들에게 말씀하신 내용을 하나도 빼놓지 않고 다 생각나게 하시고 생생하게 기억나게 하십니다. 왜냐면 성령님은 언제나 예수님과 함께 사역하셨기 때문입니다. 바로 옆에 서 있는 증인이기 때문입니다. "내가 아버지께로부터 너희에게 보낼 보혜사 곧 아버지께로부터 나오시는 진리의 성령이 오실 때에 그가 나를 증언하실 것이요"(요 15:26). 누구보다도 확실한 증인이 바로 성령님입니다. 우리는 증인, 즉 목격자의 증언을 통해서 예수님을 잘 알 수 있습니다.

성령님은 아버지 하나님과 예수님과 영원부터 영원까지 사랑의 교제를 나누고 계시기에, 하나님에 대하여, 예수님에 대하여 가장 잘 알고 계시고 또 가장 잘 증언할 수 있습니다. "그러나 진리의 성령이 오시면 그가 너희를 모든 진리 가운데로 인도하시리니 그가 스스로 말하지 않고 오직 들은 것을 말하며 장래 일을 너희에게 알리시리라"(요 16:13). 성령님은 나의 삶의 모든 영역을 알고 계시며, 과거와 현재와 미래의 일까지 꿰뚫고 계십니다. 이 모든 것이 이제 성경으로 쓰여 우리 손에 쥐어져 있습니다. 성령님께서는 구약과 신약의 성경 기자들을 통하여 하나님의 뜻과 마음과 계획과 명령을 다 기록하셨습니다. 증인이신 성령님이 증언하신 것이 성경입니다.

가끔 TV나 라디오에서 베스트셀러 저자와의 만남이라는 프로가 방영되곤 합니다. 사람들에게 작품에 담긴 저자의 의도와 글의 숨은 뜻을 풀어주기 위해서입니다. 물론 독자는 책을 읽을 때 자기의 눈을 통해 읽습니다. 나름대로 주관적인 선입관과 경험으로부터 나오는 전이해(pre-understanding)를 통해서 책을 읽게 됩니다. 그것들은 작가의 의도에 부합하는 것일 수도 있지만, 전혀 다른 이해도 가능합니다. 그러므로 저자와의 대화의 시간을 통해서 작가의 의도가 밝혀지면, 글을 이해하는 일이 더 쉽습니다. 마찬가지로 성경도 원저자이신 성령님이 직접 자기의 뜻을 우리에게 밝히신다면 훨씬 쉽지 않을까요?

신학자요 목회자인 저도 성경의 내용을 충분히 다 이해하지 못하고 있습니다. 어떤 부분은 수십 번씩 읽어도 머리에 들어오지 않습니다. 왜 저자가 이렇게 말했을까? 어떤

이토록 따스한 성령님

이유로 이런 부분은 이렇게 기록했을까? 궁금한 게 너무 많습니다. 성경은 성령님으로 말미암아 감동된 하나님의 종들에 의해 쓰였기 때문에, 오직 성령님이 역사하셔야 이해할 수 있습니다. 그래서 베드로는 이렇게 말하고 있습니다. "먼저 알 것은 성경의 모든 예언은 사사로이 풀 것이 아니니 예언은 언제든지 사람의 뜻으로 낸 것이 아니요 오직 성령의 감동하심을 받은 사람들이 하나님께 받아 말한 것임이라"(벧후 1:20-21). 유명 학원에 가면 "저자 직강"이라는 수업이 가장 인기를 끕니다. 학원 강사가 자신의 책인 교재로 직접 강의합니다. 그러면 남의 교재로 강의하는 강사보다 훨씬 더 본문의 의도와 뜻을 잘 이해하도록 도와줄 수 있습니다. 성령님은 성경의 저자이면서 동시에 해석자입니다.

그렇습니다. 성령님이 바로 우리의 훌륭한 교사입니다. 실력 있고 유능한 교사는 학생들에게 학습 내용을 쉽고 재미있게 핵심을 꿰뚫는 방식으로 가르쳐 주는 사람입니다. 똑같은 내용을 배워도, 어떤 선생님에게서 배우는가에 따라서 결과가 확실히 달라집니다. 쉽게 풀어주는 교사가 유능한 교사입니다. 성령님을 통해서 우리는 성경을 이해할 수 있습니다. 아무리 박사학위 소지자라 할지라도 성경은 어려운 책입니다. 하나님의 말씀을 혼자서 이해하기는 참으로 어렵습니다. 성령님은 우리가 스스로 성경을 읽을 때 우리의 눈을 열어 주십니다. 하나님의 종을 통하여 말씀을 들을 때 우리의 귀를 열어 주십니다. 기도할 때 우리의 마음을 열어 주십니다. 우리 안에 가정교사가 되셔서 그때그때 하나님의 말씀을 깨닫고 이해하게 해주십니다. 그래서 성령님을 진리의 영이라고 합니다. 오직 참된 것을 올바르게 알려주시기 때문입니다.

그러므로 우리는 성령님께 요청할 수 있습니다. "진리의 성령님! 나를 가르치소서." 우리는 날마다 학습해야 합니다. 하나님의 뜻을 이해하고, 하나님의 마음을 헤아리고, 하나님의 사랑을 발견하고, 하나님의 계획을 깨닫고, 하나님의 명령을 파악하는 일은 오직 교사이신 성령님의 역사를 통해서입니다. 평생 우리의 교사는 성령님입니다. "오직 하나님의 성령으로 이것을 우리에게 보이셨으니 성령은 모든 것 곧 하나님의 깊은 것까지도 통달하시느니라 사람의 일을 사람의 속에 있는 영 외에 누가 알리요 이와 같이 하나님의 일도 하나님의 영 외에는 아무도 알지 못하느니라 우리가 세상의 영을 받지 아니하고 오직 하나님으로부터 온 영을 받았으니 이는 우리로 하여금 하나님께서 우리에게 은혜로 주신 것들을 알게 하려 하심이라 우리가 이것을 말하거니와 사람의 지혜가 가르친 말로 아니하고 오직 성령께서 가르치신 것으로 하니 영적인 일은 영적인 것으로 분별하느니라"(고전 2:10-13).

둘째로, 보혜사이신 성령님은 상담자(counselor)입니다.
미국에서는 전문 상담자가 많이 활동하고 있지만, 한국에서는 최근에 이르러 상담 교육이 활발해지고 서서히 일반화되고 있습니다. 그런데 테라피스트, 즉 전문 상담자가 되는 것을 너무 쉽게 생각하면 안 됩니다. 보통 미국에서 상담사가 되려면 최소한 10년에서 15년 공부해야 하고, 또 면허를 따는 일도 무척 힘듭니다. 상담은 아동 상담으로부터 시작해서 청소년 상담, 학습지진아 상담, 사회부적응아 상담, 부부 상담, 부모와 자녀가 함께하는 상담, 성·알코올·가정폭력 중독자들 대상 상담, 감옥의 재소자 상담, 군인 상담 등 범위가 매우 넓습니다. 상담비도 한 시간에 기본적으로 100불에서 150불입니다. 우리나라는 10만 원에서 15만 원입니다. 문제를 해결하기 위해 상담을 받는 기간은 보통 짧으면 6개월에서 1년이 걸리며, 간혹 몇 년에 걸쳐 이루어지는 경우도 있습니다. 돈이 상당히 드는 게 사실입니다. 그래서 아예 돈이 없는 사람들은 정신적이고 정서적인 문제가 있어도 상담을 받기가 쉽지 않습니다.

그러나 성령님은 상담비를 받지 않으십니다. 언제나 무료 상담입니다. 우리가 성령님과 상담할 때마다 10만 원에서 15만 원씩 상담료를 내야 한다면, 여유가 있는 분들을 제외하고는 경비를 감당할 수 없을 것입니다. 그런데 성령님은 평생 무료로 상담해 주십니다. 전문 상담사는 대부분 예약 (appointment)해야지만 만날 수 있고, 정해진 시간에만 상담을 나눌 수 있습니다. 약속하지 않은 시간에 찾아가면 만날 수 없습니다. 그러나 성령님은 지금은 바빠서 안 되겠으니 나중에 만나서 이야기하자고 손을 내젓지 않으십니다. 언제나 대환영입니다. 우리가 어떤 일로 찾아가도 시간이 없다고 문전 박대하지 않으십니다. 친절한 상담자입니다.

때로 우리는 상담할 때, 자기가 도움이 필요한 분야의 전문가를 찾아갑니다. 상담자는 각각 자기 전문 분야가 있습니다. 자기가 상담하다가도 더는 감당할 수 없으면, 다른 전문 상담자를 추천해 주기도 합니다. 그곳에 가서 더 전문적

이토록 따스한 성령님

인 상담을 받으라는 것입니다. 실제로 우리가 가까운 친구들과 이야기할 때, 어떤 내용인가에 따라 한 친구에게는 말을 할 수 있지만, 다른 친구에게는 입을 다물 때가 있습니다. 이 권사님하고는 자식 이야기를 할 수 있지만, 저 집사님과는 교육 문제에 있어서 말이 안 통합니다. 어떤 동창 친구에게는 신앙 이야기를 할 수 있지만, 다른 동창 친구와는 전혀 할 수 없기도 합니다.

그러나 성령님은 무슨 내용이든지 다 상담해 주십니다. 모든 분야의 전문가입니다. 정치, 경제, 사회, 문화, 교육, 종교, 역사, 인간관계, 사랑, 모든 분야의 전문 상담자입니다. 무엇이든 털어놓고 이야기를 나눌 수 있습니다. 성령님이 이해하지 못하는 내용은 하나도 없습니다. 누구에게도 털어놓지 않았던, 무덤까지 혼자 가지고 가리라고 다짐했던 내용도 그 보따리를 풀어놓을 수 있습니다. 성령님은 우리의 말을 중간에 막지도 않으시고, 지루해하지도 않으시고, 끝까지 우리의 이야기를 다 들어주십니다. 눈으로, 가슴으로 우리의 이야기에 공감하면서 우리의 편이 되어주시고, 우리 수준으로 내려오셔서 우리 사정을 통째로 이해하십니다. 대화가 막힘이 없고, 때로는 침묵하시면서, 고개를 끄덕

이시면서 우리의 이야기를 들어주십니다. 그리고 "네가 이렇게 하면 좋겠다. 이 방법이 더 낫지 않겠니? 그때 참았으면 더 좋았겠구나. 나도 너를 이해한다. 이제는 이렇게 해보지 않겠니?"라고 충고와 격려와 조언을 해주십니다. 성령님의 조언대로 실천하면 결코 실패가 없습니다. 그 말씀에 순종하면 안 되는 일이 없습니다.

전문 상담사의 첫 번째 수칙이 무엇인지 아시나요? 바로 상담 내용의 비밀을 끝까지 유지하는 것입니다. 영어로 '컨피덴셜(confidential)'이라고 합니다. 환자의 기록을 아무에게나 보여줄 수 없고, 상담 내용을 함부로 누설해서는 안 됩니다. 이게 법으로 정해져 있는데, 이것을 어기면 면허가 정지되거나 취소되기도 합니다. 그런데 우리는 친구나 선후배, 심지어 선생님과 상담을 한 뒤에, 때로 뒤통수를 얻어맞곤 합니다. "이것은 우리끼리 얘기니까 절대로 누구에게도 말하면 안 됩니다"라고 다짐했는데, "절대로 말하지 말라"고 했다는 얘기까지 전해주는 사람들도 있습니다. 나중에 돌고 돌아서 자기 귀에 들어오면, "내가 왜 그 사람에게 그 이야기를 했던가!"라고 하며 땅을 치면서 후회할 때도 있습니다. 그런 일을 몇 번 겪고 나면 사람들에게 쉽사리 마

이토록 따스한 성령님

음을 열지 못하게 됩니다.

그러나 성령님은 언제나 비밀을 보장하십니다. 한 번도 우리의 뒤통수를 때리시는 적이 없습니다. 그래서 마음 놓고 무슨 이야기나 할 수 있습니다. 성령님은 한 번도 우리의 상처를 남들에게 떠벌리지 않습니다. 내 속사정을 까발리지 않습니다. 모든 내용을 다 듣고는 성령님의 가슴속에 묻어두십니다. 결단코 새어나갈 염려가 없습니다. 완전 비밀 보장입니다. 그래서 안심할 수 있습니다. 누구에게도 털어놓을 수 없는 나의 상처, 아픔, 죄, 실수, 불안, 염려, 근심, 미움, 분노, 시기, 질투, 욕망, 의심, 죄책감, 자기연민, 이기심, 정욕, 충동 등을 다 이야기할 수 있습니다.

상담을 하게 되면 내 안에 숨겨진 것들이 드러납니다. 내가 정말 무엇을 원하는지, 내 삶의 문제가 무엇인지, 내가 제대로 가고 있는지, 무엇을 선택해야 하는지를 다시 생각하게 됩니다. 그로 인해 삶의 방향이 새롭게 잡히기도 합니다. 그러므로 세상에서 가장 좋은 상담자는 성령님입니다. 무엇이든 물어보세요. 그리고 귀 기울이세요. 내 안에 계신 성령님이 세상에서 가장 유능하고 실력 있는 상담자입니다. 믿고 의지하고 신뢰해 보세요. 우리 삶의 평생을 인도하고 상담하실 분은 오직 성령님입니다.

셋째로, 보혜사이신 성령님은 위로자(comforter)입니다.
저를 포함하여 이 땅을 살아가는 우리는 모두 다 위로받고
싶어 합니다. 누구에겐가 인정받고, 격려받고, 사랑받고 싶
어 합니다. 세상 사람들 가운데는 술로 위로를 얻는 사람들
이 많습니다. 직장에서, 가정에서, 연인에게서 상처 받고는
힘들다고 위로주를 마십니다. 어떤 사람들은 돈을 모으는
것으로, 아파트를 사 모으는 것으로, 또는 성욕에 빠져 탐
닉함으로써 위로받고 싶어 합니다. 물론 세상의 것들로 인
해서 우리는 잠시 고통을 잊을 수도 있고 또 현실로부터 도
망칠 수도 있습니다. 그러나 참된 위로는 받을 수 없습니다.
오직 성령님만이 위로자입니다. 우리에게 영적, 정서적, 정
신적, 사회적, 관계적, 재정적인 힘을 늘 공급해 주시는 분
입니다. 막강한 후원자입니다. 그래서 우리는 생명과 건강
과 형통과 행복의 힘을 얻게 됩니다. 우리의 마음이 평안하
고 든든합니다. 흔들리는 터전처럼 세상은 요동치고 우리
를 휘몰아가며 사탄의 공격은 끊임없이 계속되지만, 그 한
가운데서도 우리의 마음은 흔들리지 않습니다. 성령님이 우

이토록 따스한 성령님

리의 위로가 되어주시기 때문입니다.

바울은 말합니다. "이와 같이 성령도 우리의 연약함을 도우시나니 우리는 마땅히 기도할 바를 알지 못하나 오직 성령이 말할 수 없는 탄식으로 우리를 위하여 친히 간구하시느니라 마음을 살피시는 이가 성령의 생각을 아시나니 이는 성령이 하나님의 뜻대로 성도를 위하여 간구하심이니라"(롬 8:26-27). 성령님은 심지어 우리가 간구할 수 없을 때조차도 우리 안에서 우리를 위하여 대신 기도해 주시는 분입니다. 날마다 순간마다 우리에게 생명의 힘을 보태주십니다. 사랑과 기쁨과 화평과 온유와 자비와 양선과 충성과 인내와 절제의 열매를 맺도록 우리의 마음에 힘을 불어넣어 주십니다. 하나님의 사랑에 대한 확신을 주고, 자기 자신을 긍정적으로 바라보게 하고 받아들이며, 다른 사람들을 용서하고 이해하며 섬길 힘을 부어 주십니다. 이 모든 것은 우리 스스로는 할 수 없는 일입니다. 오직 성령님이 위로자가 되셔서 우리를 도와주셔야 합니다.

우리는 늘 어디엔가 자신을 기대고 싶어 합니다. 누군가를 절대적으로 의존하지 않고는 한순간도 세상을 살아갈 수 없는 사람들입니다. 때로 집 바깥에서 친구에게 얻어맞고 집에 들어올 때, "엄마!" 소리치면서 달려와 엄마의 품에 안기면 새 힘이 솟아납니다. 세상에 무서울 게 없습니다. 바로 엄마와도 같으신 분이 우리의 성령님입니다. 〈베어〉(Bear)라는 영화를 보셨는지요?

어느 깊은 산속에서 어린 곰이 자기 엄마를 잃고 낯선 곰 아저씨 한 마리를 만납니다. 그 곰은 상처를 입었지만 간신히 회복되었고, 그 어린 곰과 사이좋게 지내게 됩니다. 둘은 여러 가지 일들을 함께 겪습니다. 그러던 어느 날 사자가 나타났는데, 혼자 있던 어린 곰은 그만 혼비백산하게 되었습니다. 강을 한가운데 두고 저편에서 사자가 오는데, 어린 곰은 도망갈 수도 없고 이러지도 저러지도 못하고 있습니다. 그순간 갑자기 자기도 모르게 어린 곰이 크게 소리치기 시작했습니다. 원래 곰은 산속에서 짐승들을 만나면 크게 소리를 지른다고 합니다. 그 소리에 상대 짐승의 귀의 고막이 터진다는 것입니다. 그러면 그만 기가 죽어서, 혼이 나가서 쉽게 곰의 먹이가 된다고 합니다.

그런데 이게 웬일인가요? 한 번도 소리를 질러보지 못했던 어린 곰이 자기도 모르게 젖 먹던 힘을 동원해서 소리를 질렀는데, 그만 사자가 뒷걸음치면서 도망을 치는 게 아닌

이토록 따스한 성령님

가요? 나중에 알고 보니, 어린 곰의 뒤에서 큰 아저씨 곰이 괴성을 질러댄 것입니다. 맞습니다. 우리는 우리 힘으로 살아가는 것처럼 생각하지만, 우리 뒤에 서 계신 성령님이 우리 대신 힘껏 싸워주십니다. 우리에게 자신의 목소리를 높여 힘을 보태주십니다.

성도 여러분, 위로받고 싶으신가요? 성령님을 구해 보세요. 가르침을 받고 싶으신가요? 교사이신 보혜사 성령님을 의지해 보세요. 상담을 받고 싶으신가요? 전문 상담가이신 성령님을 찾아가 보세요. 위로자요 후원자이신 성령님을 의지하고 신뢰하는 사람은 두려움이 없습니다. 세상을 두려워하지 않습니다. 하나님의 사랑이 그 안에 풍성하게 거하기 때문입니다. 생명과 건강과 형통과 평안과 행복의 힘이 늘 함께하기 때문입니다. 다시 한 번 우리는 성령님의 도움 없이는 살아갈 수 없음을 기억하시기 바랍니다. 그리고 온전히 성령님의 임재와 충만을 사모하세요. 끝까지 기도하세요. "성령님! 오시옵소서. 나를 도우소서. 인도하소서. 날마다 충만하게 하옵소서." 아멘!

🎼 함께 찬양드립니다(찬송가 191장).

나와 동행하시고 모든 염려 아시니
나는 숲의 새와 같이 기쁘다
내가 기쁜 맘으로 주의 뜻을 행함은
주의 영이 함께함이라
성령이 계시네 할렐루야 함께 계시네
좁은 길을 걸으며 밤낮 기뻐하는 것
주의 영이 함께함이라

이토록 따스한 성령님

2부

이토록 맺으사

7. 중생
나의 모든 것 변하고(요 3:1-8, 16-18)

지금은 고인(故人)이 된 미국의 흑인 가수 마이클 잭슨을 아시는지요? 어린 시절부터 노래에 타고난 소질이 있었습니다. 그는 누구도 그 목소리를 흉내 낼 수 없는 미성을 가지고 있었지만, 코는 그야말로 왕 주먹코였습니다. 가수로 세계적인 명성을 날리게 되고 많은 돈을 긁어모았습니다. 그래서 베버리힐스의 최고급 저택에서 초호화판의 생활을 하게 됩니다. 그러나 그는 다시 태어나고 싶었습니다. 거울 앞에 서면 자신의 검은 피부와 주먹코가 마음에 들지 않았습니다. 그렇다고 해서 엄마의 배 속에 들어갔다 나올 수도 없는 노릇입니다. 뾰족하고 높은 코를 지닌 아름다운 백인 여인의 배 속에서 새롭게 "짠!" 태어날 수도 없잖아요? 그래서 돈 많겠다, 의사들 많겠다, 성형 수술을 시작했습니다. 수십 차례 수술 끝에 흑인도 백인도 아니고, 남성도 여성도 아니며, 애도 어른도 아닌 이상한 얼굴로 변해 버렸습니다. 오죽하면 최악의 성형 수술자 콘테스트에서 1등을 했을까요? 성형 수술의 부작용으로 햇볕을 쬐면 피부암에 걸릴 정도였다고 합니다. 제가 오늘 성형 수술의 폐해를 이야기하자는 게 아닙니다. 자기 마음대로 다시 태어날 수 없는 인간의 한계를 말씀드리고 싶은 겁니다.

우리는 누구도 이 세상에 한 번 태어난 뒤에, 다시 태어날 수 없습니다. 트랜스젠더처럼 남성이 여성으로, 여성이 남성으로 변한다고 해도, 그것은 성전환일 뿐 새롭게 태어나는 게 아닙니다. 그런데 오늘 본문 말씀에는 다시 태어나는 일에 관하여 예수님과 니고데모의 진지한 대화가 나옵니다. 무슨 이야기일까요? "그런데 바리새인 중에 니고데모라 하는 사람이 있으니 유대인의 지도자라"(요 3:1). 니고데모는 신앙의 종파로 볼 때는 바리새인이요, 사회적 지위는 유대인의 지도자였습니다. 율법에 정통한 랍비요, 산헤드린 공의회원입니다. 산헤드린은 로마 통치 당시에도 종

이토록 따스한 성령님

교와 관련된 모든 사항을 총괄하는 최고 권력 기관이요, 유대의 최고 의회이면서 최고 재판소였습니다. 그렇기에 니고데모는 오늘로 말하면, 종교적으로는 신학박사이고 사회적으로는 국회의원이었으니, 신분이 무척 높은 사람이었음이 틀림없습니다.

어느 날 밤 니고데모가 은밀하게 예수님을 찾아옵니다. "그가 밤에 예수께 와서 이르되 랍비여 우리가 당신은 하나님께로부터 오신 선생인 줄 아나이다 하나님이 함께하시지 아니하시면 당신이 행하시는 이 표적을 아무도 할 수 없음이니이다"(요 3:2)라고 대화를 시작합니다. 니고데모는 바리새인이면서 유대인의 관원으로서 매우 신중한 태도를 보여줍니다. 그는 당시에 예수님에 대해서 좋지 못한 감정이 있었던 다른 유대 종교 지도자들을 자극하지 않기 위해서, 남의 눈에 띄지 않는 밤중에 몰래 예수님을 찾아왔습니다. 다른 한편으로는 예수님이 낮에는 바쁘시니까, 한적한 밤에 예수님과 깊은 영적인 대화를 나눌 수 있다고 생각해서 일부러 늦은 시간을 택했을 가능성도 있습니다.

니고데모는 예수님께 "랍비여!"라고 부릅니다. 그런데 자신이 정통 유대인이면서 존경받는 랍비였던 니고데모가 당시에 서른 살 정도밖에 되지 않은 예수님을 랍비라고 불렀다는 것은 매우 이례적인 일입니다. 랍비가 되려면 우선 정규 교육을 받아야 했고 나이도 40세가 넘어야 했는데, 예수님은 어느 하나에도 해당 사항이 없기 때문입니다. 그런데도 니고데모가 예수님을 랍비라고 부른 것은, 예수님을 존경하는 마음을 품은 사람이었기에 가능한 일입니다. 니고데모는 여러 통로를 통해서 예수님에 관한 소문과 정보를 얻게 되었습니다. 그래서 나름대로 "예수님이 하나님에게서 오신 선생"이라는 직관과 확신이 서 있었던 것 같습니다. 특히 갈릴리 가나의 혼인 잔치로부터 시작된 예수님의 많은 표적을 보면서 예수님을 믿게 되었을 가능성이 큽니다. 당시에는 이스라엘이 정치적, 경제적, 사회적, 종교적으로 혼란과 파탄에 빠져 있었기 때문에, 이스라엘 백성이 오랫동안 기다려오던 메시아를 간절히 바라는 대망 사상이 있었습니다. 그런데 물로 포도주를 만들거나 병자들을 치유하는 예수님의 능력을 보고는, "이는 분명 하나님에게서 오신 분이야! 그렇지 않고는 이 세상 사람이 이런 일을 할 수가 없어. 무언가 우리와 다른 분임이 틀림없어. 아마도 구약 시대 엘리야나 엘리사처럼 위대한 선지자가 아닐까?"라

이토록 따스한 성령님

고 판단했던 것입니다. 그래서 크게 용기를 내어 예수님 앞에 나아왔습니다.

예수님은 니고데모의 관심을 꿰뚫어보십니다. "사람이 천국에 들어가기 위해서 반드시 있어야 할 것은 무엇인가?" 이것이 니고데모의 관심사였습니다. 그런데 예수님은 니고데모가 먼저 말하지 않았어도 이미 그것을 알고 계셨습니다. 이렇게 말씀하십니다. "예수께서 대답하여 이르시되 진실로 진실로 네게 이르노니 사람이 거듭나지 아니하면 하나님의 나라를 볼 수 없느니라"(요 3:3). 그러자 니고데모가 묻습니다. "니고데모가 이르되 사람이 늙으면 어떻게 날 수 있사옵니까 두 번째 모태에 들어갔다가 날 수 있사옵나이까"(요 3:4). 예수님이 말씀하십니다. "예수께서 대답하시되 진실로 진실로 네게 이르노니 사람이 물과 성령으로 나지 아니하면 하나님의 나라에 들어갈 수 없느니라 육으로 난 것은 육이요 영으로 난 것은 영이니 내가 네게 거듭나야 하겠다 하는 말을 놀랍게 여기지 말라 바람이 임의로 불매 네가 그 소리는 들어도 어디서 와서 어디로 가는지 알지 못하나니 성령으로 난 사람도 다 그러하니라"(요 3:5-8). 무슨 뜻인가요? "네가 나를 하나님에게서 온 선생으로 인정하는구나. 그렇다면 내가 너에게 꼭 가르쳐 주고 싶은 게 있다. 내가 이 세상에 온 가장 큰 목적은 사람들을 하나님 나라로 인도하는 것이다. 그것은 오직 거듭나는 것을 통해서만 가능하다. 물과 성령으로 거듭나면 하나님 나라를 볼 수 있고 들어갈 수 있다."

니고데모는 무척 경건한 사람이었지만, 거듭남의 체험을 하지 못한 사람입니다. 아마도 그가 예수님을 밤중에 찾아온 것도 이러한 영적인 갈증 탓이었을 것입니다. 그는 분명히 예수님이 어떤 특별한 영적인 진리를 소유하고 계심을 인정하고 있었습니다. 그러나 예수님의 말씀을 이해하지는 못했습니다. 유대인의 선생이었지만, 예수님의 말귀를 못 알아들었다는 겁니다. 하나님의 말씀을 연구하고 해석하는 전문가였지만, 정작 구원에 관한 진리를 깨닫는 데는 무지했습니다. 그렇습니다. 박사도, 권력자도, 국회의원도, 부자도 다 소용이 없습니다. 하나님 나라를 이해하고, 믿고, 보고, 들어가는 일에 관해서는 세상의 지식으로는 불가능하기 때문입니다.

그래서 바울은 말합니다. "우리가 세상의 영을 받지 아니하고 오직 하나님으로부터 온 영을 받았으니 이는 우리로

하여금 하나님께서 우리에게 은혜로 주신 것들을 알게 하려 하심이라 우리가 이것을 말하거니와 사람의 지혜가 가르친 말로 아니하고 오직 성령께서 가르치신 것으로 하니 영적인 일은 영적인 것으로 분별하느니라 육에 속한 사람은 하나님의 성령의 일들을 받지 아니하나니 이는 그것들이 그에게는 어리석게 보임이요, 또 그는 그것들을 알 수도 없나니 그러한 일은 영적으로만 분별되기 때문이라"(고전 2:12-14). 이것이 세상 사람들과 예수님을 믿는 사람들 사이의 결정적인 차이입니다. 그래서 "하나님이 세상을 이처럼 사랑하사 독생자를 주셨으니 이는 그를 믿는 자마다 멸망하지 않고 영생을 얻게 하려 하심이라 하나님이 그 아들을 세상에 보내신 것은 세상을 심판하려 하심이 아니요 그로 말미암아 세상이 구원을 받게 하려 하심이라 그를 믿는 자는 심판을 받지 아니하는 것이요 믿지 아니하는 자는 하나님의 독생자의 이름을 믿지 아니하므로 벌써 심판을 받은 것이니라"(요 3:16-18)는 복음의 말씀이 어떤 사람들에게는 구원과 영생의 말씀이 되기도 하지만, 어떤 사람들에게는 멸망과 심판의 말씀이 되기도 합니다.

도대체 물과 성령으로 거듭난다는 것은 무엇일까요? 우

리는 어떻게 물과 성령으로 거듭날 수 있을까요? 예수님 말씀의 의미는 무엇인가요?

첫째로, 위로부터 다시 태어나는 것입니다. 본문 말씀 3장 3절에서는 "사람이 거듭나지 아니하면 하나님의 나라를 볼 수 없느니라"고 되어 있습니다. 여기서 "거듭"이라는 말은 헬라어로 "아노텐"입니다. 이 말은 일차적으로는 "위로부터(from above)"를 뜻하고, 이차적으로는 "다시(again)"를 뜻하는 부사입니다. 다시 말하면, 위로부터 다시 태어난다는 의미입니다. 하나님의 힘으로 새롭게(anew) 태어나는 것을 말합니다. 땅에 있는 우리는 스스로 다시 태어날 수 없습니다. 이 세상에 그 누구도 한 번 태어난 뒤에 엄마의 배 속으로 들어가 다시 나오는 경우가 없습니다. 한 번 끊어진 탯줄은 이어질 수도 없고 다시 재생될 수도 없습니다.

우리는 가끔 주변에서 예전과 달라진 사람들의 모습을 발견하게 됩니다. 새해가 되면 여러 가지 계획들을 세우는데, 그중에 술과 담배를 끊어 보겠다고 용기를 내는 사람들이 많습니다. 어떤 사람은 작심삼일, 사흘을 못 채우고 다시 술과 담배에 손을 댑니다. 그런가 하면 끝까지 견뎌내서 금

단 현상을 이겨내고 다른 사람이 되기도 합니다. 소위 '갱생원'이라는 교도소에 들어갔다가 더 심각하게 죄질이 나빠진 사람들도 있지만, 참으로 개과천선하여 새롭게 인생을 다시 시작하는 사람들도 있습니다. 반면에 나이가 들수록 더 고집을 피우고 사악해지며 사람들을 해치는 무자비한 사람들도 있습니다. 사실 인간의 노력으로 어느 정도 우리는 다른 사람이 될 수는 있습니다. 그러나 아담 이후로 그 누구도 스스로 죄인의 신분에서 의인으로, 타락한 자녀에서 하나님의 자녀가 될 수 없습니다. 죄악의 굴레를 벗어날 수 없고, 죄악의 유혹을 거절할 수도 없습니다. 우리는 구원에 이르는 일에서 전적으로 무기력합니다.

하지만 성경은 말합니다. "그런즉 누구든지 그리스도 안에 있으면 새로운 피조물이라 이전 것은 지나갔으니 보라 새 것이 되었도다"(고후 5:17). 하나님으로부터, 예수님 안에서, 성령님의 능력으로 우리는 다시 새롭게 태어날 수 있습니다. 처음 예수님을 믿을 때 우리는 어떠했나요? 정말 자신이 하늘로부터 내려온 것 같았습니다. 공중에 둥둥 떠다니는 것 같았습니다. 내 이름과 얼굴은 똑같은데, 내 마음과 자세가 달라집니다. 사람 됨됨이가 새로워집니다. 삶을 바라보는 시각이 변합니다. 사람들을 대하는 태도가 따스합니다. 이렇게 내 안의 것만 달라지는 게 아닙니다. 내 바깥의 세상도 달라집니다. 꽃도, 풀도, 바람도, 햇볕도, 나무도, 그리고 사람들도 다르게 보입니다. 모든 만물이 마치 새롭게 태어난 것처럼 내게 다가옵니다. 내 몸의 모든 세포가 생생하게 살아납니다. 피부가 밝고 탱탱해집니다. 영혼이 죄악의 굴레에서 벗어나 자유로워집니다. 마음이 바다처럼 넓어집니다. 이 세상에 걱정할 것도, 두려울 것도 하나 없습니다. 다른 세상에서 사는 것만 같습니다. 오직 예수님으로만 배부릅니다.

이것은 우리가 "위로부터" 다시 태어날 때 가능합니다. 땅의 부모가 아니라 하나님으로부터 출생해야 합니다. 그래서 "너희는 그 은혜에 의하여 믿음으로 말미암아 구원을 받았으니 이것은 너희에게서 난 것이 아니요 하나님의 선물이라 행위에서 난 것이 아니니 이는 누구든지 자랑하지 못하게 함이라"(엡 2:8-9)고 말씀합니다. 구원은 공짜로 거저 주어지는 하나님의 은혜입니다. 자격이 없는 우리에게, 아무 공로 없는 우리에게 하늘로부터 주어지는 선물입니다. 오직 예수님을 나의 주님으로 믿을 때, 그 선물이 나의 것이 됩니다. "우리로 그의 은혜를 힘입어 의롭다 하심을 얻어 영생의 소망을 따라 상속자가 되게 하려 하심이라"(딛 3:7). 예수님을 믿는 자는 영생의 나라인 하나님 나라를 유업으로 받을 수 있는 상속자 1호가 됩니다. 누구에게도 빼앗기지 않는 하늘의 기업을 이을 자들입니다. 여러분은 땅에 발을 딛고 있지만, 하늘과 연결된 새로운 삶을 살아가고 계시나요? 위로부터 다시 태어난 자임을 믿으시나요?

둘째로, 물로 다시 태어나는 것입니다. "물은 예수 그리스도께서 부활하심으로 말미암아 이제 너희를 구원하는 표니 곧 세례라 이는 육체의 더러운 것을 제하여 버림이 아니요 하나님을 향한 선한 양심의 간구니라"(벧전 3:21). 이처럼 물은 세례를 상징합니다. 유대인들에게 있어서 물은 죄를 씻는 것을 뜻합니다. "맑은 물을 너희에게 뿌려서 너희로 정결하게 하되 곧 너희 모든 더러운 것에서와 모든 우상숭배에서 너희를 정결하게 할 것이며"(겔 36:25). 일찍이 베드로는 말했습니다. "너희가 회개하여 각각 예수 그리스도의 이름으로 세례를 받고 죄 사함을 받으라 그리하면 성령의 선물을 받으리니"(행 2:38). 예수 그리스도의 피가 우리의 영혼을 깨끗하게 씻어줍니다. 죄악으로 검붉은 우리의 양심을 말갛게 세탁해 줍니다. 탐욕과 교만으로 얼룩진 우리의 마음을 정결하게 해줍니다. 그래서 우리는 모두 영원한 예수님의 피 뿌림을 받아야 합니다. 보혈의 샘물에 온몸을 적셔야 합니다. 십자가 보혈의 강가로 나아가 우리의 죄악으로 물든 온몸과 영혼을 깊이 담가야 합니다.

오직 예수님의 이름에 죄 사함이 있습니다. "자녀들아 내가 너희에게 쓰는 것은 너희 죄가 그의 이름으로 말미암아 사함을 받았음이요"(요일 2:12). "너희가 알거니와 너희 조상이 물려준 헛된 행실에서 대속함을 받은 것은 은이나 금 같이 없어질 것으로 된 것이 아니요 오직 흠 없고 점 없는 어린 양 같은 그리스도의 보배로운 피로 된 것이니라"(벧전 1:18-19). "우리는 그리스도 안에서 그의 은혜의 풍성함을 따라 그의 피로 말미암아 속량 곧 죄 사함을 받았느니라"(엡 1:7). 그래서 우리는 예배를 드릴 때마다 죄를 고백하고 하나님의 사죄 선언을 듣습니다. "그가 빛 가운데 계신 것같이 우리도 빛 가운데 행하면 우리가 서로 사귐이 있고 그 아들 예수의 피가 우리를 모든 죄에서 깨끗하게 하실 것이요 만일 우리가 우리 죄를 자백하면 그는 미쁘시고 의로우

이토록 따스한 성령님

사 우리 죄를 사하시며 우리를 모든 불의에서 깨끗하게 하실 것이요"(요일 1:7, 9).

그리하여 이제는 거룩함에 나아갑니다. 우리 안에 하나님의 씨가 심겼기 때문입니다. "하나님께로부터 난 자마다 죄를 짓지 아니하나니 이는 하나님의 씨가 그의 속에 거함이요 그도 범죄하지 못하는 것은 하나님께로부터 났음이라"(요일 3:9). 이전에 죄악을 물처럼 먹고 마시던 우리가 이제 거룩함을 되찾습니다. 개처럼 죄악을 토해내고 다시 먹어대던 습관에서 벗어납니다. 돼지처럼 죄악의 쓰레기 더미에서 뒹굴며 수치스러움을 모르던 자들이 이제 죄악을 툭툭 털어냅니다. 그리고 날마다 하나님의 말씀에 귀 기울입니다. "오직 너희를 부르신 거룩한 이처럼 너희도 모든 행실에 거룩한 자가 되라 기록되었으되 내가 거룩하니 너희도 거룩할지어다"(벧전 1:15-16a). 왜냐면 우리는 하나님의 말씀과 기도로 거룩해지기 때문입니다.

물은 우리의 죄악을 씻을 뿐 아니라 생명을 줍니다. 우리 몸의 80%가 물이라는 사실을 아시나요? 죄악으로 죽을 몸을 물로 씻고 다시금 살리시는 역사가 세례입니다. 그리하여 우리는 새로운 생명의 힘을 얻습니다. 생명의 에너지를 갖게 됩니다. 다시 살게 됩니다. 우리는 이렇게 고백할 수 있습니다. "내가 그리스도와 함께 십자가에 못박혔나니 그런즉 이제는 내가 사는 것이 아니요 오직 내 안에 그리스도께서 사시는 것이라 이제 내가 육체 가운데 사는 것은 나를 사랑하사 나를 위하여 자기 자신을 버리신 하나님의 아들을 믿는 믿음 안에서 사는 것이라"(갈 2:20). "너희는 유혹의 욕심을 따라 썩어져 가는 구습을 따르는 옛 사람을 벗어버리고 오직 너희의 심령이 새롭게 되어 하나님을 따라 의와 진리의 거룩함으로 지으심을 받은 새 사람을 입으라"(엡 4:22-24). "그러므로 너희가 그리스도와 함께 다시 살리심을 받았으면 위의 것을 찾으라 거기는 그리스도께서 하나님 우편에 앉아 계시느니라 위의 것을 생각하고 땅의 것을 생각하지 말라 이는 너희가 죽었고 너희 생명이 그리스도와 함께 하나님 안에 감추어졌음이라"(골 3:1-3). 이렇게 물로 거듭난다는 것은 거룩한 일입니다. 영광스러운 일입니다. 우리는 이제 물로 씻겨졌나요? 날마다 물로 거듭나시나요? 하나님 자녀들의 특권입니다. 그 특권을 받아 풍성하게 누립시다.

셋째로, 성령님으로 다시 태어나는 것입니다. 우리는 물로 씻음 받을 뿐 아니라 성령님으로 거듭 태어납니다. "우리를 구원하시되 우리가 행한 바 의로운 행위로 말미암지 아니하고 오직 그의 긍휼하심을 따라 중생의 씻음과 성령의 새롭게 하심으로 하셨나니"(딛 3:5)라고 말합니다. 이제 우리는 성령님으로 말미암아 하나님을 아버지라고 부릅니다. 예수님을 나의 주님으로, 친구로 부릅니다. 이것은 아무나 할 수 없는 것입니다. 길거리에서 아무나 붙잡고는, "하나님 아버지!"라고 따라 하라고 해보세요. 아마 우리를 보고 미쳤다고 할 겁니다. 기독교인들은 기도할 때, "하나님 아버지!"라고 부릅니다. 하나님을 아버지라고 부를 수 있는 것은 오직 성령님으로 말미암아 가능합니다. "무릇 하나님의 영으로 인도함을 받는 사람은 곧 하나님의 아들이라 너희는 다시 무서워하는 종의 영을 받지 아니하고 양자의 영을 받았으므로 우리가 아빠 아버지라고 부르짖느니라 성령이 친히 우리의 영과 더불어 우리가 하나님의 자녀인 것을 증거하나니"(롬 8:14-16). 만일 우리 입으로, 마음으로 하나님을 아버지라고 부른다면, 그 사람은 이미 구원 얻은 사람입니다. 하나님의 아들과 딸입니다. 성령님은 우리를 하나님에게로 인도할 뿐 아니라 예수님께로 인도합니다. 그래서 예수님의 모든 말씀을 깨닫게 하고 기억하게 하며 그 말씀에 순종하도록 합니다. 우리가 성령님 안에 있으면, 곧 예수님 안에 있는 것입니다. "그의 성령을 우리에게 주시므로 우리가 그 안에 거하고 그가 우리 안에 거하시는 줄을 아느니라"(요일 4:13). 성령님 안에서 거듭날 때, 우리는 아버지 하나님과 예수님과 하나가 될 수 있습니다.

성령은 죄악을 불태우는 능력이 있습니다. 우리 스스로는 죄악을 이길 수 없습니다. 순간순간마다 넘어집니다. 그러나 성령님께서 우리를 붙잡아주시고, 죄악으로 달려가는 우리의 발걸음을 막아주시며, 우리 안에 있는 죄성을 불태우십니다. 여러분! 옛날에 대보름 때가 되면 시골에서는 쥐불놀이라는 것을 했습니다. 한 해 농사를 짓기 전에 논과 밭에 있는 온갖 병충들을 죽이려고 일부러 불을 지피는 것입니다. 그러면 밭이 불타서 새까맣게 그을리지만, 한 해 농사는 잘됩니다. 마찬가지로 우리의 영혼도 성령님께서 날마다 태워주셔야 합니다. 그래야 죄악의 병충들이 불태워집니다. 불같은 성령님으로 날마다 거듭나는 저와 여러분이 됩시다.

예수님은 말씀하십니다. "육으로 난 것은 육이요 영으로 난 것은 영이니 내가 네게 거듭나야 하겠다 하는 말을 놀랍게 여기지 말라 바람이 임의로 불매 네가 그 소리는 들어도 어디서 와서 어디로 가는지 알지 못하나니 성령으로 난 사람도 다 그러하니라"(요 3:6-8). 그렇습니다. "육으로 난 것은 육이요 영으로 난 것은 영이니." 여기서 육이란 우리의 몸을 가리키는 것이 아닙니다. "사륵스", 즉 하나님의 은혜에서 벗어나 있는 인간의 죄 된 본성(the sinful nature of human being)을 뜻합니다. 성령님과 상관없이 자기 마음대로 사는 것을 말합니다. 성령님의 인도를 받지 않고 자기 뜻대로, 자기 고집대로 사는 것입니다.

그러나 성령님으로 다시 태어난 사람은 그렇게 살지 않습니다. 성령님이 마치 바람처럼 우리 안에 변화를 가져다주시기 때문입니다. 여기서 바람은 초자연적인 성령님의 역사를 설명하는 비유입니다. 우리는 바람의 존재를 느끼고 또 직접 확인하기도 하지만, 그것이 어디서 와서 어디로 가는지를 알지 못합니다. 손으로 잡을 수도 없고, 우리가 방향을 바꿀 수도 없습니다. 바람은 언제든지 그것이 원하는 대로 붑니다. 우리가 좀 세게 불어 달라, 약하게 불어 달라고 요청할 수도 없습니다. 우리는 바람을 다스릴 수 없습니다.

마찬가지로 성령님은 그렇게 움직입니다. 우리는 성령님의 방향을 바꿀 수도 없고, 막을 수도 없습니다.

우리가 의식하지 못할 때라도 성령님은 갖가지 종류의 바람처럼 역사하십니다. 살랑살랑 미풍으로, 강하고 급한 바람으로, 태풍처럼, 부드럽고 따스한 바람으로 다양하게 역사하십니다. 예수님을 믿으면 우리의 모습이 다 똑같아지는 게 아닙니다. 성령님의 부는 바람이 다르듯이 신자들의 변화도 각각 다릅니다. 미적지근한 것처럼 보이기도 하고, 부드럽고 천천히 변화하기도 하고, 태풍처럼 왕창 고꾸라지기도 하고, 급하고 강력하게 확 달라지기도 합니다. 그러나 이 모든 것이 다 성령님의 역사입니다. 서로의 모습이 다르다고 언짢아하거나 불편해할 필요가 없습니다. 우리 한 사람 한 사람은 압니다. 우리 안에서 변화를 느낄 수 있기 때문입니다. 마음이 변하고 태도가 달라지고 생각이 바뀝니다. 그래서 "어찌 이런 일이 나에게?"라고 놀라게 됩니다. 그런가 하면 사람들이 우리의 모습을 보고 놀라게 됩니다. 우리가 성령님 안에 있게 될 때 가능한 일입니다.

어렸을 적 목청껏 불렀던 복음성가가 생각납니다.

이토록 따스한 성령님

돈으로도 못 가요 하나님 나라
힘으로도 못 가요 하나님 나라
거듭나면 가는 나라 하나님 나라
믿음으로 가는 나라 하나님 나라

어여뻐도 못 가요 하나님 나라
맘 착해도 못 가요 하나님 나라
거듭나면 가는 나라 하나님 나라
믿음으로 가는 나라 하나님 나라

그렇습니다. 요즘은 얼굴 하나 잘나면 뜨는 세상입니다. 거기에 줄도 잘 서야 하는 세상입니다. "누구 줄이네"라고 하면 다 통하는 세상입니다. 돈 갖고 안 되는 게 뭐가 있나요? 그런데 하나님 나라는 다릅니다. "몸짱", "돈짱", "맘짱", "빽짱", 이런 것들이 하나도 먹혀들지 않는 곳입니다. 오직 우리의 영적인 눈이 열려야 합니다. 하늘을 볼 수 있어야 합니다. 하나님 나라를 의지해야 합니다. 위로부터, 하나님으로부터 다시 태어나야 합니다. 물로 거듭나야 합니다. 성령님 안에서 다시 태어나야 합니다. 유대인의 선생인 니고데모는 비록 이해하지 못했지만, 이제 우리는 깨닫고 믿을 수 있습니다. 우리 안에 계신 성령님께서 가르쳐 주셨기 때문입니다.

가끔 저의 어머니에게 감사를 드리곤 합니다. 저는 어머니의 배 속에서부터 예수님을 알고 믿었습니다. 어렸을 적부터 엄마의 등에 업혀서 교회에 나갔고, 주일 성수와 헌금 생활, 봉사 생활이 몸에 익숙해졌습니다. 자연스럽게 성경을 읽기 시작했고, 비록 청소년기에 회의와 갈등과 방황의 시기가 있었지만, 이제는 미래의 목회 후보생들을 가르치는 신학교 교수로 섬기고 있습니다. 생각해 보세요. 지금 제가 처음 믿는 것이었다면 무엇을 어디서부터 시작해야 할지, 기도는 어떻게 하고 사도신경은 어떻게 암송하고, 또 교회 생활에 어떻게 적응해야 하는지 밤잠이 오지 않았을 것입니다. 더욱이 하루에 서너 시간씩 기도하시는 어머님을 둔 것이 무엇보다도 저의 가장 큰 신앙과 삶의 자산입니다. 우리는 이제 제 어머니와도 같은 성령님을 마음에 모시고 사는 사람들입니다. 그 성령님을 따라 거듭난 사람들입니다. 마이클 잭슨처럼 성형하지 않고도 다시 태어난 사람들입니다. 다시 태어나는 일에 실패하지 않았고, 또 실패하지도 않을 것입니다. 엎드려 크게 감사합시다. 누구도 빼앗을 자가

이토록 따스한 성령님

없습니다. 물과 성령님으로 거듭났기 때문입니다.

🎼 함께 찬양드립니다(찬송가 421장/191장).

내가 예수 믿고서 죄 사함 받아 나의 모든 것 다 변했네
지금 내가 가는 길 천국 길이요 주의 피로 내 죄가 씻겼네
나의 모든 것 변하고 그 피로 구속받았네
하나님은 나의 구원되시오니 내게 정죄함 없겠네

세상 모든 욕망과 나의 모든 정욕은
십자가에 이미 못을 박았네
어둔 밤이 지나고 무거운 짐 벗으니 주의 영이 함께함이라
성령이 계시네 할렐루야 함께하시네
좁은 길을 걸으며 밤낮 기뻐하는 것 주의 영이 함께함이라

8. 교제
홀로 두지 마소서(롬 8:14-17)

　오래전에 매주 일요일 저녁에 모 TV 방송에서는 매우 감동적인 프로그램이 진행되었습니다. 바로 〈지금 만나러 갑니다〉라는 프로그램입니다. 입양아와 친부모의 만남의 시간을 다루고 있습니다. 수십 년 전에 부모에 의해 버려진 아이들이 고아원이나 아동복지재단을 거쳐서 외국으로 입양(adoption)되었다가 어느덧 성인이 되어 자신들의 뿌리를 찾는다는 내용입니다. TV 방송이 주선해서 아이와 친부모와 양부모가 한자리에 만나서 오붓한 시간을 갖습니다. 그런데 아이를 버린 부모는 성인이 된 아이가 자기를 용서할지, 만나려고 할지에 대해서 매우 걱정스러워하지만, 대체

　　　　　　　　　　이토록 따스한 성령님

로 성인이 된 입양아는 친부모를 만나고 싶어 하고 또 용서합니다. 그리고 마지막 장면에서 성인이 된 자녀와 친부모가 다시는 헤어지지 말자고 다짐할 때, 바라보는 이들은 저절로 눈물을 흘리게 됩니다.

독일, 프랑스, 벨기에, 미국 등 서구 사회에서는 이렇게 아이를 입양하는 문화가 매우 발달해 있습니다. 그런데 외국에서는 자녀가 없어서 입양하기도 하지만, 본인들의 자녀가 있어도 입양하는 경우가 많습니다. 특히 장애를 갖고 태어나서 한국의 부모가 버린 아이들도 거두어 어엿한 사회인으로 양육하기도 합니다. 대체로 선진국일수록 입양문화가 발달해 있습니다. 미국 여배우 안젤리나 졸리는 캄보디아 출신의 남자아이를 입양해서 키웠고, 나중에 여럿을 더 입양했습니다. 이혼한 유명 배우 톰 크루즈와 니콜 키드먼 사이에도 입양한 아들과 딸이 있습니다. 그런데 이들의 특징은 입양아라고 해서 그들을 차별하지 않는다는 것입니다. 분명 얼굴색과 눈동자가 다른 데도 자기 자녀들과 똑같이 먹이고 입히고 교육합니다. 어쨌든 이 세상에서 가장 끈질긴 인연이라면 낳아준 부모이든, 길러준 부모이든 바로 부모와 자녀의 관계일 것입니다. 아무리 목숨을 걸고 사랑을 했어도 서로 갈라서면 남남인 부부관계와는 달리, 부모와 자녀의 관계는 한 번 시작되면 죽음이 갈라놓기까지 평생 이어지는 관계입니다.

본문 말씀은 하나님과 우리가 바로 부모와 자녀의 관계라고 말해줍니다. "무릇 하나님의 영으로 인도함을 받는 사람은 곧 하나님의 아들이라 너희는 다시 무서워하는 종의 영을 받지 아니하고 양자의 영을 받았으므로 우리가 아빠 아버지라고 부르짖느니라 성령이 친히 우리의 영과 더불어 우리가 하나님의 자녀인 것을 증언하시나니 자녀이면 또한 상속자 곧 하나님의 상속자요 그리스도와 함께한 상속자니 우리가 그와 함께 영광을 받기 위하여 고난도 함께 받아야 할 것이니라"(롬 8:14-17). 무슨 뜻일까요? 하나님의 영의 인도함을 받는 사람은 누구나 하나님의 자녀라는 말입니다. 그리고 우리가 하나님의 자녀임을 증언하시는 분은 곧 성령님입니다. 우리 모두 하나님의 상속자라고 분명하게 못을 박고 있습니다. 그렇다면 우리는 어떤 의미에서 하나님의 자녀일까요? 하나님은 우리에게 어떤 자녀의 특권을 허락하셨을까요?

첫째로, 하나님의 자녀는 죄인에서 의인으로 신분이 변화된 사람입니다. 우리는 예수님을 나의 주님으로 믿는 순간에 하나님의 자녀가 됩니다. "영접하는 자 곧 그 이름을 믿는 자들에게는 하나님의 자녀가 되는 권세를 주셨으니 이는 혈통으로나 육정으로나 사람의 뜻으로 나지 아니하고 오직 하나님께로부터 난 자들이니라"(요 1:12-13). "너희가 다 믿음으로 말미암아 그리스도 예수 안에서 하나님의 아들이 되었으니"(갈 3:26). 우리의 친부모는 이 땅에서 내게 몸과 이름을 주신 분이지만, 영적으로 출생하는 사건을 통해서 우리는 하나님의 자녀로 입양됩니다. 일찍이 예수님께서는 그를 찾아온 니고데모라는 유대 관원에게 이렇게 말씀하셨습니다. "예수께서 대답하시되 진실로 진실로 네게 이르노니 사람이 물과 성령으로 나지 아니하면 하나님의 나라에 들어갈 수 없느니라"(요 3:5). 그렇습니다. 우리는 이제 물과 성령님으로 다시 태어납니다. 그래서 두 번째 출생하게 됩니다. 이것을 중생(rebirth, regeneration)이라고 합니다. 세례는 이렇게 우리가 다시 태어났음을 확인하고 사람들 앞에서 널리 알리는 것입니다.

중생은 우리가 다시 태어남을 의미하는 것이지만, 입양

은 우리가 하나님의 자녀로서 누리는 특권과 자유를 강조합니다. 물론 둘 다 성령님의 역사입니다. 우리는 이전에 사탄의 종이었습니다. 죄악의 노예 상태에 놓여 있었습니다. 늘 어둠과 거짓과 욕망의 덫에 빠져 헤어 나오지 못했습니다. 어쩌면 우리의 옛 가족은 미움과 교만과 탐욕과 원한과 음란과 위선과 분노와 폭력이라는 파괴적인 어둠의 세력이었을지도 모릅니다. 그러나 이제 하나님의 가족으로 입양되었기에, 하나님의 자녀는 이 모든 죄의 세력으로부터 자유를 얻게 되었습니다.

이것은 오로지 2,000년 전 갈보리 언덕에서 우리의 죗값인 죽음을 대리하신 예수님의 십자가의 은혜 덕분입니다. 사실 우리의 죄악을 무게로 달아본다면, 수천 톤의 트럭으로도 감당하지 못할 것입니다. 아무리 가벼운 죄도, 사소한 죄도 하나님 앞에서는 다 똑같습니다. 형벌을 받아야 합니다. 그런데 죄인들이 무죄 방면되었습니다. 나 대신에 예수님께서 사형을 당하셨습니다. 여러분! 서로 사랑하는 부부에게 물어봅시다. 만일 남편이 죽을죄를 범해서 감옥에 갔고 곧 사형을 당하게 되었다고 가정해 봅시다. 남편을 너무나 사랑하는 아내가 "차라리 내가 죽는 게 낫겠어"라고 하면서 남편을 대신해서 사형당할 수 있나요? 없습니다. 아무리 부모가 자기 자녀를 지극히 사랑한다고 해도, 자녀를 대신해서 사형당하는 일은 불가능합니다.

우리나라처럼 외국에도 "유전무죄, 무전유죄"라는 게 있다고 합니다. 돈이 있으면 죄를 지어도 감옥에 가거나 사형을 당하지 않으려고 실력 있는 변호사를 사서 소송을 끝까지 해서 무죄로 풀려나는 방법이 통한다는 말입니다. 구속당하지 않고 풀려나려면 보석금을 내야 합니다. 때로 몇 천 달러, 많으면 50만 달러, 100만 달러씩 냅니다. 우리 돈으로는 수천만 원, 5억, 10억씩 내는 것입니다. 그러니 죄 짓고는 못 사는 겁니다. 우리는 마땅히 감옥에 가서 평생 썩어야 할 사람들인데, 예수님의 십자가 희생으로 5억, 10억, 20억씩 보석금을 내지 않고 평생 풀려난 사람들입니다. 사형당하지 않고, "사형 집행 정지!"라는 특별 사면을 받은 사람들입니다. 만왕의 왕이신 예수님의 특별 사면입니다.

하나님의 자녀가 된다는 것은 죄악과 질병과 죽음의 강물에서 건져지는 것입니다. 예전에 미국의 뉴올리언스 도시 전체가 바닷물이 침범해서 마치 강물이 된 적이 있습니다. 먹는 물과 쓰레기, 오물과 화학물질 등이 마구 뒤섞여서 그야말로 악취가 진동했다고 합니다. 어느 루이지애나 공과대학 교수가 탈출기를 썼습니다. 아내와 자녀들, 특히 태어난지 석 달 된 딸아이와 함께 집안에 갇혀 있다가 구출되었습니다. 사흘 밤낮 지붕 옥상에서 지냈고, 자신은 지붕 꼭대기에 올라가서 흰 깃발을 흔들며 구조를 요청했다고 합니다. 구조 헬기는 한 대도 보이지 않았는데, 마침내 어느 자원봉사자의 보트에 의해 온 가족이 구원되었습니다. 우리는 모두 죄악의 물에서 건져진 사람들입니다. 죄악의 강물에 빠져본 사람만이 구원이 얼마나 소중한지를 알게 됩니다. 강물에 떠밀려 자기 의지대로 살지 못하고 허우적거릴 때, 구조의 손길이 얼마나 아름다운지 깨닫게 됩니다.

하나님의 자녀는 죄로부터 해방을 경험한 자들입니다. 죄악의 노예 상태에서 놓임을 받고 풀려난 자들입니다. 요즘 카드빚 한 번 잘못 썼다가 고생하는 사람들이 얼마나 많은지 모릅니다. 카드깡 회사뿐 아니라 사채업자들에게 잘못 걸리면, 평생 그들의 노예로 살아야 합니다. 그들은 빚진 사람들에게 밤낮을 가리지 않고 온갖 협박과 수모를 주는 방법으로 돈을 뜯어냅니다. 때로 말을 듣지 않으면 살인청부업자들을 고용해서 협박하기도 합니다. 살인은 2천만

이토록 따스한 성령님

원, 장애인으로 만드는 것은 6백만 원이라고 합니다. 사채 한 번 잘못 썼다가 악마의 손에 잡혀 성매매 전선에 나서고 평생을 망치는 여성들도 얼마나 많은지 모릅니다.

그런데 하나님은 우리를 죄악의 노예 상태에서 풀어주십니다. 수천만 원, 수억 원의 죄의 빚을 한꺼번에 탕감해 주셨습니다. 살아가면서 일평생 주인에게 돈을 갚아야 할 의무 조건도 달지 않았습니다. 그렇습니다. '돌아온 아들'의 비유에서, 아버지의 재산을 다 털어먹고 돌아온 둘째 아들이 아버지의 잃어버린 돈을 갚기 위해서 평생 종으로 살겠다고 마음먹었잖아요? 그러나 오히려 아버지는 아들의 더러워진 옷 대신에 새 옷을 입히고 아들의 신분을 회복시키는 신발을 다시 신겨 주셨습니다. 죄인에서 의인으로 신분이 새롭게 변화된 것입니다.

우리가 이것을 어떻게 알 수 있을까요? 요한은 말합니다. "그의 성령을 우리에게 주시므로 우리가 그 안에 거하고 그가 우리 안에 거하시는 줄을 아느니라"(요일 4:13). "누구든지 예수를 하나님의 아들이라 시인하면 하나님이 그의 안에 거하시고 그도 하나님 안에 거하느니라"(요일 4:15). 예수님 당시 로마 사회에서는 양자 삼을 때 반드시 증인이 있어야만 했습니다. 그런 증인의 역할을 바로 성령님께서 하십니다. 우리 안에 계신 성령님은 우리가 하나님의 자녀라는 사실을 증언해 줍니다. 그런데 세상 사람들은 대개 하나님을 두려워합니다. 천둥이나 번개가 치면 하늘이 성났다고 하고, 혹 누가 몹시 잘못하면 천벌 받는다고 합니다. 그러니 그들에게 하나님은 무섭고 두려운 분입니다. 여러분! 우리 안에 하나님이 두렵지 않고, 하나님을 사랑하고 즐거워하는 마음이 있으신가요? 아무런 두려움 없이 하나님을 "아빠!"라고 부를 수 있으시나요? 죄를 깨닫고 뉘우치시나요? 죄악을 피하고 선을 행하고자 하는 거룩한 열망이 생겨나시나요?

그렇다면 하나님의 영이 우리 안에 거하는 것입니다. 하나님의 영의 인도를 받는 것입니다. 이렇게 하나님의 영으로 인도함을 받는 사람은 한 사람도 빠짐없이 다 하나님의 자녀입니다. 여기서 인도함을 받는다는 것은 항상 이끌림을 받는다는 뜻입니다. 성령님이 우리의 손을 잡고 이끄는 대로 따라간다는 말입니다. 성령님의 뜻에 순종해서, 성령님을 속상하게 하거나 근심하게 하거나 마음 아프게 하지 않는 것입니다. 이렇게 우리의 삶에서 성령님이 우리 안에 계심을 드러내야 합니다. 성령의 열매가 풍성하게 맺혀야 합니다. 이제는 죄인이 아니라 의인의 자리로 나아가야 합니다. 하나님의 자녀답게 살아야 합니다. 우리 모두 날마다 순간마다 성령님의 인도함 받는 하나님의 자녀 되기를 바랍니다.

둘째로, 하나님의 자녀는 하나님의 영원한 기업의 상속자입니다. 하나님을 아빠로 부를 수 있다는 것은 오직 자녀들의 특권입니다. 자녀들이 보호와 도움이 필요해서 간절한 심정으로 부르짖을 때, 부모는 거절하거나 외면할 수 없습니다. 아무리 무능하고 가난한 부모라 할지라도, 제 자식에게 무엇이라도 해주고 싶은 게 당연합니다. 이와 같이 하늘과 땅을 지으시고 다스리시는 우주의 아버지이신 하나님은 사랑하는 자녀들을 결코 외면하지 않으십니다. 성경은 말씀하고 있습니다. "너희에게 아버지가 되고 너희는 내게 자녀가 되리라 전능하신 주의 말씀이니라 하셨느니라"(고후 6:18). "그 안에서 너희도 진리의 말씀 곧 너희의 구원의 복음을 듣고 그 안에서 또한 믿어 약속의 성령으로 인치심을 받았으니 이는 우리 기업의 보증이 되사 그 얻으신 것을 속량하시고 그의 영광을 찬송하게 하려 하심이라"(엡

1:13-14). "너희가 아들이므로 하나님이 그 아들의 영을 우리 마음 가운데 보내사 아빠 아버지라 부르게 하셨느니라 그러므로 네가 이후로는 종이 아니요 아들이니 아들이면 하나님으로 말미암아 유업을 받을 자니라"(갈 4:6-7). 그렇습니다. 우리는 하나님의 상속자입니다.

1세기경 로마에서는 양자 삼는 것이 매우 흔한 일이었다고 합니다. 양자로 입양된 자는 아버지로부터 친아들과 조금도 다름없는 사랑을 받았습니다. 그도 그럴 것이 아버지는 자신의 재산을 유산으로 물려주기 위해서 양자를 선택했기 때문입니다. 당시에는 여자와 노예는 남자의 사유재산이었고, 유산에 대해서 법적 권리를 갖는 사람은 오직 아들 혹은 양자였기 때문입니다. 로마 사회에서는 어떤 귀족이 어떤 아이를 양자로 삼을 때, 양자의 법을 기록한 서류에 자기 손에 끼고 있던 반지의 형태로 된 도장을 찍습니다. 그리고 양자가 된 사람에게 자기의 도장과 똑같은 반지를 만들어서 끼워줍니다. 양자가 되었다는 보증으로 자기 것과 같은 반지를 만들어 주는 것입니다. 우리가 세례를 받을 때, 우리는 하나님의 자녀가 됩니다. 그때 우리 안에서 성령님이 우리 마음에 도장을 꽉 찍어주십니다. "너는 내 것이라.

오늘날 내가 너를 낳았다"라고 말입니다. 동시에 우리의 이름을 하늘의 생명책에 기록하십니다. 영원토록 우리의 이름은 지워지지 않을 것입니다. 마치 하나님 나라의 호적에 입적하는 것처럼 말입니다. 하나님의 아들 ○○○, 하나님의 딸 ○○○, 이렇게 말입니다. 누가 위조할 수도 없고 지울 수도 없는 영원한 도장입니다.

우리가 하나님의 자녀가 되면 성령님의 인침을 받는데, 그것은 마치 이것과 같습니다. 여러분! 우편물을 보낼 때 우표가 필요하잖아요? 그런데 우표에 소인이 찍히지 않으면 무효입니다. 수신지에 도착하지 못합니다. 마찬가지로 우리 종착지는 천국입니다. 그러므로 성령님의 인이 찍힌 우표를 붙여야 천국에 무사히 도착할 수 있습니다. 하나님의 자녀인 우리는 모두 천국행이 확정된 사람입니다. 세례는 우편물이 접수된 것입니다. 그리고 반드시 천국으로 배달됩니다. 결단코 배달 사고는 없습니다. 안심하시길 바랍니다.

제가 미국에서 만난 어떤 분을 소개해 드리겠습니다. 이분은 한국에서 부모를 잃은 고아였습니다. 미국의 어느 가정에 입양되었는데, 이 미국 아버지가 대단한 갑부였습니다. 마침 이 입양된 아들이 무척 똑똑했습니다. 그래서 죽

을 때 모든 유산을 다 이 입양아에게 주었습니다. 그 입양
아는 순식간에 갑부가 되었습니다. 으리으리한 저택에 사
는 이분은 주말마다 상류사회의 친분 있는 사람들을 불러
성대한 파티를 하곤 한답니다. 한 번은 한국의 어릴 적 친구
들이 미국에서 모여 이분의 집에서 파티했는데, 다들 놀라
서 입을 다물지를 못했습니다. 속으로 다들 입맛을 다시면
서, "양부모를 잘 만나고 볼 일이다"라고 말했다고 합니다.

우리는 다 양부모를 잘 만난 사람들입니다. 하나님이 우
리의 양부모입니다. 우리는 영원한 생명을 기업으로 이미
받은 사람들입니다. 예수님이 십자가에서 죽으시고 사흘 만
에 다시 살아나셨기 때문에, 이제 우리는 죽어도 죽지 않고,
아니 죽어도 다시 사는 부활의 특권을 소유한 자들입니다.
성경은 이렇게 말씀하고 있습니다. "내가 진실로 진실로 너
희에게 이르노니 내 말을 듣고 또 나 보내신 이를 믿는 자
는 영생을 얻었고 심판에 이르지 아니하나니 사망에서 생
명으로 옮겼느니라"(요 5:24). "또 증거는 이것이니 하나님
이 우리에게 영생을 주신 것과 이 생명이 그의 아들 안에 있
는 그것이니라 아들이 있는 자에게는 생명이 있고 하나님
의 아들이 없는 자에게는 생명이 없느니라"(요일 5:11-12).

이토록 따스한 성령님

여러분! 인류 역사에서 얼마나 많은 사람이 죽지 않으려고 몸부림쳤는지요. 불로초를 구하기도 하고, 피라미드를 만들어서 사후의 생명에 대한 소망을 표현했습니다. 최근 생명 공학의 열기도 결국은 더 오래 살고, 죽지 않고 영원토록 살아남고자 하는 사람들의 욕망이 담겨 있습니다. 그런데 이렇게 하려면 돈이 참 많이 듭니다. 이런 연구하는 데에 수조 원씩 듭니다. 저의 어머니가 위암 말기로 투병하실 때, 약값과 병원비와 식이요법을 하는 데 한 달에 5백만 원씩 들었습니다. 그래도 저희 자녀들은 하루라도 더 어머니의 생명을 연장하고 싶었습니다. 이 세상의 그 무엇보다도 가장 값비싼 것은 생명이기 때문입니다. 그런데 예수님의 부활을 따라서 하나님의 자녀인 우리가 값없이, 돈 한 푼도 들이지 않고 부활하게 된다면, 이보다 신나는 일이 어디에 있을까요?

그뿐 아니라 이 땅의 모든 게 다 하나님의 것입니다. 하나님이 주인이십니다. 그렇다면 우리는 이 땅의 모든 것을 사용할 권리가 있게 됩니다. 아름다운 자연과 문화와 사회와 사람들을 돌보며 관리하고 사용할 수 있는 특권을 지닌 사람들입니다. 아버지를 대리하여 이 땅을 다스리고 통치할 수 있는 권한을 갖고 있습니다. 생육하고 번성하여 땅에 충만할 수 있습니다. 그것이 우리의 몫입니다. 우리의 기업입니다. 날마다 하나님이 주신 삶의 모든 자원을 아낌없이 누리고 활용하는 저와 여러분이 되길 바랍니다. 생명과 건강과 시간과 재물과 인간관계를 선하게 관리합시다. 게으르고 무책임한 종처럼 살지 않고, 하나님 아버지의 자녀처럼 당당하게 승리하면서 살아가는 것을 하나님은 기뻐하십니다. 영원한 생명을 이미 얻은 우리이기에 두려울 것이 없습니다. 오늘도 내일도 주님과 함께 걸어가는 우리가 되길 바랍니다.

셋째로, 하나님의 자녀는 부모이신 하나님의 돌봄을 받을 권리와 함께 자녀로서 성숙해야 할 책임을 갖고 있습니다. 자녀는 자녀의 권리와 의무를 함께 갖습니다. 무엇보다도 하나님은 우리를 부모처럼 돌보십니다. 하나님은 우리를 싫어하지도 않고 버리지도 않습니다. 먼저 우리를 버리는 법이 없습니다. 때로 우리의 육신의 부모는 자신의 형편에 따라서 우리를 버리기도 하지만, 하나님은 그 어떤 상황 속에서도 우리를 버리지 않습니다. 외국에 입양된 아이들 가운데 장애아가 종종 있습니다. 우리나라는 예로부터 병신, 등신이라는 말을 사용해 왔듯이, 여전히 장애인들을 무시하

이토록 따스한 성령님

고 왕따를 시키는 분위기가 있습니다. 부모들도 아이들을 바깥에 내보내지 않고 집안에 가두거나 몰래 숨겨서 키우곤 합니다. 〈오아시스〉라는 영화에도 나오잖아요? 그런데 외국 부모들은 한국 부모가 버린 그 장애아를 데려다가 정말 소중하게 키웁니다. 돈을 더 들여서 장애인학교에 보내고 곱게 키워서 성숙한 사회인으로 양육합니다. 장애를 가졌다고 부모의 체면을 따지거나, 키우기가 불편하다고 해서 버리지를 않습니다. 하나님은 우리가 조금 모자란다고 해서, 못생겼다고 해서, 실수했다고 해서, 하나님의 체면을 손상했다고 해서 우리를 버리지 않습니다. 하나님은 하나님의 자녀인 우리를 보배롭고 소중하게 여기십니다. 끝까지 책임지십니다.

부모는 자신의 자녀를 먹이고 입히고 성인이 되기까지 돌봅니다. 간혹 어떤 나이 어린 부모는 아이가 운다고 아파트에서 밖으로 집어 던지기도 합니다. 부모이기를 포기한 철부지들 아닌가요? 그런데 어렸을 적부터 부모의 사랑을 많이 받고 자란 아이는 당당합니다. 밖에 나가서도 기죽지 않습니다. 자기 존중감이 강합니다. 그러나 부모의 사랑을 받지 못한 아이들은 슬슬 눈치를 보고 자신감이 없습니다.

그래서 밖에 나가서 사람 구실을 잘하지 못합니다. 세상을 두려워하기 때문입니다.

미국 시카고 지역에 사는 A 집사가 있었습니다. 어느 날 사냥을 나가서 호랑이를 잡았습니다. 사연을 들어보니 놀랍습니다. A 집사님이 사냥개 두 마리와 함께 총을 들고 산에 갔습니다. 사냥개가 앞서가고 자신은 조금 뒤처져서 뒤쫓아 가는데, 한참 가다 보니 호랑이가 나무 위에 올라가 있더라고 합니다. 이유를 알고 보니, 자신의 개 두 마리가 호랑이를 만났습니다. 그런데 어지간하면 개들이 호랑이를 보고 무서워서 도망가야 하는데, 전혀 도망가지를 않았습니다. 호랑이가 "어흥!" 하면 혼비백산해서 도망가야 하는 개들이 오히려 "으르렁, 으르렁"거리면서 호랑이를 위협합니다. 그러니 그만 호랑이가 기가 죽어서 나무 아래에 있는 개를 피해서 나무 위로 올라갔고, 그것을 본 A 집사님이 총으로 호랑이를 쏴 죽인 것입니다.

나중에 도대체 어떻게 그런 일이 가능했을까 분석해 보았더니, 개 두 마리에게는 분명한 확신이 있었다는 것입니다. "우리 주인이 총을 들고 있으니, 호랑이 너 하나쯤은 문제없어"라고 말입니다. 마찬가지입니다. 우리 하나님은 이

이토록 따스한 성령님

험한 세상의 풍파와 거친 파도 속에서도 우리를 책임지고 돌보아주십니다. 때로 우리의 친부모는 우리를 잊을지라도, 하나님은 우리를 언제 어디서나 지켜보시며 잊지 않으십니다. 우리가 때로 자유를 찾아서 하나님을 떠나도, 세상의 즐거움을 좇아 하나님을 피해도 이 세상 끝까지 우리를 찾아오십니다. 끈질긴 추적자입니다. 아무리 우리가 도망해도 소용없습니다. 금방 발각됩니다. 하나님은 우리를 먼저 찾아오셔서 우리를 돌보아주시는 분입니다.

동시에 하나님의 자녀는 자라나야 합니다. 만약 커다란 아이가 밤낮 울면서 우유를 달라고 보챈다면 징그러울 것입니다. 기저귀를 벗지 않으려고 한다면 참으로 큰일입니다. 자녀는 끊임없이 성장하고 성숙해야 합니다. 갓난아이의 단계에서 유아로, 아동의 단계에서 청소년기로, 성인이 되어 중년의 단계에서 노년의 단계로 계속 나아가야 합니다. 바울은 이렇게 명령하고 있습니다. "우리가 다 하나님의 아들을 믿는 것과 아는 일에 하나가 되어 온전한 사람을 이루어 그리스도의 장성한 분량이 충만한 데까지 이르리니 이는 우리가 이제부터 어린 아이가 되지 아니하여 사람의 속임수와 간사한 유혹에 빠져 온갖 교훈의 풍조에 밀려 요동하지 않게 하려 함이라 오직 사랑 안에서 참된 것을 하여 범사에 그에게까지 자랄지라 그는 머리니 곧 그리스도라 그에게서 온몸이 각 마디를 통하여 도움을 받음으로 연결되고 결합되어 각 지체의 분량대로 역사하여 그 몸을 자라게 하며 사랑 안에서 스스로 세우느니라"(엡 4:13-16). 우리는 하나님의 말씀과 기도로 자랍니다. 이는 영적인 양식이요, 영적인 호흡이며, 영적인 운동입니다. 우리가 함께 나누는 성만찬도 성령님 안에서 자라는 방식입니다. 주님의 살과 피를 함께 나눔으로 머리 되신 그리스도의 성숙함으로 나아갑니다.

아이가 자랄 때 그냥 크는 법이 없습니다. 걷다가 넘어져서 무릎을 다치기도 하고, 이빨이 부러지기도 하고, 발목을 다치기도 합니다. 하나씩 둘씩 여러 가지 병을 앓기도 합니다. 사춘기 때는 반항도 하고, 이렇게 저렇게 말썽도 피웁니다. 그게 다 아이가 자라는 모습입니다. 성장하고 성숙하는 것입니다. 예수님을 믿는다고 해서 이 세상에서 마냥 좋은 일만 있지 않습니다. 힘들고 어려운 일도 겪게 됩니다. 그러나 우리는 아픈 만큼 성숙해 갑니다. 아이가 아픈 후에 키가 자라고 예쁜 짓을 하는 것처럼, 고난과 역경과 상처와 슬픔

이토록 따스한 성령님

뒤에 하나님을 사랑하고 깊이 이해하며 죄악을 이기고 승리할 수 있습니다. 천국에 이르기까지 넘어지고 쓰러질 때가 많겠지만 포기하지 맙시다. 이제는 뒤돌아보지 말고 하나님만 바라봅시다.

우리가 함께 부를 찬양이 있습니다.

주님 뜻대로 살기로 했네 주님 뜻대로 살기로 했네
주님 뜻대로 살기로 했네 뒤돌아서지 않겠네
세상 등지고 십자가 보네 세상 등지고 십자가 보네
세상 등지고 십자가 보네 뒤돌아서지 않겠네

이제 다시는 옛 생활로 돌아가지 맙시다. 우리는 이제 하나님의 자녀입니다. 신분이 달라졌습니다. 하나님이 우리의 양부모입니다. 날마다 "아빠"라고 부르면서 나아갑시다. 모든 기업의 상속자처럼 당당하게 살아갑시다. 하나님의 돌보심을 신뢰하며 우리도 날마다 성숙해 갑시다. 그것이 우리의 권리요 의무이기 때문입니다. 마침내 우리는 모두 천국에 이르게 될 것입니다. 아멘!

🎼 함께 찬양드립니다(찬송가 189장).

어디에나 계신 주 나를 도와주시사
어둠 속을 헤맬 때 **홀로 두지 마소서**
풍랑 심히 일어나 소망 끊어질 때에
성령 말씀하기를 나를 따라오너라

이토록 따스한 성령님

9. 희락
강물같이 흐르는 기쁨(요 16:20-24)

　여러분은 하루에 얼마나 웃으시나요? 의사들은 우리가 웃을수록 건강해진다고 합니다. 억지로 웃어도 웃음은 참 좋은 것입니다. 사람이 1분 정도 화내면 6시간 동안 면역기능이 떨어지고, 반대로 1분 정도 웃으면 24시간 동안 면역기능이 강화된다고 합니다. 그러니 1분을 웃게 되면 하루가 건강해집니다. 또 기쁨으로 살면 자기 나이보다 6년 이상 젊어진다고 합니다. 그래서 가장 좋은 운동 가운데 하나가 바로 웃음입니다. 억지웃음이 아닌 저 배꼽 아래에서부터 우러나오는 웃음입니다. "한 번 웃으면 한 번 젊어지고, 한 번 노하면 한 번 더 늙는다"라는 한국의 옛 속담도 있습니다.

그런데 성경은 우리에게 웃음이 아니라 기쁨을 소개하고 있습니다. 기쁨이라는 단어는 헬라어로 '카라'입니다. 이 단어는 '카리스', 즉 은혜와 같은 어원에서 나온 말입니다. 그러니 은혜로운 삶을 떠나서는 참된 기쁨을 누릴 수 없다는 것을 뜻한다고 할 수 있습니다. 독일의 종교개혁자 루터는 "기독교인은 마음속으로 기뻐할 수 있는 사람이고, 즐겁기에 찬송과 춤과 기쁨의 표현을 할 수 있는 행복한 사람이다"라고 말했습니다. 무슨 뜻일까요? 기독교인의 특징은 그 마음속에 기쁨이 있다는 말입니다. 성령 충만의 표지는 기쁨이 가득한 것입니다. 간혹 예수님을 처음 믿게 된 사람들의 얼굴을 보면 얼마나 얼굴에 기쁨이 가득한지 모릅니다. 속마음이 기쁘면 얼굴빛이 아름다워지기 때문입니다.

제가 오래전에 어느 기도원에 간 적이 있습니다. 거기에 소위 다섯 귀신이 붙었다고 하는 아가씨가 있었는데, 그녀의 얼굴은 온통 불만과 불평으로 가득하고 잔뜩 찌푸린 모습이었습니다. 눈에는 초점이 없었기에 사람들과 눈을 못 맞추고 불안에 찬 시선을 이리저리 돌리는 사람입니다. 제가 그 기도원에 잠시 있었는데, 어느 날 그 아가씨의 얼굴이 달라져 있었습니다. 알고 보니 그 전날 밤에 귀신이 쫓겨나갔다는 겁니다. 여러분! 상상할 수 있으신가요? 그녀를 사로잡고 있던 사악한 귀신이 쫓겨난 후, 이제 예수님을 나의 주님으로 영접하고 성령님이 그 자매의 마음 안에 들어오시니, 뭐가 달라졌나요? 바로 얼굴입니다. 성령님 안에서 성형 수술이 이루어진 것입니다. 아니 성형 수술한 것보다 더 예뻐졌습니다.

그렇습니다. 이렇게 성령 충만의 표지는 기쁨이요, 성령의 열매 가운데 하나가 바로 기쁨입니다. 사도행전에는 기쁨이라는 단어가 스물한 번 나옵니다. 초기 교회 성도들에게는 무엇인가 특별한 것이 있었습니다. 그들은 참으로 기뻐하고 즐거워하는 사람들이었습니다. 사실 그들은 별로 기뻐할 이유가 없었던 사람들입니다. 예수님은 십자가에서 돌아가셔서 그들만 남았고, 여기저기서 환난과 핍박이 다가왔습니다. 그런데도 그들은 "날마다 마음을 같이하여 성전에 모이기를 힘쓰고 집에서 떡을 떼며 기쁨과 순전한 마음으로 음식을 먹고 하나님을 찬미하며 또 온 백성에게 칭송을 받으니 주께서 구원받는 사람을 날마다 더하게 하시니라"(행 2:46-47)고 기록되어 있습니다. 당시에 크리스천인지 아닌지를 구별하는 방법이 바로 기쁨이었다는 것을 알 수 있습니다.

빌립보서에는 기쁨이라는 단어가 열다섯 번 이상 사용되었습니다. 사도 바울이 이 편지를 쓸 때, 그는 로마의 감옥에 갇혀 있었습니다. 그러나 그의 기쁨은 언제나 가득 흘러넘쳤습니다. 바울에게서 고난이나 슬픔은 오히려 하나님의 기쁨이 넘쳐 흘러나오는 통로가 되었습니다. 그래서 어떤 사람들은 기쁨이 우리의 영혼 속에 있는 하나님 생명의 메아리라고 말합니다. 달리 표현하면, 우리의 영혼 속에 있는 하나님의 기쁨입니다. 이러한 기쁨은 감정이나 환경의 지배를 받는 게 아닙니다. 성령의 열매로서의 기쁨은 주변의 환경이 좋을 때는 기뻐하고, 주변의 상황이 좋지 않을 때는 그 기쁨이 사라지는 게 아닙니다. 성령의 열매인 기쁨은 환경에 구애받지 않습니다. 외적인 요소에서 오는 것이 아니라 내적인 데서 오는 기쁨입니다. 그래서 성령의 열매인 기쁨은 우리 영혼의 깊은 곳에서부터 우러나오는 기쁨을 의미합니다. 하나님의 사랑을 입고 은혜를 받은 자에게 일어나는 마음의 환희입니다. 이것은 하나님에게 뿌리를 둔 사람의 기쁨입니다. 제가 어렸을 때 즐겨 부르던 복음성가가 있습니다. 외국곡을 번안한 곡입니다.

주 예수 사랑 기쁨 내 마음속에 내 마음속에 내 마음속에

주 예수 사랑 기쁨 내 마음속에 내 마음속에 있네

나는 기뻐요 정말 기뻐요 주 예수 사랑 기쁨 내 맘에

나는 기뻐요 정말 기뻐요 주 예수 사랑 기쁨 내 맘에

이 세상은 참된 기쁨과 즐거움에 굶주려 있습니다. 사람들은 끊임없이 기쁨을 찾아 헤맵니다. 그러나 참된 기쁨은 우리가 기쁨의 근원 되시는 예수님을 발견할 때, 그리고 성령님 안에서 충만하게 될 때 얻게 됩니다. 바울은 말합니다. "하나님의 나라는 먹는 것과 마시는 것이 아니요 오직 성령 안에 있는 의와 평강과 희락이라"(롬 14:17). 무슨 뜻인가요? 하나님이 우리를 다스리고 인도하시며 함께하는 나라는 오직 성령님 안에 있는 의로움과 평안과 기쁨이라는 말입니다. 즉 성령님 안에서 누리는 기쁨이 있는 자가 하나님 나라의 시민인 셈입니다. 그래서 성령님은 기쁨의 영이십니다. 성령님의 별명은 기쁨의 영입니다. 그렇다면 성령님은 어떻게 우리에게 기쁨을 주실까요?

첫째로, 성령님은 사죄의 확신을 통해 기쁨을 주십니다.

이 땅의 모든 사람은 정도의 차이일 뿐 죄의식을 갖고 살아갑니다. 심지어 어린아이들도 부모 몰래 죄를 짓고는 마음속으로 죄책감을 느낍니다. 그래서 왠지 늘 불안해합니다. 사실 우리는 남에게 들통난 죄인이냐, 들통나지 않은 죄인이냐의 차이일 뿐 모두가 죄인입니다. 그런데 성경은 말합니다. "그가 와서 죄에 대하여, 의에 대하여, 심판에 대하여 세상을 책망하시리라"(요 16:8). 여기서 그는 예수님께서 약속하신 성령님입니다. 성령님의 주된 사역 가운데 하나가 바로 죄를 깨닫게 하는 일입니다. 우리의 마음속 깊은 곳에 숨겨진 죄악을 들추어내십니다. 무의식 속에 들어있는 죄책감의 정체를 드러내십니다. "바로 네가 죄인이다!"라고 손가락으로 가리키십니다.

그러고는 곧바로 우리를 예수님의 십자가 보혈의 강으로 인도하십니다. 온 인류의 죄악을 적시고도 남는, 차고 넘치는 보혈의 강물에 우리의 온몸을 잠그십니다. 놀랍고 신비한 사죄의 능력을 체험하도록 하십니다. 유월절 어린 양의 피에 거룩하게 된 이스라엘 백성처럼, 갈보리 언덕에서 세상 죄를 지고 갔던 어린양 예수님의 피에 우리의 영혼과 몸을 붉게 물들이심으로 우리를 다시 거룩하게 하십니다.

이토록 따스한 성령님

뿌리 깊은 죄책감으로부터 우리를 해방하십니다. 이제 죄악을 피하고 육신의 정욕과 세상의 자랑과 안목의 정욕에서 우리를 자유롭게 풀어주십니다. 음행과 더러운 것과 호색과 우상 숭배와 주술과 원수 맺는 것과 분쟁과 시기와 분노와 당 짓는 것과 분열함과 이단과 투기와 술 취함과 방탕함 같은 육체의 열매를 더는 맺지 않도록 성령님의 능력을 더해 주십니다.

이렇게 사죄의 확신을 통해서 우리는 기쁨을 누리게 됩니다. 누군가와 불화하게 되면, 우리의 마음에 왠지 그 사람으로 인해 불편함과 거북함이 생겨납니다. 그 사람과 한자리에 있게 되면, 웃을 일이 있어도 웃음이 나오지 않습니다. 그러나 하나님과 불화하는 동안에 사라졌던 기쁨이 사죄의 확신을 통해서 되살아납니다. 우리는 상대와 거리낌이 없을 때 마주보고 웃을 수 있습니다. 하나님과의 평화가 우리에게 기쁨을 안겨줍니다. 성령님은 우리를 예수 그리스도의 피를 통해서 아버지 하나님과 화해시키는 분입니다. 죄의식의 고통에서 벗어나 기쁨을 누리도록 성령님께서 역사하십니다. 무거운 죄 짐을 덜어주시는 분입니다. 그 성령님이 여러분의 마음속에 계신가요? 날마다 활동하고 계시는

지요? 성령님 안에서 사죄의 기쁨을 날마다 누리는 저와 여러분이 되길 바랍니다.

둘째로, 성령님은 삶의 의미와 비전을 통해 기쁨을 주십니다. 현대인은 누구보다도 실존을 앓고 있습니다. 2차 세계대전이 한창 진행 중이던 시기에 유럽에서 유행했던 실존주의 철학이 있습니다. 실존주의 철학자 하이데거는 인간을 이 세상 한복판에 내던져진 존재라고 합니다. 그런데 인간은 어떤 분위기, 즉 정조(Bestimmung) 속에 둘러싸여 있는데, 그게 바로 염려라고 합니다. 이 땅에 사는 모든 사람은 다 불안과 좌절과 고독, 그리고 삶의 무의미성과 소외를 경험합니다. 그 모든 염려의 바닥에는 죽음이라고 하는 불안이 자리 잡고 있습니다. 그래서 우리는 둘 중 하나를 선택하면서 살아간다고 합니다. 본래적인 실존으로 살아갈 것인지, 아니면 비본래적인 실존으로 살아갈 것인지를 매 순간 선택하며 살아갑니다. 어떤 사람들은 무의미한 삶을 견뎌내기 위해서 세상의 쾌락을 추구합니다. 육체의 정욕이 요구하는 대로 이끌려갑니다. 술에 찌들기도 하고, 성적 쾌락에 몸을 던지기도 하며, 도박에 손을 대기도 하고, 심지

이토록 따스한 성령님

어는 마약의 수렁에서 빠져나올 수 없게 되기도 합니다. 그러나 그것은 우리에게 일시적인 기쁨을 줄 뿐입니다. 어느새 금방 사라져 버립니다. 그래서 더 깊고 자극적인 쾌락을 추구하게 됩니다.

그러나 성령님은 우리에게 삶의 의미와 비전을 주십니다. 이 땅에 태어나서 무엇인가 내가 할 일이 있다고 생각하는 것, 이루어야 할 목표를 손에 쥐는 것, 하나님께서 다른 그 누구도 아닌 나를 통해서 하고자 하시는 일, 즉 사명이 있다는 것을 인식하는 사람은 결코 함부로 살지 않습니다. 그 안에 기쁨이 있기 때문입니다. 바울은 이렇게 말합니다. "소망의 하나님이 모든 기쁨과 평강을 믿음 안에서 너희에게 충만하게 하사 성령의 능력으로 소망이 넘치게 하시기를 원하노라"(롬 15:13). 소망이 없는 시대를 사는 우리에게 소망을 주시는 분이 바로 성령님입니다. 우리나라 청년 실업자들이 100만 명을 넘어섰다고 합니다. 유치원 때부터 시작된 학원수업과 과외, 그것도 모자라 수백만 원짜리 족집게 과외까지 해서 겨우 대학교에 들어갔는데, 정작 취업의 문은 너무나 좁습니다. 그래서 이들을 가리켜 3포, 5포 세대라고 합니다. 참으로 안타깝습니다. 젊은이들의 미래에 소망을 줄 수 없는 이 사회의 현실이 너무 비정하기도 합니다.

그러나 그것만으로 세상의 끝이 아닙니다. 그 한가운데에서도 꿈을 잃지 않고 노력한 사람들에게는 반드시 미래가 열립니다. 소망이 없던 사람들에게 찾아오신 성령님께서 그들의 마음에 삶의 비전을 주시고 의미를 회복시켜 주십니다. 미국의 16대 대통령 에이브러햄 링컨을 아시는지요? 나이 오십이 되도록 변호사 시험에 떨어지고 국회의원에 낙선되기도 하는 등 14번이나 낙방, 낙선, 실패의 쓴잔을 마셨습니다. 그러나 성령님께서 그의 마음에 계속 비전을 주셨습니다. 그래서 결단코 포기하지 않았습니다. 마침내 미국의 대통령이 되었고, 그 누구도 할 수 없었던 흑인 노예 해방이라는 역사의 물줄기를 바꾸는 일을 하게 되었습니다. 하나님의 사람들인 불쌍하고 가엾은 흑인 노예들을 사랑하시는 하나님의 선하신 뜻의 도구가 되었습니다.

이렇게 성령님 안에서 꿈을 가진 사람들은 외롭지 않습니다. 그 꿈이 마음속에 살아있기 때문입니다. 그 꿈과 함께 숨 쉬고 일할 수 있기 때문입니다. 그뿐 아니라 그 꿈이 이루어지기까지 부딪히는 온갖 어려움을 이겨낼 수 있습니다. 바울은 그가 고백하듯이, 두 번이나 거의 죽을 뻔했고,

강과 맹수와 폭행과 배고픔과 추위와 가난과 감옥에 갇히는 고통을 겪었습니다. 그러나 그의 마음은 하나님의 복음을 땅끝까지 전하겠다는 열정과 헌신으로 가득 찼습니다. 그리하여 로마 감옥 속에서도 불안과 염려가 아닌 기쁨의 찬송을 부를 수 있었습니다. 오히려 그를 걱정하는 이들에게, "주 안에서 항상 기뻐하라 내가 다시 말하노니 기뻐하라"(빌 4:4)고 권면할 수 있었습니다. 이렇게 외적으로는 환난과 핍박이 있을지라도, 그 내면에 기쁨의 비밀을 가진 자들이 있습니다. 다른 사람들이 몰라주어도, 내 안의 성령님이 허락하신 꿈과 비전이 있는 사람들입니다. 기독교 역사는 이런 위대한 사람들의 손에 의해 이루어집니다. 여러분의 마음속에 말할 수 없는 기쁨이 있으신가요? 성령님께서 주신 것입니다. 불안과 무의미와 좌절과 체념을 떨쳐버리고, 소망과 비전을 손에 넣으시기 바랍니다. 성령님이 주시는 기쁨이 마음속에 살아 숨 쉴 것입니다. 이 땅에서 하나님의 뜻을 행하는 기쁨에 동참하시기 바랍니다.

셋째로, 성령님은 사랑의 능력을 통해 기쁨을 주십니다.
우리는 누군가로부터 사랑을 받을 때, 그리고 누군가에게 나의 사랑을 나누어줄 때 기쁨을 느낍니다. 예수님은 말씀하십니다. "아버지께서 나를 사랑하신 것같이 나도 너희를 사랑하였으니 나의 사랑 안에 거하라 내가 아버지의 계명을 지켜 그의 사랑 안에 거하는 것같이 너희도 내 계명을 지키면 내 사랑 안에 거하리라 내가 이것을 너희에게 이름은 내 기쁨이 너희 안에 있어 너희 기쁨을 충만하게 하려 함이니라"(요 15:9-11).

오늘 본문도 말합니다. "지금은 너희가 근심하나 내가 다시 너희를 보리니 너희 마음이 기쁠 것이요 너희 기쁨을 빼앗을 자가 없으리라 그날에는 너희가 아무것도 내게 묻지 아니하리라 내가 진실로 진실로 너희에게 이르노니 너희가 무엇이든지 아버지께 구하는 것을 내 이름으로 주시리라 지금까지는 너희가 내 이름으로 아무것도 구하지 아니하였으나 구하라 그리하면 받으리니 너희 기쁨이 충만하리라"(요 16:22-24). 하나님의 말씀에 순종하고 기도로 간구하는 하나님의 자녀들은 하나님의 사랑을 체험할 때 생겨나는 기쁨을 갖고 있습니다.

아무리 어렵고 힘든 상황일지라도 우리가 하나님의 사랑 안에 거하게 되면 우리는 다시금 기뻐할 수 있습니다. 누

이토록 따스한 성령님

군가로부터 사랑을 받고 있다는 확신이 기쁨을 가져다줍니다. 하늘과 땅을 지으신 하나님의 사랑을 기억나게 하고 깨닫게 하며 감동하게 하는 성령님의 역사입니다. 하나님의 사랑이 우리를 안심시켜 주고 마음을 든든하게 하며 엔돌핀을 생성해 줍니다. 그래서 마음과 몸이 다 건강해집니다. 어지간한 바이러스쯤은 이겨내게 됩니다. 기쁨의 신경 화학물질인 엔돌핀 탓입니다.

우리는 하나님의 사랑 안에 거하므로 누군가를 사랑할 수 있습니다. 우리는 사랑받을 때 못지않게 누군가를 사랑할 때도 기쁨을 느낍니다. 우연히 신문에서 읽은 기사를 소개합니다. 미국의 400대 부자 안에 드는 한국인입니다. 중학교 2학년 때 가족과 함께 미국으로 이민을 갔는데, 가정 형편이 어려워서 고등학교 때부터 일하면서 학교에 다녔습니다. 밤 11시부터 오전 6시까지 하루에 7시간씩 아르바이트를 하고 학교에 갑니다. 그리고 학교에서 돌아와서 2, 3시간 정도 자고는 또 일합니다. 공부를 무척 잘했고, 나중에 벤처 회사를 창립해서 큰돈을 벌었습니다. 미국의 유명한 벨연구소 소장을 맡게 되었는데, 평소에 많은 기부금을 내는 분입니다. 사실 밤잠 못 자고 번 돈인데 아깝지 않을까요? 그런데 미국의 부자들은 이렇게 남을 돕는 것을 자연스럽게 생각합니다. 나보다 어렵고 힘들며 가난한 사람들을 돕는 것을, 사랑의 의무로 생각합니다.

세계적인 백만장자 빌 게이츠도 가난한 사람들에게 전 세계적으로 일 년에 100억 불씩 기부한다고 합니다. 100억 불은 우리나라 돈으로 환산하면 13조입니다. 그래서 "주는 자가 받는 자보다 복되도다"라는 성경 말씀은 우리가 자기 것을 나누어줄 때 기쁨을 더 크게 느끼게 된다는 것을 의미합니다. 저도 학교에서 학생들을 가르칠 때, "나의 가장 좋은 것을 나누어주자"라는 마음으로 임합니다. 내가 가진 가장 귀한 지혜와 지식과 정보를 아낌없이 나누어주고 싶은 것은, 제자들을 사랑하는 스승의 마음입니다. 실제로 저는 강의할 때 가장 행복합니다. 어떤 때는 강의 중에는 물론이고 강의 후에도 기쁨이 가득합니다.

성령님은 우리의 눈을 열어, 도움이 필요한 자들을 바라보게 하십니다. 우리의 귀를 열어, 연약한 자들의 신음을 듣게 하십니다. 우리의 손을 내밀어, 그들의 발을 씻겨 줄 수 있도록 자세를 낮추게 하십니다. 우리의 마음이 그들을 불쌍히 여기는 마음으로 가득 차서 움직이게 하십니다. 때로

이토록 따스한 성령님

는 자기의 것을 자기 것이라 하지 않고 내어주고 싶은 마음이 들게 하십니다. 바로 그 순간이 우리의 기쁨이 백 배, 천 배로 확대되는 순간입니다. 어머니가 자기 아이에게 모유를 수유할 때 가장 기쁘고 더욱 건강해집니다. 자기의 것을 나누어줄 때, 영양분과 사랑을 나누어줄 때 엄마의 기쁨이 배가 됩니다. 그래서 수유하는 엄마는 감기에 걸리지 않는다는 말도 있습니다.

기쁨의 영이신 성령님은 오늘 우리 안에서 우리에게 끝없는 기쁨을 주고 싶어 하십니다. 세상의 일시적인 쾌락이 안겨줄 수 없는 영원한 기쁨, 충만한 기쁨, 말할 수 없는 기쁨을 주고 싶어 하십니다. **"내가 이것을 너희에게 이름은 내 기쁨이 너희 안에 있어 너희 기쁨을 충만하게 하려 함이니라"**(요 15:11). 그 기쁨을 받아 누립시다. 새 하늘과 새 땅에 이르기까지 영원토록 우리를 떠나지 않고 우리와 함께하시는 성령님과 동행하는 길은 기쁨 가운데 거하는 것입니다. 성령님 안에서, 그리고 예수님의 피로 말미암아 죄로부터 떠날수록, 소망과 비전을 가슴에 품을수록, 하나님의 사랑 안에 거하여 풍성한 사랑을 받고 아낌없이 사랑을 나눌수록 우리의 기쁨은 더욱 충만해질 것입니다. 우리 모두 이 기쁨에 동참하게 되길 하나님은 원하십니다. 아멘!

🎼 함께 찬양드립니다(찬송가 182장).

강물같이 흐르는 기쁨 성령 강림함이라
정결한 맘 영원하도록 주의 거처 되겠네
주님 주시는 참된 평화가 내 맘속에 넘치네
주의 말씀에 거센 풍랑도 잠잠하게 되도다

이토록 따스한 성령님

10. 사랑
무한하신 주 성령(히 10:19-25)

    우리가 예수님의 피에 젖을 수 있는 것도, 말씀을 먹는 것도, 하나님 보좌 앞에 나아가는 것도 실은 성령님이 우리를 도와주시지 않으면 전혀 불가능합니다. 히브리서의 핵심적인 내용은 무엇인가요? "예수님을 꼭 붙들고 믿음에 굳게 서서 살아가라"는 것입니다. 십자가 제사를 통해 만인에게 구원의 길을 허락하신 예수님이 우리의 믿음의 기초가 되신다는 말씀입니다. 이제 그 예수님을 바라보며 믿음과 소망과 사랑의 삶을 살아가라는 게 핵심 메시지입니다. 오늘 본문 말씀은 이렇게 말합니다. "우리가 마음에 뿌림을 받아 악한 양심으로부터 벗어나고 몸은 맑은 물로 씻음을 받왔으니 참 마음과 온전한 믿음으로 하나님께 나아가자 또 약속하신 이는 미쁘시니 우리가 믿는 도리의 소망을 움직이지 말며 굳게 잡고 서로 돌아보아 사랑과 선행을 격려하며"(히 10:22-24).

이게 말처럼 쉽지 않습니다. 오직 성령님이 우리 안에 거하시고 충만하게 하실 때 가능합니다. 성령님이 우리 안에 거하시면, 우리는 성령님의 불을 품게 됩니다. 사도행전 2장에 보면, 성령님은 이 땅에 불로 임하셨습니다. 이것은 단순한 상징이나 가시적인 표징만이 아니라 경험적 실재입니다. 마치 예수님의 피가 경험적 실재이듯이, 성령님의 불도 오직 경험을 통해서 그 실체를 이해할 수 있습니다. 세상은 알 수도 없고, 줄 수도 없고, 만질 수도 없고, 빼앗아 갈 수도 없습니다. 그런데 불같은 성령님은 우리 안에 거하실 뿐 아니라, 우리 바깥에서도 우리를 덮치고, 우리를 사로잡고, 우리 위에 머물러 계시며, 또 우리에게 기름 부어지는 하나님의 능력입니다. 그래서 우리는 불같은 성령님의 임재를 간구해야 합니다. 성령님의 불을 사모해야 합니다. 날마다 쉬지 않고 "내 안에 계신 성령님이여, 불타오르소서!", "오소서. 불같은 성령님이여!"라고 간구해야 합니다. 그렇다면 성

이토록 따스한 성령님

령님의 불이란 무엇일까요?

첫째로, 불은 하나님의 임재와 영광을 상징합니다. 구약
성경에는 하나님의 임재를 불로 표현한 내용이 많습니다.
모세는 떨기나무에 붙은 불을 통해서 하나님의 임재를 경
험합니다. 하나님이 불기둥으로 이스라엘 백성 가운데 동
행하셨습니다. 여호와의 영광(쉐키나)은 하나님의 백성 가
운데 불처럼 역사하셨습니다. 하나님이 우리와 함께하십니
다. 이렇게 임마누엘은 곧 불로 나타납니다. 어디 그뿐인가
요? 구약 시대에 우리의 죄에 대한 하나님의 진노와 심판을
뜻했던 진노의 불은 이제 끝났습니다. 예수님이 십자가에서
모든 인류를 향한 하나님의 진노의 불을 다 맞으셨기 때문
입니다. 오순절 성령 강림을 통해 하나님의 진노의 불은 예
수 그리스도를 믿는 모든 사람에게 이제 진노의 불이 아니
라 은혜의 불로 임하게 되었습니다. 그리하여 누구나 하나
님 은혜의 보좌 앞에 나아갈 수 있게 되었습니다.

오직 예수님의 피와 성령님의 은혜의 불을 의지하여 우
리는 하나님의 얼굴을 뵐 수 있습니다. 이전에 이스라엘 백
성에게 임재하시고 동행하셨던 하나님이 성령님 안에서, 그

리고 성령님을 통하여 각 사람에게 불기둥이 되셔서 밤낮으로, 평생, 영원토록 함께하십니다. 성령님께서 우리 한 사람 한 사람에게 "너는 내 것이라!" 불로 인을 쳐 주셨습니다. 그리고 하늘나라에 이르기까지 한 걸음씩 인도하십니다. 그러므로 진노의 불에서 은혜의 불로 다시 우리를 찾아오신 성령님께 감사와 찬양을 드립시다. 불같은 성령님의 임재와 영광을 맛보아 누리며 살아가는 우리 모두가 되길 기도합니다. 함께 기도드립니다. "날마다 나의 발걸음을 불기둥으로 인도하소서. 예수님의 피와 성령님의 은혜의 불을 의지하여 하나님의 얼굴을 뵐 수 있도록 허락해 주셔서 감사합니다. 오소서 불같은 성령님이여! 성령님의 불길이 타오르게 하소서."

둘째로, 성령님의 불은 생명과 치유의 능력입니다. 성령님 안에서 우리는 생명의 에너지로 충만해집니다. 불이 없으면 모든 생물은 생기를 잃게 되고 사멸합니다. 성령님이 불과 같은 모양으로 우리에게 임한다는 것은, 하나님이 성령님을 통해 하나님 자신의 생명과 힘을 우리에게 주신다는 것입니다. 따라서 불같은 성령님의 임재 가운데 우리는

이토록 따스한 성령님

하늘의 능력을 덧입는 사람들이 될 수 있습니다. 무엇보다도 영원한 생명을 지금 여기서 맛보고 누릴 수 있습니다. 예수님 부활의 능력이 내 안에서 살아 움직인다는 것입니다. 그래서 삶을 긍정하고 사랑하는 뜨거운 열정으로 가득 찰 수 있습니다. 날마다 죽음의 세력에서 벗어나 생명으로 나아갑니다. 무의미와 절망, 좌절과 낙심의 상태에서 생명과 소망을 얻게 됩니다. 생명을 얻되 풍성히 누리며, 기쁨과 평안의 에너지가 우리 안에 흘러넘칩니다. 성령님의 불이 우리 안에 타오를 때 가능합니다.

성령님의 불은 변화를 가져옵니다. 불은 태우는 속성이 있습니다. 더러운 것을 태워 정결케 하는 것이 불입니다. 이제 불같은 성령님이 임하시면, 죄악의 강물에 오염된 세상을 정결케 합니다. 모든 성도의 성품에 아직도 남아 있는 죄된 본성, 죄를 향한 성향과 습관들을 날마다 순간마다 불태워 거룩하게 하신다는 말입니다. 예수님의 피는 우리를 덮고 씻어주십니다. 그런데 성령님의 불은 우리의 교만의 뿔, 욕심의 기름 덩어리, 거짓의 뿌리, 시기와 질투의 가시, 게으름의 비계를 불태워 우리를 변화시킵니다. 불이 지나간 자리는 그 이전의 모든 것을 하나도 남겨두지 않습니다.

성령님의 불은 치유를 가져옵니다. 우리의 몸뿐 아니라 영혼과 정신, 정서, 그리고 인간관계 가운데에서 자라고 있는 질병을 뿌리까지 태우고, 말리고, 죽이는 것은 오로지 성령님의 불로만 가능합니다. 이러한 치유와 회복을 계속해서 경험하는 자는 성령님 안에서 건강한 자들입니다. 깨어지고 부서지고 무너지고 닫힌 인간관계, 삶의 문제들에 성령님의 불길이 닿기를 간구합시다. 건강하지 못한 생각, 마음, 말과 태도, 그리고 삶의 습관들이 성령님의 불길에 닿아 치유되는 역사를 의지합시다. 십자가의 피로 말미암은 용서의 역사와 함께 치유하고 회복하시는 성령님의 사역을 통해 병든 가정, 병든 사회, 병든 나라가 치유될 수 있도록 중보기도를 드립시다. 온갖 질병을 치유하시는 성령님의 불길이 우리 가운데 가득하고, 우리로부터 활활 타올라 병든 온 땅을 뒤덮을 수 있도록 기도의 불길을 붙여 나갑시다.

셋째로, 성령님의 불은 인격의 변화를 가져옵니다. 성령님은 우리의 삶의 가치관과 태도, 비전, 습관과 인격까지도 변화시킵니다. 그리하여 우리가 믿음과 소망과 사랑의 사람이 되게 하십니다. 바울은 신앙의 3가지 양태를 설명합니다.

이토록 따스한 성령님

"그런즉 믿음, 소망, 사랑, 이 세 가지는 항상 있을 것인데 그 중의 제일은 사랑이라"(고전 13:13). 어떤 사람이 "신앙이 있다, 혹은 없다"라고 할 때, 그 기준은 무엇인가요? 그가 믿음과 소망과 사랑의 모습을 보여주고 있는가에 달려 있습니다. 믿음을 보여줄 수 있느냐, 소망의 얼굴을 드러내는가, 사랑의 열매를 꺼내 보여줄 수 있는가입니다. 그러므로 성령 충만하다는 것은 믿음 충만, 사랑 충만, 소망 충만하다는 말입니다. 그리하여 성령님은 우리 안에 믿음의 불씨를 심으십니다. 사랑의 불길이 타오르게 하십니다. 소망의 등불이 꺼지지 않도록 하십니다.

성령님은 우리와 깊은 사랑의 교제와 사귐을 갖고 싶어 하십니다. "나는 너와 함께 있고 싶어. 너와 함께 시간을 보내고 싶어. 너와 삶의 공간을 나누고 싶어. 나는 너의 삶의 자리를 차지하고 싶어." "나는 네 안에, 너는 내 안에 우리 함께 살자. 함께 먹고, 마시고, 나누고, 즐거워하자. 너와 함께 숨 쉬고 싶어." 그렇습니다. 삼위일체 하나님의 가장 좋은 것을 나누고 싶은 것이 성령님의 심정입니다. 그래서 우리가 아빠가 되시는 아버지 하나님과 주님이신 예수님을 잘 믿도록 하는 것이 성령님의 일입니다. 하나님의 자녀, 예수님의 제자, 좋은 신자가 되도록 인도하시는 분이 곧 성령님입니다. 그리하여 삼위일체 하나님과 지속적인 인격적 교제와 사귐을 갖도록 하십니다. 성령님 안에서 날마다 삼위일체 하나님의 얼굴을 바라보며, 우리는 하나님의 얼굴을 닮아갑니다. 하나님의 말씀과 기도 안에서 우리는 성숙해 갑니다.

성령님은 믿음의 불입니다. 성령님은 예수 그리스도에 대한 믿음을 갖게 해줍니다. 십자가와 부활 사건을 있는 그대로 믿게 해줍니다. 그 사건이 바로 나를 위한 구원의 사건임을 확신하게 해줍니다. 그리하여 예수 그리스도를 통하여 나타난 우리를 향한 하나님의 사랑을 받아들이도록 해줍니다. 믿음이란 내가 믿는 게 아니라, 믿어지는 것입니다. 그뿐 아니라 우리가 한 번 예수님을 믿었다고 해서 그것으로 믿음이 완성되는 것이 아닙니다. 계속해서 성령님이 믿음을 불러일으키시고, 또 우리가 그에 따라 믿음의 행동을 해야 합니다. 성령의 불은 믿음의 불씨를 우리의 마음에 심어놓으시고 꺼지지 않게 하십니다. 계속해서 불타오르게 하십니다. 그리하여 성령님은 이미 얻은 믿음을 강화해 줍니다. 부분적이고 단편적이며 잠정적인 믿음을 전체적이고 종합적이고 온전한 믿음으로 나아가도록 해줍니다. 우리의 믿

이토록 따스한 성령님

음이 점점 커집니다. 견고해집니다. 흔들리지 않습니다. 튼튼해집니다. 성령님 안에서 "믿음의 주요 또 온전하게 하시는 이인 예수를 바라보게" 됩니다.

믿음의 불은 하나님의 존재 자체를 믿게 할 뿐 아니라, 하나님의 성품을 신뢰하게 합니다. 하나님의 모든 말씀이 다 옳고 선한 것이라는 믿음을 낳습니다. 그래서 우리가 하나님께 나아갈 수 있게 해줍니다. "믿음이 없이는 하나님을 기쁘시게 하지 못하나니 하나님께 나아가는 자는 반드시 그가 계신 것과 또한 그가 자기를 찾는 자들에게 상 주시는 이심을 믿어야 할지니라"(히 11:6).

성령님의 불은 사랑의 불입니다. 성령님은 사랑의 영입니다. "그의 영광의 풍성함을 따라 그의 성령으로 말미암아 너희 속사람을 능력으로 강건하게 하시오며 믿음으로 말미암아 그리스도께서 너희 마음에 계시게 하시옵고 너희가 사랑 가운데서 뿌리가 박히고 터가 굳어져서 능히 모든 성도와 함께 지식에 넘치는 그리스도의 사랑을 알고 그 너비와 길이와 높이와 깊이가 어떠함을 깨달아 하나님의 모든 충만하신 것으로 너희에게 충만하게 하시기를 구하노라"(엡 3:16-19). 그래서 오늘 본문은 "서로 돌아보아 사랑과 선행을 격려하라"고 했습니다. 계속해서 말씀합니다. "형제 사랑하기를 계속하고 손님 대접하기를 잊지 말라"(히 13:1-2a). "오직 선을 행함과 서로 나누어주기를 잊지 말라 하나님은 이 같은 제사를 기뻐하시느니라"(히 13:16). 성령 님은 우리의 심장에 사랑을 부어 주시는 분입니다. 사랑을 충전시켜 주십니다. 하나님의 사람들은 이 사랑의 불씨를 가슴에 지닌 사람들입니다. 그리하여 사랑을 행할 수 있습니다. 성령님은 하나님의 사랑을 깨닫게 하십니다. 하나님의 사랑을 가슴으로 느끼도록 하십니다. 하나님을 온 맘으로 사랑할 수 있도록 하십니다.

우리가 어떻게 하나님을 사랑할 수 있을까요? 오직 하나님의 크신 사랑을 깨달을 때 가능합니다. 성령님은 하나님의 사랑이 얼마나 큰지, 넓은지, 높은지, 깊은지 깨달을 수 있도록 하십니다. 그리하여 우리가 그 은혜의 강물에 뛰어들게 하십니다. 비로소 나를 사랑하고 긍정하며, 또한 누군가를 사랑할 수 있게 되는 것입니다. 성령님은 우리를 하나님의 사랑 안에 거하게 하십니다. 마침내 하나님의 사랑에 접속되어 그 사랑으로 말미암아 누군가를 사랑할 수 있도록 하십니다. "어느 때나 하나님을 본 사람이 없으되 만일

이토록 따스한 성령님

우리가 서로 사랑하면 하나님이 우리 안에 거하시고 그의 사랑이 우리 안에 온전히 이루어지느니라 그의 성령을 우리에게 주시므로 우리가 그 안에 거하고 그가 우리 안에 거하시는 줄을 아느니라"(요일 4:12-13).

그리하여 성령 충만할 때 성령의 열매를 맺습니다. 오직 성령의 열매인 사랑의 9가지 색상을 반영하는 사람들이 되어갑니다. 사랑, 기쁨, 화평, 자비, 오래 참음, 양선, 충성, 온유, 절제의 열매들을 맺어갑니다. 예수 그리스도의 성품을 닮아갑니다. 하나님의 형상으로 새롭게 빚어져 갑니다. 비록 여전히 실수와 허물과 잘못과 죄악 가운데 있을지라도, 날마다 십자가의 사죄 은혜와 불같은 성령님의 은혜를 힘입어 조금씩 조금씩 우리는 달라져 갑니다. 이는 오직 성령님의 충만함을 힘입어 사랑의 불이 활활 타오를 때 가능합니다.

성령님의 불은 소망의 불입니다. 하나님의 일관성을 믿는 믿음은 소망을 낳습니다. 하나님의 변함없는 사랑, 실패하지 않는 사랑에 대한 믿음은 소망으로 나타납니다. 그래서 소망은 인내를 낳습니다. "우리 구주 예수 그리스도로 말미암아 우리에게 그 성령을 풍성히 부어 주사 우리로 그의 은혜를 힘입어 의롭다 하심을 얻어 영생의 소망을 따라 상속자가 되게 하려 하심이라"(딛 3:6-7). "또 약속하신 이는 미쁘시니 우리가 믿는 도리의 소망을 움직이지 말며 굳게 잡고"(히 10:23). 성령님은 하나님의 사람들이 거룩한 꿈을 꾸게 하시고 비전을 갖게 하십니다. 남들이 볼 수 없는 것들을 보게 하십니다. 바라는 것들을 미리 내다보기 때문에 지금 고통스러운 것들을 견뎌내게 하십니다. 성령님은 우리에게 소망의 등불을 비추사 인내하게 하십니다. 때로 고난이 우리를 찾아와도 흔들리지 않게 하십니다. 불같은 시험이 우리를 덮쳐도, 그 한가운데서 오히려 성령님의 충만을 경험할 수 있습니다. "사랑하는 자들아 너희를 연단하려고 오는 불 시험을 이상한 일 당하는 것 같이 이상히 여기지 말고 오히려 너희가 그리스도의 고난에 참여하는 것으로 즐거워하라 이는 그의 영광을 나타내실 때에 너희로 즐거워하고 기뻐하게 하려 함이라 너희가 그리스도의 이름으로 치욕을 당하면 복 있는 자로다 영광의 영 곧 하나님의 영이 너희 위에 계심이라"(벧전 4:12-14).

예수님도 변화산에서 미리 부활을 맛보심으로 기꺼이 십자가의 고난을 참으셨습니다. 우리 안에 성령님을 통하여 예수님의 부활의 영이 살아 움직이면, 우리도 기꺼이 자원하는 마음으로 십자가를 질 수 있는 능력을 얻게 됩니다. 그리하여 우리에게 구름같이 둘러싼 허다한 증인들 앞에서 인내로써 신앙의 경주를 할 수 있습니다.

그렇습니다. 예수 그리스도는 어제나 오늘이나 영원토록 동일하십니다. 우리의 믿음과 소망과 사랑 역시 영원토록 항상 있을 것입니다. 성령님의 불이 우리 안에서 활활 타오를 수 있도록 기도합시다. 마지막 때에 기름을 준비한 다섯 처녀처럼 깨어 근신하며, 다시 오실 예수님을 기다리면서 착하고 지혜롭고 충성된 종의 삶을 살아갑시다. 예수님을 꼭 붙잡고 믿음에 굳게 서서 사랑의 열매와 소망의 깃발을 높이 듭시다. 그것이 히브리서가 오늘 우리에게 주시는 말씀입니다.

🎼 함께 찬양드립니다(찬송가 188장).

무한하신 주 성령
우리 어둔 성품에
생명 빛을 주소서 보혜사시여

우리 맘에 평안을

이슬같이 내리사

열매 맺게 하소서 보혜사시여

이토록 따스한 성령님

11. 충성
악한 마귀 제아무리(엡 6:10-18)

　얼마 전 모 대학교수가 조상의 묏자리가 후손에게 영향을 미친다는 연구 결과를 발표해서 눈길을 끌었습니다. 소위 풍수 명당설로 알려져 있는데, 조상의 시신을 편안한 자리에 안치하면 죽어서도 후손들에게 음덕을 끼치지만, 그렇지 않은 곳에 묻으면 후손들에게 우환이 그치지 않는다는 것입니다. 과연 그럴까요? 풍수지리학자들 가운데도 의견이 나뉘어 있습니다. 조상의 묏자리가 결정적으로 중요하다고 하는 사람도 있지만, 반면에 단지 묏자리를 명당에 썼다는 이유 하나만으로 아무런 노력도 하지 않았는데 후손들이 복을 받는다는 것은 불공평하다는 주장도 있습니다.

아무리 못자리를 잘 썼다고 해도 후손들이 다 똑같이 명당 복을 받는 것은 아니며, 자손의 인품과 노력 여하에 달려 있다는 주장도 있습니다. 단지 좋은 땅에 묻힌 조상의 기운이 후손의 운명을 좌우하는 것이라고 사람들은 믿습니다. 그러나 조상들이 사후에 복을 주기 때문이 아니라, 생전에 자신을 세상에 있게 한 존재이기에 조상에 대한 순수한 감사와 그들로부터 받은 성실한 삶의 태도가 오히려 복을 누리게 되는 원인이 된다고 말하는 사람도 있습니다.

오래전에 한국교회와 사회에 이상한 바람이 불었습니다. 1990년대 초반에는 시한부 종말론 바람이 불더니, 소위 조상귀신의 망령이 되살아났습니다. 『가계에 흐르는 저주를 이렇게 끊어라』, 『가계에 흐르는 저주를 끊어야 산다』, 『가계에 흐르는 저주를 축복으로 바꾸시는 하나님』, 이런 책들이 마구 쏟아져 나왔습니다. 심지어는 지하철에서 옆에 앉은 사람들에게, "당신 집안 조상의 저주를 풀기 위해서는 200만 원을 내라"고 권유하는 장면도 어느 TV 탐사 프로그램에 나왔습니다. 당시에 적지 않은 한국교회 성도들이 이것에 편승해서, "정말 집안에 흐르는 저주가 있는가 보다. 예수님을 믿어도 이것을 끊지 않고는 복을 받을 수 없나 보다"라고 하면서 가계 치유 혹은 축사를 하는 이런저런 집회에 쫓아다니는 기이한 현상도 벌어졌습니다. 목사님들도 덩달아 교인들을 데리고 이런 집회에 참석했습니다. 사탄이 얼마나 박수하면서 좋아했을까요? 물론 이런 주장을 하는 사람들도 나름대로 성경을 근거로 댑니다. "주는 은혜를 천만인에게 베푸시며 아비의 죄악을 그 후손의 품에 갚으시오니 크고 능력 있으신 하나님이시요 이름은 만군의 여호와시니이다"(렘 32:18).

예를 들면, 케네디 가문의 불행에 대하여 이렇게 설명합니다. 1998년 1월호 「뉴스위크」라는 잡지에 실린 내용입니다. 1998년 1월 2일 마이클 케네디가 콜로라도 애스펀의 스키장에서 39세의 나이로 사망했습니다. 마이클의 형인 데이비드 케네디는 1984년에 마약 과다 복용으로 죽었습니다. 미국 상원의원 및 법무장관을 역임한 그의 아버지 로버트 케네디 역시 1968년 민주당 대선 후보 지명 선거운동 중 캘리포니아에서 암살당했습니다. 삼촌인 존 에프 케네디 대통령은 1963년 텍사스 주 달라스에서 46세의 나이로 암살당했고, 그의 아들 존 에프 주니어 케네디 또한 비행기 사고로 30대 초반에 죽었습니다. 그리고 케네디 대통령의 형인

조세프 케네디 주니어는 2차 대전 중 29세의 나이로 비행기 추락으로 전사했고, 여동생 캐슬린 케네디 역시 1948년 비행기 사고로 28세의 나이로 사망했습니다. 어쨌든 미국의 명문가인 케네디가의 비극은 보통 사람들이 상상할 수 없을 만큼 충격적인 현상입니다. 이에 대하여 가계의 저주를 이야기하는 사람들은 궤변을 늘어놓습니다. 케네디가의 선조가 미국에 정착할 당시에 맥주 장사를 했다고 합니다. 마약 거래와 폭력조직에 연루되어 비열한 방법으로 돈을 벌어 오늘날의 가문을 이루었기 때문에, 대대로 요절 및 비극적인 사건을 겪게 되었다는 이야기입니다. 즉 가계에 흐르는 저주를 끊지 않아서라고 주장합니다.

마찬가지로 미국 대통령을 지낸 빌 클린턴에 관해서도 이렇게 설명합니다. 그 가문에 중독의 역사가 있다고 합니다. 클린턴은 유복자로 태어났습니다. 그의 계부는 알코올 중독, 그의 이복동생은 코카인 중독, 그의 할머니는 죽기 직전까지 모르핀 중독에 빠졌었다고 합니다. 이런 가정에서 자란 클린턴은 여자 문제에 관한 한, 늘 바보 같은 행동을 한다는 것입니다. 일종의 성 중독증입니다. 유명한 모니카 르윈스키 사건으로 인해 전 세계적인 비웃음을 사고 커다란 홍역을 치르지 않았습니까? 그런데 이것도 클린턴 집안에 흐르는 가계에 흐르는 저주 탓이라고 이야기합니다. 여러분도 동의하시는지요?

여기서 분명하게 구분해야 할 것이 있습니다. 무조건 조상의 탓일까? 아니면 자기 자신의 책임일까? 케네디 식구들이 요절하는 게 가문의 저주일까? 클린턴이 성 중독증 환자인 게 단지 유전적인 문제일까? 물론 조상과 부모로부터 물려받은 유전적 요인, 성격과 기질, 식습관, 가정교육 및 환경 등이 영향을 미치는 것이 사실입니다. 하지만 그렇다고 해서 이것이 다 운명론적으로 이미 결정된 것은 아닙니다. 부모가 암으로 돌아가셨다고 해서 자녀들이 다 암으로 죽지는 않습니다. 건강관리를 잘한 자녀는 훨씬 더 건강하게 장수할 수 있습니다. 아버지가 알코올 중독자라고 해서 자녀들과 후손들이 다 알코올 중독자가 되지는 않습니다. 사실 케네디 가문의 사람들은 유난히도 모험을 즐기는 성향이 있습니다. 그래서 비행기와 스키 등 위험에 도전하는 취미생활과 스포츠를 하다가 사고를 겪게 되었습니다.

클린턴은 자랄 때 물론 계부의 영향을 받았겠지만, 그렇다고 해서 죽은 아버지가 성 중독자라고 할 수는 없습니다.

유난히도 미국의 대통령들은 여성 문제에 취약했고, 성 중독 증세를 보인 사람들이 많았다고 합니다. 케네디와 제퍼슨, 아이젠하워, 린든 존슨, 프랭클린 루스벨트 역시 외도와 염문을 뿌린 전력이 있습니다. 대체로 권력을 추구하는 사람들은 성의 쾌락을 추구하고 탐닉하는 성향이 강하다고 합니다. 권력과 성은 둘 다 똑같이 힘을 추구하고 자랑하는 속성이 있기 때문입니다. 클린턴에게도 어렸을 때부터 권력 지향적인 성향과 강력한 성적 충동이 함께 있었을 것이기에, 그것이 제대로 절제되지 못했다고 할 수 있습니다. 그것을 가계에 흐르는 저주라고 단정 지을 수는 없습니다.

물론 가족 구성원의 특징이 여러 세대를 거쳐 반복되어 나타날 수도 있습니다. 어떤 문제를 처리하는 방식이 전수될 수도 있습니다. 알코올 중독이나 폭행과 자살 등이 그렇습니다. 그리고 가족 구성원 상호 간 관계의 특징이 여러 세대를 거쳐 반복적으로 등장할 수 있습니다. 유난히 화목한 가정, 늘 반목하고 불화하는 가정, 따스한 가정, 차갑고 서로 무관심한 가정 등이 그렇습니다. 그래서 부모가 이혼하면 자녀들도 이혼하기 쉽다고들 말합니다. 유전병이라고 하는 게 의학적으로도 근거가 있습니다. 그래서 건강 보험에 가입할 때, 보험회사 측에서 부모가 언제 무슨 질병으로 사망했는가를 반드시 물어봅니다. 고혈압과 당뇨, 심장병과 같은 각종 성인병과 암, 선천적인 난치병 등은 부모로부터 물려받은 유전인자가 작용한다고 보기 때문입니다. 그러나 유전인자에 모든 것이 달린 게 아니라, 어렸을 적부터 부모와 가족의 영향을 받아 자신도 모르게 모방을 통해서 학습된 행동일 가능성이 훨씬 더 큽니다.

그렇다면 성경은 어떻게 말하고 있나요? 하나님은 모세를 통해서 출애굽한 이스라엘 백성에게 십계명을 주실 때 복과 저주를 말씀하셨습니다. "너를 위하여 새긴 우상을 만들지 말고 또 위로 하늘에 있는 것이나 아래로 땅에 있는 것이나 땅 아래 물속에 있는 것의 어떤 형상도 만들지 말며 그것들에게 절하지 말며 그것들을 섬기지 말라 나 네 하나님 여호와는 질투하는 하나님인즉 나를 미워하는 자의 죄를 갚되 아버지로부터 아들에게로 삼사 대까지 이르게 하거니와 나를 사랑하고 내 계명을 지키는 자에게는 천 대까지 은혜를 베푸느니라"(출 20:4-6). "여호와는 노하기를 더디하시고 인자가 많아 죄악과 허물을 사하시나 형벌 받을 자는 결단코 사하지 아니하시고 아버지의 죄악을 자식에게 갚아 삼사 대까지 이르게 하리라 하셨나이다"(민 14:18).
"주는 은혜를 천만인에게 베푸시며 아버지의 죄악을 그 후
손의 품에 갚으시오니 크고 능력 있으신 하나님이시요 이
름은 만군의 여호와시니이다"(렘 32:18).

이렇게 구약 시대에 하나님은 삼사 대까지 이르러 부모
의 죄악을 형벌하시는 하나님으로 나옵니다. 물론 은혜와
복은 천 대까지 베푸시는 분입니다. 여기서 천 대까지라는
것은 '영원히'라는 말입니다. "여호와의 인자하심은 자기
를 경외하는 자에게 영원부터 영원까지 이르며 그의 의는
자손의 자손에게 이르리니"(시 103:17). 그렇습니다. 하나
님의 은혜와 인자와 긍휼이 영원한 것에 비하면 형벌의 강
도와 기한은 너무 짧습니다. 이게 우리를 향하신 하나님의
은혜입니다.

다른 표현도 있습니다. "그때에 그들이 말하기를 다시는
아버지가 신 포도를 먹었으므로 아들들의 이가 시다 하지
아니하겠고 신 포도를 먹는 자마다 그의 이가 신 것같이 누
구나 자기의 죄악으로 말미암아 죽으리라"(렘 31:29-30).
"그러나 악인이 만일 그가 행한 모든 죄에서 돌이켜 떠나
내 모든 율례를 지키고 정의와 공의를 행하면 반드시 살고

이토록 따스한 성령님

죽지 아니할 것이라 그 범죄한 것이 하나도 기억함이 되지 아니하리니 그가 행한 공의로 살리라"(겔 18:21-22). 무슨 내용인가요? 모든 죄에 대한 책임은 자기 자신에게 있다는 말입니다. 아비가 먹은 포도로 인해 자손이 이가 시지 않듯이, 각자 자기 자신의 죄에 대한 책임을 져야 한다는 말입니다. 당시 이스라엘 사람들은 자신들이 이렇게 힘들게 고생하는 것이 다 조상 탓이라고 핑계를 댔습니다. 그런데 그게 아니라는 것입니다. 악인은 악행을 범한 것에 대한 형벌을, 선인은 복과 은혜를 각자 자신에게 받는 것이 공평합니다. 하나님은 공평하고 의로우신 분입니다.

신약 성경은 이렇게 말합니다. "때가 차매 하나님이 그 아들을 보내사 여자에게서 나게 하시고 율법 아래에 나게 하신 것은 율법 아래에 있는 자들을 속량하시고 우리로 아들의 명분을 얻게 하려 하심이라"(갈 4:4-5). "그러므로 이제 그리스도 예수 안에 있는 자에게는 결코 정죄함이 없나니 이는 그리스도 예수 안에 있는 생명의 성령의 법이 죄와 사망의 법에서 너를 해방하였음이라"(롬 8:1-2). "너희가 만일 성령의 인도하시는 바가 되면 율법 아래에 있지 아니하리라"(갈 5:18). "그리스도께서 우리를 위하여 저주를 받은 바 되사 율법의 저주에서 우리를 속량하셨으니 기록된 바 나무에 달린 자마다 저주 아래에 있는 자라 하였음이라"(갈 3:13). "너희가 알거니와 너희 조상이 물려 준 헛된 행실에서 대속함을 받은 것은 은이나 금같이 없어질 것으로 된 것이 아니요 오직 흠 없고 점 없는 어린 양 같은 그리스도의 보배로운 피로 된 것이니라"(벧전 1:18-19).

무슨 뜻인가요? 이제 예수 그리스도 안에서 우리는 율법의 저주에 얽매이지 않습니다. 모든 죄악의 형벌을 우리 예수님이 십자가에서 지셨기 때문에, 우리에게는 다시 형벌이나 죽음이나 저주가 미치지 않습니다. 특히 조상의 저주, 가계에 흐르는 저주, 이런 것들은 전혀 해당하지 않습니다. 이제 예수 그리스도 안에서 우리는 새사람이 되었습니다. 심지어 조상의 유전된 행실에서도 구원받았습니다. 십자가의 권세가 모든 저주와 형벌과 책임을 무너뜨렸습니다. 이제 우리는 죄와 사망의 법에 속하지 않고, 생명과 성령의 법 아래에서 살고 있습니다. 그래서 "자유!(freedom)"라고 외칠 수 있습니다. "우리를 거스르고 불리하게 하는 법조문으로 쓴 증서를 지우시고 제하여 버리사 십자가에 못박으시고 통치자들과 권세들을 무력화하여 드러내어 구경거리로 삼

이토록 따스한 성령님

으시고 십자가로 그들을 이기셨느니라"(골 2:14-15). 십자가에서 죄악과 죽음과 저주와 질병과 사탄의 권세가 힘을 잃고 패배당했습니다. 그래서 성경은 조상의 죄로 인한 후손의 책임을 묻지 않습니다. 오직 나의 책임입니다.

그러므로 우리는 이제 더는 가계에 흐르는 저주에 관해 이야기하지 않아도 좋습니다. 더구나 조상의 무덤을 잘 썼느니 못 썼느니 하는 무속과도 우리는 상관이 없습니다. 이제 더는 조상 탓을 하면서 게으름과 무책임한 태도로 삶을 살아갈 수 없습니다. 다 핑계입니다. "잘되면 내 탓, 못되면 조상 탓"이라는 말이 있습니다. 이게 다 어리석은 사람들의 특징입니다. 그렇기에 우리는 운명론에 사로잡혀 인생을 포기하는 사람들이 되어서는 안 됩니다. 사주팔자와 숙명론에 빠져 정작 자신은 아무것도 하지 않는 것은 사탄의 유혹에 속아 넘어가는 것입니다. 부모로부터 물려받은 유전적인 요인이 설령 있다고 하더라도, 예수 그리스도의 피로 거듭난 우리는 자신의 행동과 습관을 고칠 수 있습니다. 수정하고 변화하고 새로워질 수 있습니다. 때로 의사도 상담자도 해줄 수 없는 것을 오직 복음은 가능하게 합니다. 예수 그리스도 안에서는 모든 것이 가능합니다(Nothing is impossible in Jesus Christ).

사탄은 신자들에게 찾아와서 자꾸 우리의 약점을 건드립니다. 부모로부터 물려받은 우리의 약점을 수시로 공격합니다. 가족과 환경 속에서 보고 듣고 배워서 학습된 성품과 성향을 통해 죄악을 행하도록, 중독에 빠지도록 슬금슬금 우리를 미혹합니다. 그래서 베드로는 경고합니다. "근신하라 깨어라 너희 대적 마귀가 우는 사자같이 두루 다니며 삼킬 자를 찾나니 너희는 믿음을 굳건하게 하여 그를 대적하라"(벧전 5:8-9a). 우리는 날마다 순간마다 영적인 전투를 해야 합니다. 잠시라도 방심하면 패배합니다. 우리보다 훨씬 더 영리하고 유능하며 온갖 전술과 전략을 다 준비한 채 달려드는 사탄의 공격에 무방비상태로 있다가는 그야말로 큰코다칩니다.

오늘 본문은 말씀하고 있습니다. "끝으로 너희가 주 안에서와 그 힘의 능력으로 강건하여지고 마귀의 간계를 능히 대적하기 위하여 하나님의 전신 갑주를 입으라 우리의 씨름은 혈과 육을 상대하는 것이 아니요 통치자들과 권세들과 이 어둠의 세상 주관자들과 하늘에 있는 악의 영들을 상대함이라"(엡 6:10-12). 크리스천으로서 우리의 주적

이토록 따스한 성령님

은 단지 사람이 아닙니다. 가족이나 이웃이 아닙니다. 물론 조상도 아닙니다. 본문에 의하면, "통치자들과 권세들과 이 어둠의 세상 주관자들과 하늘에 있는 악의 영들"입니다.

그렇다면 어떻게 우리는 사탄을 대적할까요? 어떻게 하는 것이 성경적인 축사법일까요?

첫째로, 사탄을 대적하기 위해서 우리는 하나님을 가까이 해야 합니다. "그런즉 너희는 하나님께 복종할지어다 마귀를 대적하라 그리하면 너희를 피하리라 하나님을 가까이 하라 그리하면 너희를 가까이하시리라 죄인들아 손을 깨끗이 하라 두 마음을 품은 자들아 마음을 성결하게 하라"(약 4:7-8). 하나님을 바르게 알고 믿으며 순종하는 것이 사탄의 피해를 받지 않는 지름길입니다. 옛날 어렸을 적에 동네에서 여러 명이 편을 짜서 게임을 합니다. 그런데 어떤 게임이라 할지라도 제일 힘이 세고 잘하는 한두 사람과 같은 편이 되면 반드시 이깁니다. 그래서 서로 그 사람과 같은 편이 되려고 야단입니다. 생각해 보세요. 우리가 하나님과 한편인데, 하나님이 우주의 왕이요 천하 만물의 주인이신데, 누구와 붙어도 결과는 뻔한 것 아닐까요?

그러므로 사탄을 대적하기 위해서는 하나님과 같은 편이 되는 게 우선입니다. 힘세고 잘하는 사람과 같은 편이 되려면 평소에 그 사람에게 잘해야 합니다. 보통 때는 아는 척도 하지 않다가 게임할 때만 제발 같은 편이 되어 달라고 비굴하게 아첨하거나 하소연하면 무척 얄밉잖아요? 우리도 하나님과 같은 편이 되려면 평소에 오늘 여기서 잘해야 합니다. 그러므로 하나님의 말씀에 순종하는 것이 사탄을 공격하는 가장 강력한 무기입니다. 날마다 이 말씀을 의지해야 합니다. "두려워하지 말라 내가 너와 함께함이라 놀라지 말라 나는 네 하나님이 됨이라 내가 너를 굳세게 하리라 참으로 너를 도와주리라 참으로 나의 의로운 오른손으로 너를 붙들리라"(사 41:10).

둘째로, 사탄을 대적하기 위해서 우리는 하나님의 전신갑주를 입어야 합니다. "그런즉 서서 진리로 너희 허리띠를 띠고 의의 호심경을 붙이고 평안의 복음이 준비한 것으로 신을 신고 모든 것 위에 믿음의 방패를 가지고 이로써 능히 악한 자의 모든 불화살을 소멸하고 구원의 투구와 성령의 검 곧 하나님의 말씀을 가지라"(엡 6:14-17). 먼저 진리

이토록 따스한 성령님

의 허리띠입니다. 전쟁에 나간 병사가 허리띠를 단단히 묶지 않았다가 전투 중에 옷이 흘러내린다면, 큰 낭패일 뿐 아니라 자신의 생명까지도 위협을 당하게 될 것입니다. 군대에 5분 대기조라는 게 있는데, 어느 순간에도 물통과 탄약을 메어놓은 요대를 풀어서는 안 된다고 합니다. 우리도 요대와 같은 진리의 허리띠를 항상 띠고 있어야 합니다. 그렇다면 무엇이 진리일까요? 하나님의 말씀입니다. 즉 하나님이 나를 사랑하신다는 게 진리입니다. 이것으로 허리띠를 띠면 절대로 흔들리지 않습니다.

사탄은 거짓말쟁이입니다. 모든 거짓은 사탄에게서 나옵니다. 그래서 사탄은 거짓의 아비라고 했습니다. 온갖 속임수와 사기와 공갈 및 협박의 대장입니다. 세상을 미혹하고 심지어 교회와 성도들도 미혹합니다. 그 거짓말이 너무나 그럴듯해서 깜짝 속아 넘어간다는 데 문제가 있습니다. "이는 우리로 사탄에게 속지 않게 하려 함이라 우리는 그 계책을 알지 못하는 바가 아니로라"(고후 2:11). 사탄은 모든 게 조상 탓이라고, 귀신이 불신자의 사후 영혼이라고 우리에게 거짓말합니다. 여기에 속아 넘어가지 맙시다. 사탄에게 속지 맙시다. 우리도 모르는 사이에 속아 넘어갈 때가 있습니다. 정신을 바짝 차려야 합니다.

그다음이 의의 호심경입니다. TV 드라마 〈주몽〉에 보면, 고구려가 한나라 철기군에 맞서 이길 수 있었던 것은 철갑옷 때문이었습니다. 모파발이 만든 가슴을 보호하기 위한 흉배 말입니다. 병사의 심장과 폐 등 오장 육부를 보호하기 위한 가슴막입니다. 사탄은 우리의 마음의 상처를 들추어내고 생각나게 하며 그것에 매이도록 합니다. 한 번 두 번 또다시 우리의 상처를 후벼 팝니다. 들쑤셔 놓습니다. 성도의 죄를 끝없이 들추어내고 생각나게 하고 괴롭힙니다. 죄의식과 죄책감에 시달리게 합니다. 그러나 이 말씀을 명심하세요. "그러므로 이제 그리스도 예수 안에 있는 자에게는 결코 정죄함이 없나니 이는 그리스도 예수 안에 있는 생명의 성령의 법이 죄와 사망의 법에서 너를 해방하였음이라"(롬 8:1-2). 오직 예수님을 믿음으로 우리는 의롭게 되었습니다. "그 안에서 발견되려 함이니 내가 가진 의는 율법에서 난 것이 아니요 오직 그리스도를 믿음으로 말미암은 것이니 곧 믿음으로 하나님께로부터 난 의라"(빌 3:9).

우리는 또한 평안의 복음이 준비한 신을 신어야 합니다. 우리가 가는 곳마다 평화가 이루어져야 합니다. 평화를 만

이토록 따스한 성령님

들어가는 자는 바로 우리입니다. 그리고 믿음의 방패는 불화살을 막아낼 수 있습니다. 아무리 적진으로부터 화살이 날아와도 막아낼 수 있는 것은 오직 믿음입니다. 불같은 시험이 많아도 믿음에 든든히 서야 합니다. 그런데 구원의 투구는 소망을 뜻합니다. 우리는 세상 끝날까지 구원의 소망을 잃지 말아야 합니다. 마지막으로 강철 검은 곧 성령의 검, 하나님의 말씀입니다. 예수님도 하나님의 말씀으로 마귀의 시험을 이기셨습니다. 우리도 하나님의 말씀으로 사탄을 물리쳐야 합니다. 우리가 말씀을 많이 알고 있으면 영적 전투에서 승리하기 쉽습니다. 말씀 앞에서 사탄이 "깨갱" 하고 도망하게 됩니다.

셋째로, 사탄을 대적하기 위해서 우리는 성령 충만해야 합니다. "모든 기도와 간구를 하되 항상 성령 안에서 기도하고 이를 위하여 깨어 구하기를 힘쓰며 여러 성도를 위하여 구하라"(엡 6:18). 우리 영혼이 성령님으로 충만하게 되면, 사탄은 아무것도 할 수 없습니다. 수시로 기도하는 게 사탄을 대적하는 방법입니다. 쉬지 않고 기도하는 것은 우리의 건강과 형통과 승리를 위한 가장 확실한 전략입니다. 우리가 아무리 중무장을 해도 에너지가 없으면 소용이 없습니다. 한 발자국도 앞으로 나갈 수 없습니다. 실제로 배터리가 방전된 로봇은 힘이 없습니다. 손과 발을 움직이지 못합니다.

기도는 자동차의 엔진이요, 전기 제품의 배터리입니다. 우리가 성령님 안에서 기도하면, 그 시간이 바로 "사탄아, 동작 그만!" 하고 외치는 시간입니다. 사탄은 2,000년 전 갈보리 언덕의 십자가에서 결정적으로 패배했지만, 오늘 우리가 무릎을 꿇을 때마다 다시 한 번 더 패배의 굴욕을 당합니다. "하나님께로부터 난 자는 다 범죄하지 아니하는 줄을 우리가 아노라 하나님께로부터 나신 자가 그를 지키시매 악한 자가 그를 만지지도 못하느니라"(요일 5:18). 여기서 '만지다'는 '붙잡다'라는 뜻입니다. 예수님이 보호하는 사람을 툭 건드릴 수도 없다는 의미입니다.

사탄의 마지막 운명은 무엇일까요? "또 그들을 미혹하는 마귀가 불과 유황 못에 던져지니 거기는 그 짐승과 거짓 선지자도 있어 세세토록 밤낮 괴로움을 받으리라"(계 20:10). 사탄은 특히 자신의 마지막 운명을 알고 있는 자에게 손을 댈 수 없습니다. 오죽하면 예수님을 처음 만났을 때 귀신들린 자가 두려움에 벌벌 떨면서, "하나님의 아들 예수여, 나와 당신이 무슨 상관이 있나이까?"라고 부르짖었을까요? 우리 안에 예수님이 계시면, 우리가 성령님으로 충만하면 사탄이 먼저 우리 안에 계신 예수님을 알아보고는, "나와 무슨 상관이 있나요? 날 좀 내버려두시오"라고 하면서 먼저 주눅이 들 것입니다. 손을 놓고 물러날 것입니다. 사탄의 공격을 마주할 때마다, "나는 너를 알고 있다. 너의 정체도, 너의 최후의 운명도 다 알고 있다"라고 사탄에게 크게 선포하세요. 십자가에서 다 이루신 예수님의 승리를 확신하면서 사탄을 물리치세요. "사탄아, 물러가라. 내가 나사렛 예수 이름으로 명령한다. 영원한 불 못에 들어가라." 이렇게 당당하게 선언하세요. 그리고 모든 게 다 조상 탓이라고 거짓말하는 사탄의 공격을 대적합시다. 늘 자기 스스로 책임 있는 삶을 살아감으로, 사탄과의 영적 전투에서 승리하는 나날이 되시길 바랍니다.

🎼 함께 찬양드립니다(찬송가 350장).

악한 마귀 제아무리 강할지라도
우리들의 대장 예수 앞서가시니

주저 말고 용감하게 힘써 싸우세

최후 승리 얻을 때까지

한마음으로 힘써 나가세

한마음으로 힘써 싸우세

악한 마귀 군사들과 힘써 싸워서

승전고를 울리기까지

이토록 따스한 성령님

12. 은사
비둘기같이 온유한(욜 2:28-29; 행 2:1-4)

인류가 생겨난 이래 오랫동안 여성들은 사람의 역할을 못 하는 시대를 살아왔습니다. 제도적으로나 의식적으로, 그리고 관행적으로 여성들은 늘 남성들보다 열등하고 부차적이며 종속적인 위치에 머물러 있어야 했습니다. 그것이 가정의 규범이요, 사회의 관습이며, 자연의 질서요, 우주의 원리라고 믿고 살아왔습니다. 그것은 있는 그대로 여성의 운명이었습니다. 그러나 이제 우리는 새로운 시대를 맞이하고 있습니다. 한때 여성 장관을 다섯이나 둔 적도 있는가 하면, 여성 장성들의 어깨 위에 번쩍번쩍 빛나는 별들이 낯설게 느껴지지 않습니다. 이전에는 꿈도 꾸어볼 수 없었던 사회의 각 분야에 진출한 여성들이 1호가 되고 2호가 되어, 이제는 굳이 그들의 번호를 불러주지 않아도 좋은 세상입니다. 세상은 달라지고 있습니다. 교회 바깥의 세상 모습입니다. 물론 교회 안에 있는 우리도 새로운 시대를 살고 있습니다.

이는 이미 2,000년 전에 예수님이 시작하셨습니다. 예수님은 남성의 모습으로 오셨지만, 이 땅의 여성들을 사랑하셨습니다. 남성들의 소유에 불과했던 여인들, 아무런 이유도 없이 남편으로부터 이혼당할 수밖에 없어도 자신의 목소리를 낼 수 없었던 여성들, 회당에서 율법을 들을 수도 없었던 여성들, 그 어떤 법적 자격을 갖지 못해 두세 사람의 증인 수에 들지도 못했던 여성들, 남편을 하늘로 여기며 복종하며 지내던 여성들을 차별하지 않으셨습니다. 하나의 인격체로 존중해 주셨습니다.

예수님은 사마리아 여인에게 당시 그 누구도 깨닫지 못했던 예배의 참뜻을 가르쳐 주셨습니다. 막달라 마리아에게 용서의 참된 정신을 보여주셨습니다. 간음하다 현장에서 잡힌 여성의 인권을 존중하시면서, 그녀에게 회개의 삶의 새로운 비전을 주셨습니다. 자녀를 사랑하는 가나안 여인을 물리치지 않으시고 그녀에게 긍휼로 응답하셨습니다.

이토록 따스한 성령님

마리아와 마르다를 친구로 대하셨고, 그들에게 진리를 가르쳐 주셨습니다. 마리아를 부활의 증인으로 삼으사, 땅끝까지 이르러 빈 무덤의 복음을 증언하도록 부르셨습니다. 그들은 모두 수천 년 동안 하나님과 만남에서 제외되었던 여성들이었습니다. 제사의 한가운데에서 소외된 사람들, 율법의 수행자에서 무시되고 배제된 사람들, 선지자의 직무에서 제쳐놓아진 사람들이 바로 여성이었습니다. 인류 역사상 여성들에게는 늘 제한구역이 있었습니다. "여기까지는 들어오지 마라!" 소위 성역이라고 하는 것은 늘 금지구역으로 남아 있었습니다. "관계자 외 출입 금지!" 그래서 여성은 금지구역에 발을 들여놓을 수 없어 늘 주변에서 맴도는 주변인들이었고, 경계선 바깥에서 서성이는 이방인들이어야 했습니다.

그러나 십자가 사건은 여성들에게 구원과 자유와 해방의 사건이었습니다. 하나님을 만나는 거룩한 자리에 감히 나아갈 수 없었던 여성, 이방인, 노예, 그리고 어린이들에게 예수님은 자신의 육체이신 휘장을 활짝 열어놓으심으로써, 새롭고 살아있는 길(a new living way)을 허락하셨습니다. 하나님과 직접적이고 인격적인 관계를 맺을 수 없는 사람들이라고 여겨졌던 여성들에게, 막혀 있던 하나님과의 만남이 이제 활짝 열린 은혜의 사건입니다. "아무나 와도 좋소! 오직 예수 그리스도의 이름으로!" 말입니다.

그뿐이 아닙니다. 이제 예수님께서 살아 계실 때 수차례나 약속하셨던, 하나님께 구하여 예수님이 보낼 또 다른 보혜사이신 성령님이 우주적으로 강림하셨습니다. 이는 오래전 요엘을 통해 약속하신 것이 이루어진 것입니다. "그 후에 내가 내 영을 만민에게 부어 주리니 너희 자녀들이 장래 일을 말할 것이며 너희 늙은이는 꿈을 꾸며 너희 젊은이는 이상을 볼 것이며 그때에 내가 또 내 영을 남종과 여종에게 부어 줄 것이며 내가 이적을 하늘과 땅에 베풀리니 곧·피와 불과 연기 기둥이라"(욜 2:28-30). 그리고 예수님도 제자들에게 약속하셨습니다. "내가 아버지께 구하겠으니 그가 또 다른 보혜사를 너희에게 주사 영원토록 너희와 함께 있게 하리니"(요 14:16). 그렇습니다. 이제 새로운 시대가 열렸습니다. 구원의 역사의 주인공이 바뀌었습니다. 성육신과 십자가와 부활을 통해 이루어진 예수 그리스도의 구원이 온 인류에게 실제로 적용될 수 있도록, 동일한 하나님이시지만 다른 인격을 지닌 성령님께서 우주적으로 이 땅에 강림하셔야 했습니다. 오순절은 역사의 주인공이 교체되는 엄청난 사건입니다. 이제 바람처럼, 불처럼 임하신 성령님의 시대가 열렸습니다. 이 새로운 시대에 과연 여성은 누구인가요? 여성은 무슨 역할을 감당할 수 있을까요? 성령님 안에서의 여성의 정체성은 무엇일까요?

첫째로, 여성은 성령님의 사람입니다. 성령님의 역사는 남녀의 차별이 없습니다. 여성은 우주적 성령 강림의 대상에서 제외되지 않았습니다. 구약 시대에는 소수의 특별한 사람들에게 제한적으로 성령님이 임했습니다. 그것도 영원토록 거하지 않고 잠시, 그리고 임시로 머물다가 떠날 뿐이었습니다. 그런데 제사장과 왕, 그리고 선지자들에게 외적으로 임했던 그 성령님이 이제 남녀 차별 없이, 어린이와 노인을 가리지 않고, 가난과 부유함에 상관없이, 학벌과도 관계없이, 외모와 성격을 따지지 않고, 예수 그리스도를 믿는 누구에게나 임하십니다. 그래서 바울은 말합니다. **"너희는 유대인이나 헬라인이나 종이나 자유인이나 남자나 여자나 다 그리스도 예수 안에서 하나이니라"**(갈 3:28).

성령님은 한 번 내주하시면 영원토록 떠나지 않고 세상 끝날까지 우리 안에 거하십니다. 우리를 고아와 같이 버려두지 않으신다는 예수님의 약속 그대로, 이제 성령님은 우리의 육체 가운데 거처를 정하시고, 우리 가운데 임재하시며, 자신의 영광과 능력을 우리 안에서 보여주십니다. 그뿐 아니라 성령님은 우리를 죄인에서 의인으로 거듭나게 하십니다. 우리를 하나님의 자녀로 삼으셔서 하나님을 "아빠!"로 부르게 하십니다(롬 8:15). 마치 도장을 찍듯이, "너는 내 것이다!"라고 성령님의 불로 인치고, 하늘나라에 이르기까지 한 걸음씩 인도하십니다. 수신지가 하늘나라인 천국행 우표처럼 우리는 이제 하늘나라까지 구원되어 배달될 것입니다. 그렇기에 우리는 성령님 안에 있는 사람입니다.

여성은 성령님의 인도함을 받는 사람입니다. 바울은 이렇게 말하고 있습니다. "육신을 따르는 자는 육신의 일을, 영을 따르는 자는 영의 일을 생각하나니 육신의 생각은 사망이요 영의 생각은 생명과 평안이니라"(롬 8:5-6). 바울은 일찍이 '영적인 인간'과 '육적인 인간'을 구별하였습니다. 다시 말하면, 'anthropos pneumatikos'와 'anthropos sarkikos'입니다. 영적 인간은 하나님의 영으로 인도받는 자로서 하나님의 자녀입니다. 우리의 영혼과 육체가 전체적으로 성령님의 인도함을 받는 사람입니다. 우리의 마음과 뜻

이토록 따스한 성령님

과 생각과 행동과 태도와 습관과 인간관계와 인격에 이르기까지 온전하게 성령님의 인도함을 받는 사람입니다. 이는 참으로 성령님께 순종함으로써만 가능합니다. 사도행전 5장 32절은 "하나님이 자기에게 순종하는 사람들에게 주신 성령"이라고 말씀합니다. 우리는 성령님을 거스르지 말아야 합니다. 성령님을 근심시키거나 무시하거나 대적하거나 훼방해서는 안 됩니다. 날마다 순간마다 성령님께서 우리 안에서 마음껏 활동하실 수 있도록, 자유롭게 역사하실 수 있도록, 그분의 인도하심에 우리 자신을 내어드리는 여성들이 되기를 하나님은 기대하십니다.

여성은 성령님의 충만함을 입은 사람입니다. 에베소서는 이렇게 말하고 있습니다. "술 취하지 말라 이는 방탕한 것이니 오직 성령으로 충만함을 받으라"(엡 5:18). 여기서 성령님의 충만은 단 한 번 일회적인 것이 아닙니다. 계속해서 쉼 없이 충만함을 입으라는 말입니다. 계속되는 현재형 상태입니다. 우리는 성령님이 거하시는 성전입니다. 그러므로 우리 안에 들어오신 성령님이 우리를 자유롭게 다스리시는 것이 충만입니다. 성령님께서 우리의 마음과 몸을 온전히 사로잡는 것입니다. 성령님은 하나님의 인격이면서 동시에 하나님의 능력입니다. 따라서 성령 충만은 우리 안에 내주하시는 성령님과 인격적인 교제를 통해서 우리가 감화되고 변화되어 인격적인 성숙과 변화를 낳는 것입니다. 이를 성화 충만이라고 합니다. 그리고 하나님의 능력이 우리를 온전히 사로잡아 능력의 충만으로 나타납니다. 이렇게 성령 충만은 성화 충만과 능력 충만으로 이루어집니다. 날마다 성화 충만, 능력 충만의 삶을 살아가길 소원합니다. 예수님도 "너희가 악할지라도 좋은 것을 자식에게 줄 줄 알거든 하물며 너희 하늘 아버지께서 구하는 자에게 성령을 주시지 않겠느냐"(눅 11:13)고 말씀하십니다. 그러므로 무엇보다도 성령 충만을 사모하고 갈망하는 여성이 되길 바랍니다.

둘째로, 여성은 성령님의 은사자입니다. 성령의 은사는 그리스도의 몸인 다른 지체들을 섬기도록 우리에게 주신 하나님의 능력입니다. 하나님은 각 사람에게 자기의 뜻대로 성령의 은사를 주십니다. 우리 가운데 한 가지 이상의 성령의 은사를 갖지 않은 사람은 아무도 없습니다. 성령의 은사를 주시는 목적은 남을 섬기도록, 그래서 공동체를 유익하게 하도록 주셨습니다. 신자는 누구나 한 가지 이상의 성령의

이토록 따스한 성령님

은사를 지니고 있습니다. 특히 여성들은 가능한 한 많은 은사를 구하고 계발하며 훈련하고 사용해야 합니다. 이를 위해 성령의 은사의 다양성에 대한 이해가 먼저 필요합니다. 성령의 은사는 하나님의 자녀들에게 그리스도의 몸의 다른 지체들을 섬기기 위해서 주시는 것이기 때문입니다(for the other members of the body of Christ).

성령의 은사는 다음과 같이 세 가지 영역으로 구분할 수 있습니다. 첫째, 후원하는 은사(support)는 하나님의 백성이 자신들의 사역을 하도록 세워주고 능력을 공급하는 책임이 따르는 은사입니다. 그리스도의 몸인 교회를 세워 가는 은사(shaping, equipping)인데, 사도, 예언과 예언자, 복음 전도자, 목사와 교사 등입니다. 둘째, 봉사하는 은사(service)는 다음과 같습니다. 지도력, 행정, 가르침, 권위하는 은사, 믿음, 구제, 긍휼(자비)을 베푸는 은사, 돕는 은사, 섬김의 은사, 지도하는 은사, 행정, 지혜의 말씀, 지식의 말씀의 은사 등입니다. 셋째, 표적의 은사(sign)입니다. 이는 영 분별, 치유, 기적, 방언, 방언 해석 등이 있습니다.

실제로 우리는 은사를 너무 축소하고 편협한 방식으로 사용하고 있습니다. 우리는 자신에게 우선적인 은사들을 계발하고 활용할 필요가 있습니다. 동시에 부족한 분야의 은사들을 계발해야 합니다. 이렇게 균형을 잡아야(balancing) 건강한 사역을 할 수 있습니다. 이러한 세 가지 은사의 영역을 골고루 갖추도록 노력해야 합니다. 바로 이를 통해 사역의 종류 및 방향을 설정할 수 있기 때문입니다. 그러므로 성령의 은사에 따라 자신의 중심 사역을 결정하고, 심화하고, 강화하며, 확대해 가는 성령님의 은사자가 되어야 합니다. 끊임없이 은사를 발견하고(discover), 계발하며(develop,) 사용하는(use) 성령님의 은사자가 되길 바랍니다.

셋째로, 여성은 성령님의 사역자로 부름 받았습니다. 우리는 하나님의 손에 이끌린 바 되어 쓰임 받는 성령님의 사람들입니다. 초기 교회의 부활의 증인들은 성령님의 강림을 통해 비로소 활동하게 되었습니다. 부활의 첫 증인 마리아, 브리스길라, 뵈뵈, 알렉산더와 루포의 어머니, 이들 모두는 성령님의 은사자요, 성령님의 사역자들로서 초기 교회를 든든히 세운 여성들입니다. 비록 그들의 이야기가 성경에 다 기록되지 못했어도, 때로 지워졌다 하더라도, 역사 속에서 그들의 발자취가 남아 있습니다. 그뿐 아니라 교회

이토록 따스한 성령님

의 역사의 주변에서, 그리고 역사의 변혁기에, 부흥 운동과 대각성 운동의 중심에서 여성들은 성령님의 사역자로 부름을 받았고 쓰임 받았습니다. 인류의 절반인 여성들의 이야기들이 감추어졌듯이 교회 여성들의 이야기들이 숨겨져 왔지만, 성령님 안에서의 그들의 사역은 끊어지지 않고 지속해 왔습니다.

여성, 성령님의 사람들이여! 우리는 생명을 긍정하고 사랑하는 사역자들입니다. 우리는 성령님의 주된 사역처럼 생명을 낳고, 기르며, 돌보는 일을 하고 있습니다. 태초에 성령님께서 거룩한 창조에 동참하실 때, 마치 암탉이 알을 품듯이, 새가 새끼를 품고 있듯이 말입니다. 그래서 성령님에 의해 사로잡힐 때, 우리는 사랑의 영으로 인해 생명을 사랑하게 됩니다. 파괴적이고 폭력적인 죽음의 세력인 사탄을 대적해서, 살아있는 모든 것을 긍정하고 뜨겁게 사랑하는 일은 오직 성령님의 사람들인 우리의 몫입니다. 풀 한 포기도, 개미 한 마리도 그 생명을 존귀하게 여길 수 있는 생명에의 외경은 창조주 하나님에 대한 피조물의 마땅한 도리입니다.

이미 예수 그리스도의 부활을 경험한 성령님의 사람들은 이제 영원한 생명의 능력을 덧입어 이 땅의 생명을 돌보고 가꾸며, 지키고 사랑하며, 배려하고 아끼며, 책임질 수 있는 사람들입니다. 그 언젠가 새 창조의 영으로 말미암아 우리 모두 새로운 몸을 입게 되기까지 낡고 더러워진 지구를 날마다 새롭게 가꾸는 일은 여성, 성령님의 사람들의 몫입니다. 자살의 영이 온 사회를 내리누를 때, 이에 대해 분노하며 대항할 수 있는 성령님의 사람들은 여성들입니다. 삶의 무게에 짓눌려 어깨를 가누지 못하고 지친 사람들에게, "영차영차!" 생명의 힘을 불어넣을 수 있는 성령님의 사람들은 바로 여성들입니다. 이 땅의 한 생명이라도 포기하지 않고 마지막 순간까지도 구원에 이르기를 바라시는 성령님의 뜻을 헤아려 순종할 수 있는 사람들, 땅끝까지 이르러 복음의 증인이 되어야 할 사람들은 여성, 성령님의 사역자들입니다.

여성, 성령님의 사람들이여! 우리는 깨어진 관계성을 치유하고 화해하며 회복하는 사역자입니다. 전쟁과 권력과 정복을 좋아하는 남성들의 세계관에 도전할 수 있는 사람들은 여성들입니다. 깨어지고 갈라서고 부서진 인간과 인간, 계층과 계층, 세대와 세대, 지역과 지역의 벽을 허물 수 있는 사람들은 여성들입니다. 빼앗기다 지쳐서 아파하며 신음하는 자연의 숨소리를 들을 수 있는 사람들은 여성들입니다.

이토록 따스한 성령님

폭력과 살상과 파괴의 늪에서 허우적대는 세계 각국의 분쟁에 대해 "아니요!"라고 저항할 수 있는 사람들도 역시 여성들입니다. 강자들의 정의가 아닌, 돌봄과 살림의 자리에서 온 세상 만물을 사랑으로 감싸 안을 수 있는 사람들도 역시 여성들입니다. 병든 가정과 죄악으로 찌든 사회를 십자가의 보혈로 씻고 성령님의 불로 태워 정결하게 할 수 있는 사람들은 바로 성령님 안에 있는 여성들입니다.

여성, 성령님의 사람들이여! 우리는 새로운 역사 변혁의 능력을 덧입는 사역자들입니다. 여성 해방의 역사는 정의와 자유와 평등의 역사입니다. 교회 안에 있는 적지 않은 사람들이, 심지어 여성들조차도 여성 해방의 움직임을 사탄적이라고 공격했던 적이 있었습니다. 성경에 어울리지 않는다고, 하나님의 뜻을 거스르는 일이라고, 교회의 권위에 도전하는 일이라고 배격해 왔습니다. 그러나 성령님은 그들 한가운데서 역사해 오셨습니다. 새 하늘과 새 땅에서 이루어질 남녀 평등의 비전을 바라보며, 새 창조의 영이신 성령님의 능력을 힘입어, "오늘 여기서" 줄기차게 땀 흘린 여성과 남성들을 통해서 역사해 오셨습니다. 거센 폭풍처럼, 때로는 미풍으로, 어디로 와서 어디로 가는지 알 수 없는 방식으로 세상 사람들의 가치관과 세계관과 제도와 삶의 양식을 바꾸어 오셨습니다.

그래서 "주의 성령이 내게 임하셨으니 이는 가난한 자에게 복음을 전하게 하시려고 내게 기름을 부으시고 나를 보내사 포로 된 자에게 자유를, 눈 먼 자에게 다시 보게 함을 전파하며 눌린 자를 자유롭게 하고 주의 은혜의 해를 전파하게 하려 하심이라"(눅 4:18-19)는 예수님의 말씀이 살아움직여 운동할 수 있도록 하십니다. 사회의 온갖 불평등과 불의, 남녀 차별과 억압의 모순과 죄악, 자기 자리를 찾지 못한 채 주변에 머무를 수밖에 없었던 경계인들의 한(恨), 관습과 관행의 포로가 되어 참된 것을 볼 수 없고 말할 수 없는 자들의 무지와 무능을 고발하고, 그들을 자유롭게 하는 성령님의 역사를 행할 수 있는 여성들이 되길 하나님은 원하십니다. 비록 지금은 눈에 보이지 않아도, 구체적으로 손에 잡히지 않아도, 무엇인가 커다란 움직임이 아니어도, 이러한 해방의 역사는 여성들의 손에 달렸습니다.

그러기 위해 우리는 성령님의 기름 부으심이 따르는 여성이 되기를 소원해야 합니다. 구약 시대에 제사장과 왕, 그리고 선지자들에게는 하나님의 특별한 기름 부으심이 있었습니다. 하나님의 종으로서 부름을 받은 표지였습니다. 영적인 권위는 성령님의 기름 부으심으로부터 옵니다. 우리 안에 계신 성령님께서 더 자유롭고 뜨겁게 역사하실 뿐 아니라, 우리 바깥에서 부어지고 덧입는 기름 부으심의 충만을 사모해야 합니다. 우리의 입술이 거룩해지고, 우리의 영혼이 성령님의 권능에 의해 사로잡혀, 우리의 가슴으로부터 터져 나오는 진리의 메시지를 담대하게 선포하는 기름 부으심 입은 여성들이 되기를 바랍니다.

21세기는 그 무엇보다도 영적 리더십이 요청되는 시대입니다. 현시대는 과거의 그 어느 시대보다 더 유동적이며 불안정합니다. 한 치 앞도 예측할 수 없는 미래를 내다보며, 끊임없는 압박감 속에서 하루하루 무언가를 향하여 달려갑니다. 우리는 무엇을 향해 달려야 할까요? 예수님이 먼저 우리를 향해 손짓하고 계십니다. "일어나 나와 함께 가자!" 이렇게 귓가에 속삭이십니다. 우리의 연약한 무릎을 일으켜 세우시면서 지친 어깨를 두드려 주십니다. "성령님의 사람들이여, 새 창조의 역사를 함께 이루자!"

여성, 성령님의 사람들이여! 함께 두 손을 맞잡고 기도

합시다. 그리고 두 손으로 일합시다. 땀 흘립시다. "눈물을 흘리며 땀을 흘리는 자들은 기쁨으로 그 단을 거두게 될 것입니다." 새로운 시대는 성령님의 시대입니다. 내일은 성령님의 사람들의 날입니다. 미래는 성령님의 은사자와 성령님의 사역자들의 시간입니다. 우리 여성들이 새로운 시대를 만들어 갑시다. 내일을 가꾸어 갑시다. 하나님께서 원하십니다. 예수님께서 기대하십니다. 성령님께서 이미 시작하셨습니다.

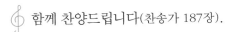 함께 찬양드립니다(찬송가 187장).

비둘기같이 온유한 은혜의 성령 오셔서
거친 맘 어루만지사 위로와 평화 주소서

연약한 나를 도우사 하나님 나라 이르러
주님의 품에 안기는 영원한 안식 주소서

이토록 따스한 성령님

3부
이토록 베푸사

13. 언어
하나 되게 하시고(행 2:4-13)

    다가오는 주일은 성령 강림 주일입니다. 오순절에 성령 님께서 우주적으로 강림하심을 기념하는 날입니다. 이날 의 가장 큰 특징은 무엇보다도 '방언이 터진 날이다'라고 할 수 있겠습니다. 불같은 성령님의 우주적 강림으로 의사 소통(communication)이 이루어진 날이기 때문입니다. 성령 님의 중요한 사역들 가운데 하나가 바로 하나님과 사람, 그 리고 사람들 사이의 막힘이 없는 의사소통인데, 이는 새 하 늘과 새 땅에서나 가능한 모습입니다. 그러니 오순절에 방 언이 터진 사건은 천국에서 이루어질 삶의 모습의 종말론 적인 시작입니다.

원래 에덴동산에서 우리는 하나님과 대화를 나눌 수 있는 존재였습니다. 아담과 하와는 우리를 사랑의 파트너로 지으신 하나님의 얼굴을 뵈옵고 서로 이야기를 나눌 수 있었습니다. 하나님이 말씀을 건네시면 인간들은 듣고 대답하며, 인간들이 말을 건네고 여쭈면 하나님이 듣고 응답하시는 매우 자연스러운 의사소통이 가능했습니다. 이는 하나님의 형상(the image of God)의 형식으로서, 인간이 하나님을 그대로 쏙 빼닮았다는 것을 말해주는 표지입니다.

실제로 아담의 범죄 이후에도 이런 대화를 나눌 수 있는 특권은 상실되지 않았습니다. "아담아 네가 어디 있느냐?" 이렇게 하나님이 물으셨고, "내가 동산에서 하나님의 소리를 듣고 내가 벗었으므로 두려워하여 숨었나이다"라고 인간은 대답합니다. "왜 선악과를 따먹었느냐?"라고 하나님이 물으시니, "하나님이 주셔서 나와 함께 있게 하신 여자 그가 그 나무 열매를 내게 주므로 내가 먹었나이다"라고 대답합니다. 물론 인간들끼리도 마찬가지입니다. 아담과 하와, 가인과 아벨, 그리고 이후의 후손들은 모두 서로 언어가 통하고 대화가 가능한 존재였습니다. 죄와 허물에도 불구하고, 살인과 복수와 저주와 형벌에도 불구하고, 서로 의

이토록 따스한 성령님

사소통할 수 있는 언어성은 결단코 상실되지 않았습니다.

창세기 6장에는 하나님께서 인간들의 죄악을 바라보시고는, 그들을 창조하셨음을 후회하는 장면이 등장합니다. 그다음에는 세상을 물로 심판하시는 노아 홍수 사건이 이어집니다. 창세기 11장에는 세상을 다시는 물로는 심판하지 않으시겠다고 다짐하셨던 하나님께서 다시 한 번 인류에 대한 진노를 퍼부으시는 놀라운 사건이 벌어집니다. 바로 창세기 11장의 내용입니다. "온 땅의 언어가 하나요 말이 하나였더라 이에 그들이 동방으로 옮기다가 시날 평지를 만나 거기 거류하며 서로 말하되 자, 벽돌을 만들어 견고히 굽자 하고 이에 벽돌로 돌을 대신하며 역청으로 진흙을 대신하고 또 말하되 자, 성읍과 탑을 건설하여 그 탑 꼭대기를 하늘에 닿게 하여 우리 이름을 내고 온 지면에 흩어짐을 면하자 하였더니 여호와께서 사람들이 건설하는 그 성읍과 탑을 보려고 내려오셨더라 여호와께서 이르시되 이 무리가 한 족속이요 언어도 하나이므로 이같이 시작하였으니 이후로는 그 하고자 하는 일을 막을 수 없으리로다 자, 우리가 내려가서 거기서 그들의 언어를 혼잡하게 하여 그들이 서로 알아듣지 못하게 하자 하시고 여호와께서 거기서 그들을 온 지면에 흩으셨으므로 그들이 그 도시를 건설하기를 그쳤더라 그러므로 그 이름을 바벨이라 하니 이는 여호와께서 거기서 온 땅의 언어를 혼잡하게 하셨음이니라 여호와께서 거기서 그들을 온 지면에 흩으셨더라"(창 11:1-9).

바벨탑 사건 이후에 온 인류는 다 흩어졌고, 인종과 민족, 그리고 나라로 나뉘어 살게 되었습니다. 무엇보다도 언어가 달라서 서로 말이 통하지 않게 되었기에, 이제 온 인류가 하나가 된다는 것은 불가능해졌습니다. 그러면서 인종끼리, 민족끼리, 그리고 나라끼리 서로 다투면서 피의 전쟁과 복수가 거듭되었습니다. 말이 통하지 않아서, 서로 자주 만나지 못하게 되어, 이제 서로에 대한 편견과 시기와 차별과 억압이 싹트게 되고, 무럭무럭 자라나서 때로는 원수처럼 등을 돌리고 살게 되었습니다. 땅을 빼앗고, 전쟁을 통해서 사람들을 죽이고, 조상 때부터 원수 집안들끼리 서로 으르렁거리고, 수천 년 동안 몸에 배어버린 다름과 차이 때문에 서로를 인정할 수도, 이해할 수도 없는 집단과 사회와 문화가 형성되었습니다.

예수님 당시 유대 민족은 무엇보다도 선민사상에 입각한 민족 우월주의에 사로잡혀 있었습니다. 그래서 아브라

이토록 따스한 성령님

함, 이삭, 야곱의 하나님만을 섬기기 때문에, 그렇지 않은 에돔 족속, 사마리아 족속, 가나안 민족들, 그리고 헬라, 로마, 기타 모든 이방 민족들에 대해 도덕적 교만과 영적 편견과 차별의식이 가득했습니다. 세계 곳곳에 흩어져 있었지만, 자신들이 하나님에 의해 선택된 특별한 민족이라는 의식이 그들을 함께 묶고 있었습니다. 그들은 자신들의 언어와 문화, 율법과 의식을 잊지 않고 지키는 독특한 민족이었습니다. 바로 그 때문에 오늘날까지 다른 민족들에게서 유대인에 대한 편견과 차별을 당하기도 합니다.

본문 말씀은 다음과 같이 설명하고 있습니다. "그들이 다 성령의 충만함을 받고 성령이 말하게 하심을 따라 다른 언어들로 말하기를 시작하니라 그때에 경건한 유대인들이 천하 각국으로부터 와서 예루살렘에 머물러 있더니 이 소리가 나매 큰 무리가 모여 각각 자기의 방언으로 제자들이 말하는 것을 듣고 소동하여 다 놀라 신기하게 여겨 이르되 보라 이 말하는 사람들이 다 갈릴리 사람이 아니냐 우리가 우리 각 사람이 난 곳 방언으로 듣게 되는 것이 어찌 됨이냐"(행 2:4-8).

여기서 그들은 천하 각국으로부터 온 흩어진 유대인들,

디아스포라 유대인들이었습니다. 원래 유대인 남자들은 일년에 세 번 하나님을 뵈어야 했습니다. 오늘날처럼 대중교통 수단이 잘 발달하지 않은 당시에는 이것이 거의 불가능했습니다. 따라서 디아스포라 유대인들은 유월절에 맞추어서 예루살렘을 찾아와 그로부터 오십 일 후에 있는 오순절 때까지 예루살렘에 머물러 있는 것이 관례였습니다. 여기서 언급된 지역은 그 당시 세계관으로는 온 땅이었으며, 그랬기에 언어들도 국제적인 언어였습니다. 예를 들면, 바대인, 메대인, 엘람인, 메소포타미아인들은 카스피해 서쪽으로부터 온 유대인들이고, 갑바도기아, 본도 아시아, 브루기아, 밤빌리아 등은 소아시아, 터키 지역의 다섯 지역입니다. 그리고 북아프리카 지역, 즉 애굽과 구레네 근방의 리비아 지역 사람들과 로마에서 온 자들과 그레데와 아라비아 사람들입니다.

그들은 각 사람이 자기 지역 방언으로 말하는 120명의 목소리를 들었습니다. 그들은 방언을 말하는 사람들이 실제로 아무런 교육도 받지 못했다고 평판이 나 있던 갈릴리 사람들임을 알고 있었습니다. 특히 갈릴리 사람들은 히브리어나 아람어의 특징 중 하나인 후음, 즉 목으로 내는 소리를 발음하는 데 어려움을 갖고 있었으며, 말할 때 우물거리는 습관이 있었다고 합니다. 쉽게 말하면, 사투리를 사용하였습니다. 예루살렘 사람들은 그들을 촌스럽고 시골티가 난다고 얕잡아보았습니다. 그래서 베드로가 "예수를 모릅니다"라고 거듭 부인했음에도 불구하고, 사람들이 베드로를 갈릴리 사람으로 확신했던 이유 가운데 하나가 바로 그의 독특한 억양 때문이었습니다.

군중은 그런 갈릴리 사람들이 한 번도 가본 적이 없는 여러 나라의 언어들을 거침없이 말하는 것을 보고 놀라지 않을 수 없었습니다. 깜짝 놀라고 당황하는 반응을 보이면서, 급기야 "이 어찌 된 일인가?" 하고 눈이 휘둥그레졌습니다. 이때 사용된 '놀라'에 해당하는 헬라어는 '엑시스테미'로, '정신을 잃다', '미치다'라는 의미를 지니고 있습니다. 이는 당시 방언 사건을 목격한 사람들이 정신을 잃을 정도로 크게 충격을 받았음을 말해줍니다. 그뿐 아니라 그 말을 하나도 못 알아들은 사람들은 "저희가 새 술에 취하였다"라고 조롱하기도 했습니다.

분명한 것은 오순절 방언이 사람들이 인식할 수 있는 언어로 말하는 초자연적인 능력이라는 것입니다. 외국어 방언입니다. 그러니 '다른 방언들'이라는 것은 '그들의 모국어가 아닌 다른 말들'로 해석될 수 있는데, 이는 아람어와 헬라어, 그리고 라틴어를 포함한 더 광범위한 언어들이었습니다. 이는 고린도전서에서 언급되고 있는 '방언'의 은사와는 그 성격이 다릅니다. 오순절 사건에 나타난 방언은 사람들이 알아들을 수 있는 외국어입니다. 반면에 고린도 교회에서의 방언은 알아들을 수 없는 말로서, 통역해야만 이해할 수 있는 말입니다. 사람들이 아닌 하나님에게 말하는 수단이었습니다. 그러나 오순절 방언은 사람들에게 복음의 메시지를 '선포하는' 것이었습니다. 그러니 오순절 방언은 성령 강림의 일회적인 '표적'이었지만, 고린도 교회에서의 방언은 '지속적인 은사'였습니다.

그렇다면 왜 하나님은 오순절의 성령 강림 사건에서 외국어 방언을 허락하셨을까요? 다른 방식으로 성령 세례와 성령 충만의 표적을 가져올 수 없었을까요? 그리고 외국어 방언의 역사는 어떤 의미를 지니고 있을까요?

첫째로, 방언은 인종적, 국가적, 언어적인 장벽을 초월하는 성령님 안에서의 새로운 연합을 상징합니다. 비록 세계

이토록 따스한 성령님

모든 민족이 예루살렘에 다 있었던 게 아니지만, 그들은 세계 모든 민족을 대표합니다. 오순절 성령 강림에서 다인종적, 다민족적, 다언어적 특성을 이보다 더 분명하게 보여주는 것은 없습니다. 그러므로 이는 인류에게 행해졌던 바벨탑의 저주가 역전된 것입니다. 바벨에서 인간의 언어가 혼잡하게 되었고 민족들은 흩어졌습니다. 그러나 예루살렘에서 이 모든 언어의 장벽은 초자연적으로 극복되었습니다. 이제 그리스도의 이름으로 구원받은 무리가 "모든 나라와 족속과 백성과 언어에서" 나올 것이라는 계시록 7장 9절의 내용을 미리 보여주는 것입니다. "이 일 후에 내가 보니 각 나라와 족속과 백성과 방언에서 아무도 능히 셀 수 없는 큰 무리가 나와 흰 옷을 입고 손에 종려 가지를 들고 보좌 앞과 어린 양 앞에 서서."

이제 종말에는 각 방언을 말하는 모든 민족이 그리스도 안에서 한자리에 모일 것입니다. 인간들이 스스로 하나가 되려고 했던 노력은 하나님에 의해 무산되었지만, 이제 성령님의 강림을 통해 성령님 안에서, 성령님을 통해서 그리스도의 이름으로 하나가 될 수 있는 새로운 길이 열렸습니다. 제자들이 말했던 외국어 방언의 내용은 바로 이런 복음을 담대하게 선포하는 것이었기에, 그것을 자기들의 말로 알아듣게 된 사람들이 놀라지 않을 수 없었습니다. 예수 그리스도로 말미암은 구원의 복된 소식이 온 땅의 모든 인종과 민족과 나라에서 그들의 언어로 땅끝까지 선포되고 증거되는 일이 시작되었습니다. 그 결과 마침내 온 민족이 그리스도의 이름 아래 하나가 될 수 있는 새로운 역사가 시작된 것입니다. 바벨탑은 무너졌지만, 예루살렘에서 퍼져 나간 복음은 세계 곳곳에 십자가의 탑이 세워지는 교회들로 말미암아 전혀 다른 방식으로 하나가 되는 일이 일어났습니다.

둘째로, 방언은 인간들의 교만과 욕심의 언어를 폐기하고 철폐하시는 성령님의 언어입니다. 바벨에서는 땅의 인간들이 교만하게 하늘까지 오르려고 했지만, 이제 예루살렘에서는 이 땅을 떠나셨던 하나님이 하늘로부터 이 땅에 성령님으로 찾아오시고 겸손하게 자신을 낮추셔서 임하셨다는 것을 상징적으로 보여줍니다. 우리는 창세기 11장을 통해서 하나님을 떠나 제멋대로인 인간들의 자기 중심성을 엿볼 수 있습니다. 그들은 이렇게 말합니다. "자, 성읍과 탑을 건설하여 그 탑 꼭대기를 하늘에 닿게 하여 우리 이름

이토록 따스한 성령님

을 내고 온 지면에 흩어짐을 면하자"(창 11:4). 여기서 바벨 사람들의 교만과 이기심, 그리고 탐욕을 찾아볼 수 있습니다. "하나님처럼 될 수 있다"라는 사탄의 유혹에 넘어간 아담과 하와처럼, 그들은 하늘에 이르도록 높은 성읍과 탑을 쌓았습니다. 그들 자신의 이름을 하나님의 이름보다 높이고 찬양하려 했습니다. 똘똘 뭉쳐서 하나가 되어 하나님을 이겨보자, 아니 하나님보다 더 높아지겠다, 그래서 그 어떤 하나님의 간섭과 훼방도 막아보겠다라고 계획을 세웁니다.

그들이 보여주는 모습은 무엇일까요? 교만입니다. 신학자 라인홀드 니버는 교만의 네 가지 종류를 이렇게 설명합니다.

첫째, 권력의 교만입니다. 모든 인간은 권력을 추구하며 살아갑니다. 그래서 아주 조그만 그룹에서도 사람들이 서로 자기가 잘났다고 더 높은 자리를 차지하려고 합니다. 이 권력의 교만은 유한한 인간의 힘을 절대화함으로써 안정을 추구하는 것입니다. 자기가 지닌 힘을 최대화하려는 노력입니다. 그래서 더 많은 힘을 가지려고 머리를 굴리면서 끝없이 동분서주합니다.

둘째, 지식의 교만입니다. 유한한 지식을 절대화하는 것입니다. 다른 사람의 지식을 인정하지 않고 자신의 정보와 지식을 갖기 때문에 독선적으로 됩니다. 자기가 알고 있는 것이 언제나 옳은 것처럼, 자기가 이해하고 있는 지식이 전부인 것처럼, 그래서 상대방을 무식한 사람 취급합니다.

셋째, 도덕적 교만입니다. 상대적 선을 절대화하는 것입니다. "나는 그래도 너보다 더 깨끗해. 너보다 나는 도덕적으로 훨씬 더 나아"라고 생각하면서 행동합니다. 쉽사리 상대방을 판단하고 정죄합니다. 결국은 자기의 의에 사로잡히게 되어 다른 사람들보다 자신이 도덕적 우위에 있는 것처럼 행동합니다. 이런 사람들은 자기 아닌 모든 사람을 판단하고 심판하는 심판자처럼 행동하곤 합니다.

넷째, 영적 교만입니다. 이는 자신이 하는 모든 일에 대해서 신의 재가를 부여받은 것처럼 행동합니다. 예를 들면, 자기가 해놓고는 "하나님이 시키셨다", "하나님이 명령하셨다"라고 정당화합니다. 다른 사람들도 그것을 신적 권위를 지닌 것으로 받아들이도록 강요합니다. 그래서 마지막에는 그 누구도, 심지어는 하나님도 못 말리는 자기 영화(self-glorification)에 빠져들게 됩니다. 오르고 또 올라서 마침내 하나님의 영광을 가로채는 사탄적인 교만의 유혹에 이르

이토록 따스한 성령님

게 됩니다. 이런 사람 중에 종종 이단의 교주들이 있습니다.

사실 오늘을 사는 사람들은 저와 여러분을 포함해서 정도의 차이일 뿐, 종류의 차이일 뿐 이런 교만의 늪에서 허우적거리면서 살아가고 있습니다. 우리도 바벨의 시대를 살아가고 있습니다.

다음으로 욕심입니다. 그들은 단지 하나님의 대리인이요 청지기로서의 본래 삶의 본분을 잊은 채, 하나님보다 더 높이, 더 많이 가지려는 탐욕의 노예들이었습니다. 그러나 성경은 분명히 말합니다. "욕심이 잉태한즉 죄를 낳고 죄가 장성한즉 사망을 낳느니라"(약 1:15). 이 땅에 살면서 매일 순간순간마다 "보암직도 하고 먹음직도 하고 지혜롭게 할 만큼 탐스럽기도 한" 것에 마음을 쏟고 거기서 떠나지 못하는 사람들, 그리하여 더 가질수록 더 큰 갈증에 빠져드는 사람들, 그래서 늘 1%만이 아니라 100%, 200%가 모자란다고 하면서 아우성치는 사람들, 금고에 쌓고 또 쌓아도 그 눈에 만족이 없는 사람들, 자신만으로는 부족해서 자식들까지, 손주들까지, 아니 10대손까지 먹고살 것들을 쌓아놓아야 비로소 마음이 놓이는 사람들, 온갖 불법을 동원해서라도, 남을 등쳐먹어서라도, 심지어는 나라를 팔아먹을 수 있다면 그렇게 해서라도 한평생 호의호식해 보겠다는 사람들, 그런 사람들이 오늘의 바벨 사람들입니다. 그래서 요즈음에 개들은 도둑이 들어와도 도무지 짖을 생각을 안 한다고 합니다. 개에게 "너 왜 안 짖냐?"라고 한 번 물어봤다고 합니다. 그러니 개가 "주인도 도둑도 모두 도둑인데, 누구는 짖고 누구는 안 짖을 수 없지 않냐?"라고 대답했다는 겁니다.

그뿐 아니라 개인은 물론이고 집단의 교만과 욕심은 훨씬 더 무섭습니다. 니버는 개인이 어느 정도 도덕적일 수 있지만, 집단은 결코 도덕적일 수 없다고 역설합니다. 개인은 노력해서 어느 정도 나아질 수 있지만, 집단의 이익이 걸리게 되면 추악해지고, 집단적으로는 더 사악해질 수 있다고 말합니다. 실제로 우리는 세계 현실 속에서 집단적 이기심과 집단적 교만과 집단적 탐욕의 현주소를 러시아와 우크라이나 전쟁 등을 통해 생생하게 목격하고 있습니다. 어떤 사람들은 개인적으로 만나보면 참 예의바르고, 태도가 좋고, 성실하고, 그야말로 나무랄 데 없는 사람입니다. 그런데 집단이 되면 탐욕스럽고, 공동체의 이익에 정의를 쉽게 팔아먹는 집착과 집단적인 광기가 드러나는 것을 우리는 잘 알고 있습니다.

　　　　　　　　　　　　　　　　　이토록 따스한 성령님

요즈음에는 아이들이 컴퓨터 앞에 앉아서 하루의 일과를 보내곤 하지만, 옛날 제가 어렸을 때는 학교에 다녀오면 숙제를 마치고서 곧바로 동네 공터나 놀이터로 달려가곤 했습니다. 아이들이 모여서 이런저런 놀이를 합니다. 구슬치기, 계급장 따먹기, 그리고 여자아이들은 핀 따먹기, 남자아이들은 말타기 등을 하곤 했습니다. 그런데 여러 가지 놀이 가운데 가장 흥미로웠던 것 가운데 하나는 바로 땅 따먹기였습니다. 이것은 운동장 중앙에 원을 그려서 경계를 표시한 다음에, 사금파리나 혹 핀으로 내 땅, 그리고 네 땅을 따먹어가면서 자기 땅을 넓혀 가는 게임입니다. 몇 시간씩 서로 열심히 놀이에 몰두합니다. 그러다가 때로는 얼굴을 붉히며 싸우기도 합니다. 목소리를 높여가면서 다투기도 합니다. 다시는 서로 얼굴을 보지 않을 것같이 고함을 지르기도 합니다. 그러다가 내 편, 네 편 갈라져 집단 편싸움에 이르기도 합니다. 그러나 저녁노을이 지고 어두워지면, 집마다 어머니들이 자기 집 아이들의 이름을 부릅니다. "○○야. 어서 와서 저녁 먹어라!" 그러면 몇 시간 동안 치고받고 싸울 것같이 으르렁거리던 아이들이 사금파리도 놓아두고, 그었던 선도 다 지우고는 집으로 돌아갑니다. 다 손을 내려놓고 사라집니다.

가끔 그런 장면을 떠올리면서, 저는 인생도 어쩌면 그런 것이 아닐까 생각해 봅니다. 하나라도 더 가지려고, 하나라도 더 빼앗기지 않으려고 몸부림치지만, 때로 그것들에 목을 매지만, 인생의 황혼이 깃들고 세상이 끝나갈 때는 손에 가득 쥐었던 것들을 다 그냥 내려놓고 삶을 접는 것이 아닐까요? 제 아버님 장례식에서 아버님이 무덤에 묻히는 장면을 지켜보면서 생각하게 되었습니다. "결국에는 다 놓아두고 가는 것을…. 한 평도 되지 않는 흙에 묻히게 되는 것을…. 왜 사람들은 그리도 많은 집착 속에 자신을 가두어 두는 것일까?" 삶과 세상의 끝을 바라보게 되면, 소유가 우리의 삶의 방식이 아니라는 사실을 알게 됩니다. 임종 시간에 "내 집문서, 땅문서, 그리고 내 졸업증서, 학위증, 면허증 갖고 오라"는 사람 별로 못 보았습니다. 오히려 보고 싶은 얼굴들, 아쉬웠던 관계들, 그리고 용서받고 용서하고 싶은 사람들의 얼굴을 떠올리거나 그들의 이름을 부르는 것이 우리의 마지막 모습이 아닐까요? 그렇다면 이는 가장 소중한 것들이 우리의 소유가 아니라 관계라는 사실을 입증하는 게 아니고 무엇일까요? 이 땅에서 하나님을 사랑하고 자신

이토록 따스한 성령님

을 사랑하며 이웃을 사랑하는 게 우리의 삶의 양식이요 본분이 아니면, 달리 무엇이라 할 수 있을까요?

그래서 오순절에 불같은 성령님이 임하실 때, 우리의 모든 왜곡된 관계들, 상처투성이의 만남들, 뒤틀린 집착들, 부패한 욕심들이 녹아버리고, 우리의 그릇된 혀가 풀려 새로운 사랑의 언어를 말하기 시작하게 됩니다.

셋째로, 방언은 사랑의 관계성의 언어입니다. 소유에 얽매였던 인간들, 집단들, 민족들의 모든 편견과 억압과 차별의 장애가 한꺼번에 무너지는 것이 바로 그들의 혀가 풀어진 사건입니다. 아집과 독선, 교만과 탐욕의 노예처럼 살면서, 한 번도 사랑의 언어를 말해보지 못했던 이들의 언어가 자유롭게 되고 해방되는 사건이 바로 방언의 표적입니다. 마음의 벽에 갇혀서 다른 민족과 다른 집단의 생각과 마음을 알지도, 이해할 수도 없었던 사람들이 서로의 말을 함으로써 이제 의사소통의 기회가 주어진 것입니다. 하나님과 사람 사이, 사람들끼리 막힘이 없었던 원래의 의사소통이 회복되고 새롭게 되는 사건입니다.

이 사랑의 언어는 즉시 초기 예루살렘 교회에서 적용되

었습니다. "믿는 사람이 다 함께 있어 모든 물건을 서로 통용하고 또 재산과 소유를 팔아 각 사람의 필요를 따라 나눠 주며"(행 2:44-45). 이는 참으로 놀라운 사건이 아닐 수 없습니다. 서로 더 갖기 위해 시기하며 질투하고, 편 가르기에 몰두해 있던 이들의 마음에 사랑의 정신이 회복되었습니다. 소유에 대한 집착, 탐욕과 독선에 사로잡혀 있던 자들이 묶임에서 놓임을 받게 되었습니다. "믿는 무리가 한마음과 한뜻이 되어 모든 물건을 서로 통용하고 자기 재물을 조금이라도 자기 것이라 하는 이가 하나도 없더라"(행 4:32). 그렇습니다. "무엇이나 제 것이라 하던 사람들이" 이제 "서로 제 것이라 하지 아니하는" 것이 바로 사랑의 방언입니다. 오순절 성령 강림의 참뜻입니다.

이제 성령님 안에 거하는 자들은 모두 사랑의 방언을 할 수 있습니다. 우리와 다른 사람들, 다른 인종, 다른 민족, 다른 나라뿐 아니라, 다른 성격, 다른 외모, 다른 취향, 다른 삶의 방식, 다른 신앙을 지닌 사람들에게까지도 먼저 나아가 그들의 언어를 말할 수 있어야 합니다. 그렇게 의사소통을 해야 합니다. 그 궁극적인 목적은 그리스도로 말미암은 구

이토록 따스한 성령님

원을 얻도록, 그래서 성령님 안에서 우리가 하나가 되도록 복음을 선포하는 것입니다. 그리고 우리 가정과 사회와 문화 속에 가득한 바벨의 언어, 교만과 탐욕의 언어를 점차로 폐기하는 것입니다. 언어는 유동적이므로 사용하지 않으면 없어집니다. 우리가 먼저 자기중심적이며 교만과 욕심으로 가득 찬 생각과 마음과 언어와 행동을 내다 버립시다. 날마다 순간마다 성령님께 순종함으로 가능합니다.

그뿐 아니라 사랑의 언어를 우리의 입술에 익힙시다. 자신을 낮추심으로 이 땅에 찾아오시고, 하늘의 언어를 낮추사 이 땅의 언어에 적응하시고는 자신을 아낌없이 주셨던 예수님처럼, 성령님처럼 우리도 그렇게 살아갑시다. 권력과 명예와 돈에 눈멀어 끝없이 위를 향하여, 앞을 향하여 달려왔던 우리가 "서로 자기 것을 제 것이라 하지 아니하고"의 삶, 소유가 아닌 사랑의 관계가 우리의 삶의 유일한 목적이요 방식이 되는 그런 삶을 살아가길 하나님은 원하십니다. 전쟁과 폭력과 억압과 차별로 가득 차 있는 세상 속에서 우리의 언어를 먼저 순화합시다. 바벨의 언어가 아닌 오순절 예루살렘 사랑의 방언을 우리 가운데 하나씩 둘씩 실천할 수 있도록 오늘부터 시작해 봅시다. "어떻게 사랑할까?" "나의 무엇을 나눌까?" "내가 먼저 어떻게 이웃이 될까?" "어떤 사랑의 언어를 사용할까?" "나의 어떤 언어를 바꿀까?" "나는 무엇으로 그들을 도울 수 있을까?" "어떻게 하면 더 많고 다양한 사랑의 방언을 배울 수 있을까?" 이 모든 질문이 오늘부터 계속되는 우리의 질문이요, 그 답변을 찾아가는 삶이 되길 하나님은 기대하십니다. 오순절의 성령 강림을 통해 온 땅에 사랑의 방언이 충만하게 되길 하나님은 바라십니다.

𝄞 함께 찬양드립니다(찬송가 220장).

사랑하는 주님 예수 같은 주로 섬기나니
한 피 받아 한 몸 이룬 형제여 친구들이여
한 몸같이 친밀하고 **마음으로 하나 되어**
우리 주님 크신 뜻을 지성으로 준행하세

14. 중보
누군가 널 위해 기도하네(요 17:15-26)

여러분, 공산주의자들이 가장 궁금해하는 것이 있다면 무엇일까요? 그것은 "크리스천은 왜 기도하는가?"라고 합니다. 이 세상에 신이 존재하지 않는다고 생각하는 사람들에게 가장 불필요한 것은 바로 기도일 것입니다. 그렇다면 그 사람이 크리스천인지 아닌지 구별하는 첫 번째 표지는 무엇일까요? 기도입니다. 간혹 불신자라 할지라도 성경을 읽는 사람들도 있습니다. 그러나 그들이 정작 기도하지 않는다면 그들은 기독교인이라고 할 수 없습니다.

문제는 우리가 스스로 기도할 수 없는 사람들이라는 것입니다. 태어나자마자 말을 배우고 익히는 아기가 없듯이,

우리 신앙인들은 하나님의 자녀로 태어나자마자 능숙하게 기도할 수 없습니다. 아버지 하나님, 예수님, 그리고 성령님에 대하여 조금씩 알아가면서 우리의 기도도 성숙해 가기 시작합니다. 오늘 본문 말씀은 예수님이 십자가에서 돌아가시기 직전에 마지막으로 제자들 앞에서 기도하시는 모습을 보여줍니다. 눈을 들어 하늘을 우러러 하나님 아버지에게 간절하게 기도하십니다. 그 기도의 내용이 자그마치 요한복음 17장 1절부터 26절이니까, 짧지 않습니다. 모든 내용을 요약하면, 아버지 하나님과 성령님과 사랑의 관계 안에서 하나로 계신 예수님께서 하나님의 자녀들을 위해 중보기도를 하시는 내용입니다. 여기서 중보란 무엇일까요? 영어로 'intercession', '중재하다'라는 의미입니다. 나와 다른 사람 사이에 제3자가 끼어들어 둘을 연결해 주는 것입니다. 서로 관계를 맺도록 도와주는 것입니다. 둘 사이에서 무엇인가 일을 하는 것입니다.

우리의 기도에서 하나님과 우리 사이를 중보하시는 분은 바로 예수님입니다. **"그러므로 자기를 힘입어 하나님께 나아가는 자들을 온전히 구원하실 수 있으니 이는 그가 항상 살아 계셔서 그들을 위하여 간구하심이라"**(히 7:25). **"누가**

이토록 따스한 성령님

정죄하리요 죽으실 뿐 아니라 다시 살아나신 이는 그리스도 예수시니 그는 하나님 우편에 계신 자요 우리를 위하여 간구하시는 자시니라"(롬 8:34). 그렇습니다. 예수님은 십자가에서 죽고 사흘 만에 부활하셔서 이제 하나님의 보좌 우편에 앉아 계십니다. 그곳에서 무엇을 하실까요? 아버지 하나님의 우주적 통치에 동참하십니다. 다시 말하면, 아버지 하나님과 함께 온 세상을 다스리십니다. 그것만이 아닙니다. 하나님 보좌 우편에서 모든 하나님의 자녀들을 위해서 간구하십니다.

그러니 우리 혼자서 기도하는 것이 아니라, 우리보다 먼저 오랫동안 기도해 오셨고, 기도하고 계시며, 앞으로도 계속해서 기도하실 예수님과 함께 우리는 기도하는 것입니다. 예수님은 우리에게 성령님을 선물로 보내주셨습니다. 이제 우리 마음 안에 들어오신 성령님께서도 우리의 기도를 도우십니다. 영원토록 우리를 떠나지 않으시고 우리와 함께, 우리 안에 계신 분이 성령님입니다. 그래서 그 성령님의 이름을 '중보의 영'이라고 말합니다. 우리의 기도를 도우시는 분, 중보의 영이신 성령님은 우리를 어떻게 도우실까요?

첫째로, 중보의 영이신 성령님은 우리를 위해 간구하십니다. 바울은 이렇게 말합니다. "이와 같이 성령도 우리의 연약함을 도우시나니 우리는 마땅히 기도할 바를 알지 못하나 오직 성령이 말할 수 없는 탄식으로 우리를 위하여 친히 간구하시느니라 마음을 살피시는 이가 성령의 생각을 아시나니 이는 성령이 하나님의 뜻대로 성도를 위하여 간구하심이니라"(롬 8:26-27). 우리는 흔히 "내가 하나님께 기도한다"라고 생각합니다. 그래서 "내가 기도의 응답을 받았다. 응답을 받지 못했다"라고 말하기도 합니다. 그런데 실은 그렇지 않습니다. 우리보다 먼저 우리 안에 계신 성령님이 나를 위해 기도하셨습니다. "오직 성령이 말할 수 없는 탄식으로 우리를 위하여 친히 간구하시느니라." 이렇게 우리 안에서 성령님이 말할 수 없는 탄식으로 기도하는 소리는 마치 대뇌를 다친 사람들이 고통 속에서 끙끙거리는 신음과 유사하다고 합니다. 이는 언어로는 다 표현할 수 없을 정도로 애통해하면서 간구한다는 뜻입니다. 우리말에 애끓는다는 말이 있습니다. 아마도 같은 뜻일 것입니다.

기도하지 않는 우리를 대신하여, 또는 기도를 포기한 사람들에 대하여 성령님이 심히 안타까운 마음으로 우리를 위하여 기도하신다는 말입니다. 사실 우리는 스스로 하나님께 먼저 기도할 수 없는 사람들입니다. 무슨 일이든지 우리 힘으로 해결해 보려고 합니다. 그러다가 이래도 저래도 안 되면 그제야 비로소 기도의 말문을 엽니다. 그동안 성령님은 우리 안에서 계속 기도해 오고 계십니다. 완악하고 교만한 우리의 영혼을 무시하거나 배척하지 않으면서 기도하십니다. 여기서 "간구하시느니라"는 단어는 현재 직설법으로 쓰였는데, 이는 어제나 오늘이나 항상 변함없다는 것을 나타냅니다. 쉬지 않고 깨어 기도하시는 분이 내 안에 계신 성령님입니다.

우리는 때로 한 마디도 기도할 수 없을 때가 있습니다. 너무나 삶이 힘들어서 차마 한 마디도 하나님께 입을 뗄 수가 없을 때, 그때도 성령님은 여전히 우리를 위하여 기도하십니다. 우리가 하나님 아버지를 더욱 사랑할 수 있도록, 예수님의 제자로서 성숙한 삶을 살아갈 수 있도록, 성령님과 지속적인 교제와 사귐을 나눌 수 있도록 기도하십니다. 우리가 아버지 하나님과 예수님, 그리고 성령님 안에서 사랑으로 하나가 되기를 기도하십니다. 믿음과 소망과 사랑 안에서 쑥쑥 자라가도록 기도하십니다. 땅끝까지 이르러 복음의 증인이 되기를 기도하십니다. 성령의 열매가 풍성하게 맺히도록 기도하십니다.

무엇보다도 성령님은 우리가 기도하기를 위해서 기도하십니다. 기도하고 싶은 마음으로 가득 차도록 기도해 주십니다. 그렇기에 우리는 날마다 순간마다 우리의 영이 예민한 감각을 가져야 합니다. 내 안에 계신 성령님이 보내는 신호를 주의 깊게 분별해야 합니다. 우리는 내 안에 계신 성령님께서 나를 위해 더욱 기도해 주시길 위해서 기도해야 합니다. 성령님은 하나님의 뜻대로 기도하시는 분이기 때문입니다. 그보다 더 최상의 기도가 어디 있을까요? 그보다 더 효과적인 기도가 어디에 있을까요?

여러분, 누구인가 나를 위하여 기도하는 분이 있다고 한다면 얼마나 마음이 든든할까요? 저의 어머님은 늘 기도하는 분이셨습니다. 제가 가끔 집에 내려가면, 이른 새벽 어머니의 기도 소리에 눈을 뜨곤 합니다. 때로는 저의 영혼을 울리는 황홀한 노래와도 같고, 때로는 지상에서 가장 아름다운 음악과도 같은 기도입니다. 혼자서 가만히 생각해 봅니다. '하나님께서 얼마나 감동하실 기도인가?' 그래서 저는 저의 어머니의 기도를 오랫동안 의지해 왔고 또 그 기도를 믿습니다. 어머니에게 기도를 부탁드리면, 그 어머니의 기도를 하나님께서 결코 거절하지 못하실 것이라는 믿음이 있기 때문입니다. 그러나 저의 어머니는 어쩔 수 없이 연약한 인간일 뿐입니다. 시간과 공간의 제한을 받을 뿐 아니라, 결코 전능한 분이 아닙니다.

그런데 저와 여러분에게는 언제나 성령님이 계십니다. 무지하거나 미련하지 않고 무능하거나 무책임한 분이 아닌, 신실한 성령님이 우리의 기도의 후원자입니다. 우리가 기도하지 않을 때라도, 기도할 수 없을 때조차도, 심지어 기도하고 있을 때도 우리와 함께 기도하시는 분입니다. 그렇습니다. "누군가 널 위하여 누군가 기도하네 네가 홀로 외로워서 마음이 무너질 때 누군가 널 위해 기도하네." 그분이 바로 성령님입니다.

둘째로, 중보의 영이신 성령님은 우리의 기도를 도와주십니다. "이와 같이 성령도 우리의 연약함을 도우시나니 우리는 마땅히 기도할 바를 알지 못하나 오직 성령이 말할 수 없는 탄식으로 우리를 위하여 친히 간구하시느니라 마음을 살피시는 이가 성령의 생각을 아시나니 이는 성령이 하나님의 뜻대로 성도를 위하여 간구하심이니라"(롬 8:26-27).

사실 우리는 제대로 바르게 기도할 줄 모릅니다. 그러나 성령님께서 우리가 하나님을 생각할 수 있도록, 하나님을 의식할 수 있도록, 하나님께 집중할 수 있도록 도와주십니다. 그것은 성령님이 우리의 연약함을 깨닫게 해주실 때 가능합니다. 성령님은 우리의 무능을 인식하게 하십니다. "내가 다 할 수 있다"라고 생각하는 사람들은 기도할 필요가 없습니다. 그냥 자기 힘대로 살아가면 그만입니다. 하고 싶은 대로 하면 그만입니다.

저는 성령님 안에 깊이 거할 때 체험하게 되는 상태가 있습니다. 저의 부족함을 그 어느 때보다 또렷하고 선명하게 의식하게 됩니다. "주님! 저는 아무것도 할 수 없어요. 도와주세요!" 그저 제 마음의 밑바닥으로부터 우러나오는 외침은 단 하나입니다. "주님! 도와주세요(Help me, Lord!)"입니다. 뼈저린 좌절감의 표현입니다. 철저한 무력감으로 말미암은 깊은 탄식입니다. 바로 그 순간이 성령님께서 활동하시는 자리입니다. 그때 들려오는 성령님의 음성이 있습니다. "내 은혜가 네게 족하도다 이는 내 능력이 약한 데서 온전하여짐이라"(고후 12:9). "하나님의 어리석음이 사람보다 지

이토록 따스한 성령님

혜롭고 하나님의 약하심이 사람보다 강하니라"(고전 1:25).

이런 절규의 기도를 거절하지 않고 좋아하시는 분이 우리의 하나님입니다. 성령님은 우리가 기도하지 않고는 견딜 수 없는 마음의 상태로 이끌고 가십니다. "너희가 내게 부르짖으며 내게 와서 기도하면 내가 너희들의 기도를 들을 것이요 너희가 온 마음으로 나를 구하면 나를 찾을 것이요 나를 만나리라"(렘 29:12-13). "내가 은혜 베풀 때에 너에게 듣고 구원의 날에 너를 도왔다"(고후 6:2a). 이렇게 성령님은 우리에게 기도할 힘을 주시는 분입니다. 이때가 바로 기도할 때임을 깨닫게 해주십니다. 그래서 우리는 성령님 안에서, 성령님과 함께, 성령님을 통하여 기도할 수 있습니다. "사랑하는 자들아 너희는 지극히 거룩한 믿음 위에 자신을 세우며 성령으로 기도하며"(유 1:20).

성령님은 동시통역사입니다. 우리의 기도를 돕는 분입니다. 먼저 하나님의 뜻을 우리에게 해석해 줍니다. "그를 향하여 우리의 가진 바 담대함이 이것이니 그의 뜻대로 무엇을 구하면 들으심이라 우리가 무엇이든지 구하는 바를 들으시는 줄을 안즉 우리가 그에게 구한 그것을 얻은 줄을 또한 아느니라"(요일 5:14-15). 이렇게 하나님의 뜻대로 기도할 수 있도록, 하나님의 뜻을 이해하고 분별하고 순종할 수 있도록 하십니다. 왜냐면 성령님은 하나님의 뜻과 계획과 의도를 가장 잘 아시는 분이기 때문입니다. "오직 하나님이 성령으로 이것을 우리에게 보이셨으니 성령은 모든 것 하나님의 깊은 것까지도 통달하시느니라"(고전 2:10).

여러분! 기도하는 동안에 갑자기 특정한 성경 구절이 마음에 떠오르시나요? 성경에 나오는 인물의 삶이 마음에 부딪혀 오시나요? "아, 이 말씀이 나에게 주시는 말씀이구나"라고 무릎을 치게 되시나요? 성령님께서 우리에게 기도할 내용을 가르쳐 주시는 것입니다. 기도 제목을 주시는 것입니다. 얼마 전에 모 교회 집사님이 저에게 정중하게 부탁을 했습니다. 자기를 위해서 기도를 해달라는 겁니다. 그래서 제가 "무슨 기도를 해드릴까요?" 하고 물었더니, 자기는 기도를 잘 못한다고 합니다. 예수님을 믿은 지 수십 년이 지났지만, 기도하는 게 두렵고, 또 기도만 시작하면 잡념이 떠올라서 금방 그만두게 된다는 겁니다. 그래서 제가 "집사님, 하루에 성경을 얼마나 읽으세요?" 하고 물어보았습니다. 그랬더니 쑥스러운 표정을 지으면서 많이 못 읽는다고 대답합니다. 제가 즉시 처방을 내렸습니다. "성경을 먼저 읽으

이토록 따스한 성령님

세요. 그러면 기도의 문이 활짝 열립니다. 성경 말씀을 펼쳐 놓고 그대로 기도해 보세요. 기도가 저절로 됩니다." 이것을 '말씀 기도'라고 합니다. 매일 성경 말씀을 읽고 그것으로 기도하면 놀랍게도 기도가 유창해집니다. 하나님의 뜻대로 하는 기도입니다. 성경 속에 하나님의 약속과 하나님의 마음과 하나님의 사랑이 가득 담겨 있기에, 읽으면 읽을수록 우리는 유창한 기도자가 될 수 있습니다.

동시에 성령님은 우리의 뜻을 하나님에게 바르게 전달해 주시는 통역사입니다. 우리는 우리의 생각에서, 우리의 관점에서 가장 좋은 것으로 생각되는 것들을 간구합니다. 때로 우리는 돌이 가장 좋은 음식이라고 생각해서 돌을 달라고 기도합니다. 그러면 성령님께서 하나님께 통역해 주십니다. "아이고. 쟤가 뭘 몰라서 그러는데, 사실은 떡을 달라는 얘기입니다." 그래서 우리가 뭘 모르고 돌을 달라고 기도해도, 떡으로 바꾸어 응답해 주십니다. 때로 우리가 뱀을 달라고 기도합니다. 그러면 우리 안에 계신 성령님께서 "쟤가 뭘 몰라서, 아니 아직 어려서 그러는데, 사실은 생선을 달라는 얘기입니다"라고 통역하십니다. 그러니 우리가 잘못 구해도 하나님께서 최상의 것으로 바꾸어 주시는 일이 가능합니다. 훌륭한 동시통역사이신 성령님의 덕분입니다. 그래서 예수님은 말씀하십니다. "너희가 악할지라도 좋은 것을 자식에게 줄 줄 알거든 하물며 너희 하늘 아버지께서 구하는 자에게 성령을 주시지 않겠느냐 하시니라"(눅 11:13). 이렇게 성령님께서 계속 동시통역사의 역할과 활동을 해주셔야만, 우리의 기도는 능력 있는 기도가 될 수 있습니다.

성령님은 또한 우리의 기도가 자기중심적인 기도가 되지 않도록 도와주십니다. 예수님은 겟세마네 동산에서 기도하실 때, "내 원대로 마시옵고 아버지의 원대로 되기를 원하나이다"(눅 22:42b)라고 하셨습니다. 왜 예수님인들 십자가의 죽음을 피하고 싶지 않으셨겠습니까. 그러나 예수님 안에 계신 성령님의 감동을 통해서 자신의 의지를 버리고 하나님 아버지의 뜻을 따를 결심을 하는 과정이 기도 속에 들어있습니다. 나의 뜻을 버리는 기도, 하나님의 뜻을 사랑하고 분별하고 순종하게 되는 기도를 드릴 수 있도록 성령님은 도우십니다. 이것은 바로 성령님께서 우리에게 전체의 그림을 보여주실 때 가능합니다. 우리는 지금, 이 땅, 특히 이곳에서의 일에만 집중합니다. 그러나 하나님은 과거와 현재와 미래의 모든 일을 다 알고 계십니다. 그뿐 아니라 이 땅의 일만 아니라 하늘에서 이루어지는 일들도 다 알고 계십니다.

그렇기에 우리가 기도드릴 때 놀라운 것은 하늘이 열린다는 것입니다. 하늘의 시각으로 이 땅의 일을 바라보는 관점의 변화가 생겨납니다. 우리는 오늘 일만 바라보는데, 기도하는 시간에 과거와 미래와 현재가 서로 연결됩니다. 그래서 비록 지금 용서할 수 없는 사람들을 미래의 관점에서 용서할 수 있게 됩니다. 과거의 상처들이 아물게 됩니다. 지금은 작은 것에 매달려 그것에 목숨을 걸고 있지만, 전체의 관점에서 보면 그것이 별것이 아니라는 생각에 그것을 기꺼이 버리고 더 큰 일에 마음을 쓰게 됩니다. 이제까지 이해할 수 없었던 나의 전체 인생에 대한 하나님의 뜻을 깨닫게 되어 비로소 마음이 놓입니다. 나를 끝까지 지켜주시고 보호하실 것이라는 믿음으로 살아가게 됩니다. 그래서 성령님은 우리의 기도를 도우시는 분입니다. 기도의 재미를 맛보여주십니다. 기도의 기쁨을 누리게 하십니다. 기도의 열매를 맺도록 하십니다.

셋째로, 중보의 영이신 성령님은 우리가 중보기도를 하도록 인도하십니다. 성령님은 우리가 중보기도자가 되길 원하십니다. 그래서 성령님 안에서 온 세상 사람들을 하나님께 이끄는 중보기도를 하게 하십니다. 제가 오래전에 읽은 기도에 관한 책, 『기도를 어려워하는 이들에게』에 나오는 내용입니다. 조이스라는 미국인 할머니가 어느 날 TV 뉴스에서 죄수 일곱 명이 텍사스 교도소에서 도망쳤다는 소식을 들었다고 합니다. 그런데 자기의 손녀가 사는 곳이 그곳에서 1,600km도 더 떨어져 있었지만, 갑자기 손녀의 안전을 위해서 기도하고 싶은 강한 충동이 들었다는 겁니다. 이 할머니는 거의 한 달 동안 기도했는데, 어느 날 죄수 다섯 명이 손녀가 사는 곳에서 한 마을 떨어진 장소에서 붙잡혔다는 충격적인 소식을 접하게 되었습니다. 그래서 이 할머니는 더욱 기도에 박차를 가하게 되었습니다. 일주일 후에 남은 두 명의 탈주범이 손녀의 집 근방에서 체포되었다는 소식을 듣게 되었습니다. 성령님의 인도하심에 따라 기도했던 조이스라는 할머니의 기도가 손녀의 안전을 지키게 되었습니다.

또 어떤 사람의 경우에는 오랫동안 만나지 못했던 친구의 얼굴이 떠올라서 집중적으로 기도를 했습니다. 그런데 나중에 소식을 들어보니, 그 친구가 교통사고가 났는데 차는 거의 폐차가 될 정도로 망가졌지만, 정작 운전자인 친구는 간단한 골절상과 타박상 정도를 입었다는 얘기를 전해 들었습니다. 사고가 난 시간을 확인해 보니, 바로 자기가 급하게 그 친구를 위해 기도했던 시간입니다. 이것이 단지 우연일까요?

여러분! 자꾸 그 사람만 보면 기도의 부담이 가게 되는 경우가 있는지요? 성령님의 인도하심입니다. 우리는 그것을 가리켜 '거룩한 부담감'이라고 합니다. 기도의 부담감이란 어떤 특정한 사람이나 상황을 위해서 기도하라는 특별한 이끌림이 있는 것을 말합니다. 부모와 자녀, 친척 및 직장 동료들, 교회의 목회자, 교인들, 친구들, 나라와 민족, 특정 지역의 선교사 가정, 장애인들, 환자들, 청소년들, 독거노인들, 자살 충동에 사로잡힌 사람들입니다. 때로는 한밤중에 믿는 자들을 깨워서 어떤 사람의 얼굴과 이름을 떠올리게 하십니다. 가끔 우리는 구역 식구나 가족들 혹은 친구들로부터, "혹시 어젯밤 9시에 무슨 일이 없었나요? 당신을 위해 기도했어요"라는 전화를 받기도 합니다. 마음속에 갑자기 누군가가 떠오르시나요? 그 사람의 얼굴과 이름이 기억나시나요? 그 사람을 위하여 기도하고 싶은 마음이 드시나요? 거리를 지나가는데 불현듯 어떤 사람이 불쌍하게 느껴지시나요? 성령님은 우리가 누군가의 필요를 느끼도록 하십니다. 그래서 누군가를 위하여 기도하도록 하십니다. "모든 기도와 간구를 하되 항상 성령 안에서 기도하고 이를 위하여 깨어 구하기를 항상 힘쓰며 여러 성도를 위하여 구하라"(엡 6:18). 그렇습니다. 우리는 서로를 위하여 기도하는 사람들입니다. 바울은 많은 사람의 기도가 자신의 사역을 도왔다고 고백합니다. 그리고 기도로 나를 도우라고 부탁합니다.

저는 가끔 "누군가 나를 위하여 지금 기도하고 있구나"라고 느끼면서 강의를 할 때가 있습니다. 성령님의 역사를 뜨겁게 느낍니다. 누군가 그 시간에 하나님과 저 사이에 끼어들어서 중보하는 것입니다. 저 또한 잠자리에 들어서도 때로 잠을 이루지 못하고 누군가를 위하여 기도할 때가 있습니다. 그러면 이렇게 생각하게 됩니다. '누군가 나의 기도가 필요하구나.' 그렇습니다. 우리는 서로의 기도가 필요한 사람들입니다. 우리는 혼자의 힘으로 살아가지 않습니다. 우리의 부모님, 친구, 교회의 목회자와 성도들, 그리고 우리가 미처 알지 못하는 사람들의 기도 덕분에 살아갑니다. 그 기도로 말미암아 신앙이 성숙하게 되고, 삶의 위기를 넘기게

이토록 따스한 성령님

되며, 결정적인 실수를 범하지 않게 되고, 사람들을 용서하게 되며, 사랑의 사람으로 변화하게 됩니다. 저는 저의 어머니의 중보기도의 위력을 믿습니다. 그래서 제 가족이 어머니에게 전화를 드리는 이유 중에 가장 큰 것이 바로 중보기도 요청입니다. "엄마! 기도해 주세요." 그러면 어머니는 그것을 기도 노트에 적어 놓으시고 날마다 기도합니다. 그래서 저의 삶의 대부분이 어머니의 기도 열매입니다. 자녀를 향한 거짓 없는 사랑의 중보기도의 능력입니다.

우리의 남은 삶을 살아가면서 이러한 중보기도의 능력을 체험하고 싶지 않으신가요? 우리의 기도에 더 많은 다른 사람들의 이름이 생각나고 얼굴이 기억되며, 그 이름이 끊임없이 언급되는 중보기도의 사람이 되고 싶지 않으신가요? 우리의 이름과 얼굴이 더 많은 믿음의 사람들의 기도에 들어있게 되길 원하지 않으시는지요? 그런데 놀랍게도 이러한 중보기도에도 만유인력의 법칙이 작용합니다. 중보기도는 서로를 자석처럼 끌어당깁니다. 나의 중보기도가 강할수록 나를 위한 중보기도도 강해집니다. 나의 중보기도가 약할수록 나를 위한 중보기도도 약해집니다. 주고받는 법칙이 통하는 것입니다. 그래서 어떤 사람은 언제부터인가 슬그머니 나의 중보기도 항목에서 빠져나가는 사람이 있는가하면, 어느새 가장 중심부에 자리 잡는 사람도 있습니다. 그러니 "날 위해 기도해 주세요"라고 기도를 부탁하기 전에, 먼저 나부터 다른 사람들을 위해 지속해서 간절하게 기도하는 사람이 되어야 합니다. 중보기도의 맛을 본 사람은 기도를 쉬지 않습니다. 중보기도의 능력을 체험한 사람은 기도를 멈출 수 없게 됩니다.

그러므로 우리는 무엇보다도 먼저 성령님을 위해 기도해야 합니다. 중보의 영이신 성령님께서 내 안에서 자유롭게 살아 역사하실 수 있도록 기도해야 합니다. "성령님! 제가 기도할 수 있도록 도와주소서"라고 부르짖으며 간구해야 합니다. 왜일까요? 우리는 누군가의 도움을 받아야만 기도할 수 있는 연약한 존재이기 때문입니다. 중보의 영이신 성령님께서 나를 위해서 기도해 주시도록, 그리고 나의 기도를 도와주시도록, 또한 내가 먼저 다른 사람들을 위해서 중보기도를 드리게 되고, 다른 사람의 중보기도를 받게 되도록 기도할 수밖에 없습니다. 그러니 때로 우리는 "주여, 기도할 수 있도록 도와주소서"라고 기도하기를 위해서 기도하는 것입니다. 그때 중보의 영이신 성령님께서 자유롭게 활동하십니다. 중보의 영이 살아 움직이는 우리가 되길 바랍니다. 우리 모두 이러한 기도의 사람들이 되기를 하나님은 간절히 원하십니다.

🎼 함께 찬양드립니다(찬송가 188장).

우리들의 연약함 탄식하며 도우사
우리 위해 비소서 보혜사시여

누군가 널 위해 기도하네(복음성가)

당신이 지쳐서 기도할 수 없고
눈물이 빗물처럼 흘러내릴 때
주님은 우리 연약함을 아시고
사랑으로 인도하시네
누군가 널 위하여 간절히 기도하네
네가 홀로 외로워서 마음이 무너질 때
누군가 널 위해 기도하네

당신이 외로이 홀로 남았을 때
당신은 누구에게 위로를 얻나
주님은 아시네 당신의 마음을
그대 홀로 있지 못함을
누군가 널 위하여 간절히 기도하네
네가 홀로 외로워서 마음이 무너질 때
누군가 널 위해 기도하네

15. 기도
크신 권능 주소서(눅 11:1-13)

　　누가복음은 4개의 복음서 가운데 '기도'에 관해 가장 많은 분량이 기록되어 있습니다. 그래서 '기도의 책'이라 불리기도 합니다. 특히 오늘 본문은 주님이 가르쳐 주신 기도를 포함하여 기도에 관한 세 가지 본문이 한데 묶여 있는 매우 중요한 말씀입니다. 기도가 무엇인지, 어떻게 기도해야 하는지에 대해 분명하게 밝히고 있습니다. 여기서 가장 주목할 부분이 있습니다. 마태복음 7장 11절의 본문('좋은 것')과는 달리, 누가복음 11장 13절에는 "너희 하늘 아버지께서 구하는 자에게 성령을 주시지 않겠느냐"라고 기록되어 있습니다. 누가는 성령님이 곧 우리 기도의 교사요 중보의 영이라는 사실을 그의 모든 삶에서 체험했습니다. 그래서 그는 우리에게 새로운 관점을 보여줍니다. 주님이 가르쳐 주신 기도를 포함해서 우리의 모든 기도는 "성령님 안에서의 기도"라는 것입니다. 성령님 안에서, 성령님과 함께, 성령님을 통한 기도, 성령님의 이끄심을 받는 그 기도가 가장 좋은 것입니다. 그렇다면 성령님 안에서의 기도는 무엇일까요?

첫째로, 성령님 안에서의 기도는 삼위일체 하나님과 사랑의 관계를 누리는 것입니다. 기도는 삼위일체 하나님과 사랑의 관계를 누리는 거룩한 행동입니다. 그렇다면 사랑의 관계 특성은 무엇일까요? 서로 보고 싶은 것입니다. 수시로 생각나고 서로에 대해 궁금해집니다. 함께 시간을 보내고 싶어 합니다. 상대가 무엇을 좋아하는지, 싫어하는지, 어떤 것에 관심을 가지고 있는지 알고 싶어 합니다. 내 마음을 숨김없이 다 털어놓고 싶어 합니다. 그래서 이야기 나누다가 시간 가는 줄도 모릅니다. 그렇기에 사랑하는 사람에게는 시간이 없다고 말하지 않습니다. 시간이 아깝지 않습니다. 아니, 없는 시간도 만들어냅니다. 따로 떼어내어 상대에게 자신의 가장 소중한 시간을 다 내어줍니다. 그가 나의 첫째

이토록 따스한 성령님

(first)이기 때문입니다. 그와 함께 시간을 보낸다는 것, 그 자체만으로도 즐거움이기 때문입니다.

성령님은 우리가 기도할 때마다 "하나님이 누구신지, 어떤 성품을 지닌 분인지, 하나님이 좋아하시는 것이 무엇인지, 싫어하시는 것이 무엇인지, 하나님의 꿈은 무엇이며, 하나님의 관심이 어떤 것인지" 알게 하십니다. 또 우리가 자꾸 물어보도록 하십니다. "하나님! 이런 상황에서는 어떻게 하는 게 좋을까요? 이 문제는 어떻게 풀까요?" 이렇게 오늘 나를 향한 하나님의 선하고 온전한 뜻이 무엇인지 물어보는 것이 기도입니다. 그리고 고요히 침묵 가운데 듣는 것입니다. 그러면 성령님이 하나님의 뜻을 깨닫도록 해주십니다. 그래서 성령님 안에서 기도할 때마다 우리는 하나님 나라의 꿈을 꾸게 됩니다. 시공간을 뛰어넘어 하나님 나라의 큰 그림을 바라보게 됩니다. 그때마다 우리의 좁은 시야가 우주처럼 넓어집니다. 내 생각이 달라집니다. 마음이 변화됩니다.

우리는 어떻게 계속해서 기도할 수 있을까요? 성령님께서 우리가 하나님의 사랑을 신뢰하도록 하시기 때문입니다. 돌이 먹고 싶다고 잘못 구해도, 더 좋은 것, 떡으로 바꾸어 주십니다. 전갈을 달라고 떼를 써도, 그게 아니라 더 좋은 것, 생선으로 바꾸어 주시는 아빠 하나님의 사랑에 대한 신뢰 덕분에 우리는 기도할 수 있습니다. "하나님은 나를 결코 먼저 배신하지 않는 분이다. 나를 무시하지 않으신다. 나를 차별하지 않으신다. 나를 외면하지 않으신다. 하나님의 모든 사랑의 약속은 반드시 이루어진다"라는 믿음을 성령님께서 부어 주시기 때문입니다. 성령님 안에서 기도할 때마다 우리는 삼위일체 하나님과 사랑을 누릴 수 있습니다. 이보다 더 좋을 수는 없습니다.

둘째로, 성령님 안에서의 기도는 사랑의 열정으로 말미암는 것입니다. 우리의 모든 중보기도는 사랑의 열정에서 나오는 행동입니다. 성령님 안에서 기도할 때, 우리는 누군가의 약점이 보이기 시작합니다. 그의 연약함이 눈에 들어오고 그의 아픔과 눈물이 가슴에 느껴집니다. 그의 결핍과 궁핍이 선명하게 드러나고, 그의 필요가 생생하게 전달됩니다. 문득 누군가가 자꾸 떠오릅니다. 그의 병약한 상태가, 가난한 모습이, 모자란 부분이 부담스럽습니다. 거룩한 부담감입니다. 그리하여 그를 위해 입을 열게 하십니다. 안쓰러운 심정으로 부르짖게 하십니다.

이토록 따스한 성령님

성령님은 누구신가요? 사랑의 영입니다. 하나님의 사랑을 우리의 심장에 가득 부어 주십니다. 차고 넘치도록 채워 주십니다. 그리하여 우리의 심장이 뜨거워집니다. 그래서 우리 입에서 수시로 이런 기도가 터져 나옵니다. "하나님! 그를 불쌍히 여겨주세요. 주님! 그를 도와주세요. 성령님! 그의 손을 꼭 붙잡아 주세요. 그를 품에 안아 주세요. 그에게 자비를 베풀어주세요."

밤늦게 찾아온 친구의 배고픔과 허기를 직접 눈으로 본 친구의 애타는 마음, 그를 불쌍히 여기는 마음, 그의 고통을 자신의 것으로 느끼는 이 친구의 연민이 체면과 염치를 무릅쓰는 행동으로 나타납니다. 한밤중에 찾아가서 친구를 괴롭히고 잠을 방해하며 그 집 식구들을 다 깨우는, 그래서 충분히 단번에 거절당할 수도 있는 위험을 감수하는 사랑(risk-taking love)입니다. 본문에는 주인이 귀찮아서 친구에게 떡을 주었다고 되어 있습니다. 그러나 그 속을 깊이 들여다보면, 그 주인이 친구의 사랑의 열정에 감동한 것입니다. 사랑의 열기가 전달된 것입니다.

마가복음 2장에서 네 명의 친구가 중풍 병자를 예수님께 데리고 옵니다. 도무지 방법이 없어 보입니다. 그래서 지붕을 뜯어 구멍을 내고 중풍 병자가 누운 상을 예수님께 달아 내립니다. 거기 모인 모든 사람에게 욕먹을 짓입니다. 아마 집주인에게서 손해배상 청구를 당할지도 모릅니다. 상당한 재정적 손실을 무릅쓰는, 값을 치르는 행동입니다. 그러나 중풍 병자 친구를 불쌍히 여기는 마음이 가득 차올라 그 모든 위험을 무릅쓰는 행동을 한 것입니다. 이렇게 사랑의 열정이 행동을 낳습니다.

이는 단지 친구나 사랑하는 연인에게서만 발견할 수 있는 게 아닙니다. 돌아가신 제 어머니의 기도를 말씀드리고 싶습니다. 제가 어릴 적에 몸이 약해서 어머니의 마음을 종종 힘들게 해 드렸습니다. 어머니가 돌아가시기 전 어머니의 기도 노트를 우연히 보게 되었습니다. 수십 장에 걸친 기도 노트에 적힌 저를 위한 기도 제목들, 저를 돕는 분들, 저와 관계된 분들을 위한 중보 내용을 보고는 깜짝 놀라지 않을 수 없었습니다. 건강하고 별 탈 없어 보이는 다른 자녀들보다 어머니의 마음은 허약한 제게 더 쏠려 있었던 것 같습니다. 그 사랑의 열정이 그치지 않는 기도를 가능하게 하였습니다. 하루에 서너 시간씩 쉬지 않고 간구하셨던 제 어머니의 기도는 거짓 없는 사랑의 열정입니다.

이토록 따스한 성령님

오래전에 중국 쓰촨성 지진 사태에서 화제가 되었던 일입니다. 루산현의 중년 여성 양위룽이 100kg에 이르는 콘크리트 벽을 들어올려 자기 아들을 구했답니다. 이렇게 말했습니다. "아들이 갇힌 화장실 벽의 10cm 틈을 40cm로 벌렸다. 어떻게 나한테서 그런 힘이 나왔는지 모르겠다." 그렇습니다. 오로지 아들을 구하겠다는 사랑의 열정이 초인적인 힘을 낳았습니다. 수로보니게 여인이 귀신 들린 어린 딸을 고쳐주시기를 예수님께 구했으나 단번에 거절당했습니다. 그런데 수치도 모욕도 체면도 아랑곳하지 않고 끈질기게 구한 것 역시 사랑의 열정입니다. 저와 여러분은 다 이런 수많은 중보기도를 먹고 살아가는 사람들입니다. 아니, 그들의 사랑의 열정을 먹고 살아가고 있습니다.

오늘 본문에 등장하는 친구에게 사랑의 열정이 없었다면, 그저 몇 번 문을 두드리다가 안에서 답이 없으면 쉽게 포기할 수도 있었습니다. 그래도 할 말은 있습니다. "나로서는 할 도리를 다했다. 나는 할 만큼 했다." 우리도 흔히 중보기도 코스프레를 할 수 있습니다. 무심코 말을 던집니다. "당신을 위해 기도하고 있어요." 그런데 그 얘기는 실제로는 "나는 당신을 사랑합니다. 당신이 잘되기를 바랍니다. 끝까지 간구하겠습니다"라는 의미여야 합니다. 거짓 없는 사랑만이 능력 있는 기도를 낳습니다. 사랑이 능력입니다. 안타까운 마음, 애끓는 마음이 우리의 기도를 그치지 않게 합니다. 우리의 사랑의 열정에 하나님의 마음이 감동하시기까지, 이웃을 향한 우리의 연민과 하나님의 연민(헤세드)이 일치할 때까지, 그래서 무언가 일어나기까지 그렇게 간구해야 합니다. 이게 바로 사랑의 열정의 행동인 중보기도의 능력입니다.

셋째로, 성령님 안에서의 기도는 책임 있는 행동을 낳습니다. 하나님은 우리의 기도를 통해, 우리의 기도와 함께 역사하시길 기뻐하십니다. 그리하여 매일의 삶에서, 역사 속에서 우리의 파트너십을 요청하십니다. 매 순간 우리의 행동을 요청하시고 기대하신다는 말입니다. 그렇습니다. 기도는 사랑의 책임 있는 행동입니다. 사랑하는 자녀에게 모든 것을 아낌없이 주고 싶은 부모의 책임과 마찬가지로, 우리 또한 자녀로서 하나님에게 책임 있는 행동으로 응답해야 합니다.

기도는 우리의 짐을 하나님에게만 다 떠맡기는 게 아닙니다. 나는 아무것도 하지 않고 하나님께 막 짐을 던져 버리는 게 아닙니다. 우리는 간구한 바와 같이, 간구한 만큼 그렇게 행동해야 합니다. 그래서 주님이 가르쳐 주신 기도는 두 가지 형식으로 구성됩니다. 하나는 청원이요, 다른 하나는 진지한 결단입니다. 헌신의 행동입니다. "주님! 도와주세요." 하나님께 청원하면서, 동시에 "저도 그렇게 하겠습니다. 지금 여기서 그렇게 살겠습니다"라고 다짐하며 발을 내딛는 것입니다. 그러니 오늘 본문은 이렇게 이해해야 합니다. "하나님의 이름이 거룩하게 되기를 바랍니다. 동시에 저 또한 하나님의 이름을 높이겠습니다. 그 이름을 더럽히지 않겠습니다. 하나님 나라가 지금 여기에 임하길 소원합니다. 저 역시 하나님 나라를 이루어 가는 일에 정성껏 참여하겠습니다. 날마다 일용할 양식을 주옵소서. 동시에 저 또한 오늘의 양식을 위하여 피땀 흘려 수고하겠습니다. 우리 죄를 용서해 주옵소서. 제가 먼저 나에게 해를 끼친 이웃들을 용서하겠습니다. 시험에 들지 않게 하옵소서. 저 또한 죄의 유혹에 빠져들지 않고 사탄의 시험에 굴복하지 않도록 노력하겠습니다. 적극적으로 선을 선택하며 살겠습니다."

사랑하는 여러분! 염려하지 마십시오. 성령님은 우리를

결코 홀로 두지 않습니다. 우리에게 행동할 힘을 주십니다. 하나님의 말씀에 순종할 수 있는 능력을 주십니다. 마음에 소원한 것을 이루도록 의지를 강화해 주십니다. 악을 선택하고 싶은 충동과 본능을 절제할 힘을 부어 주십니다. 유혹에 넘어가지 않도록 붙잡아 주십니다.

그러므로 여러분! 시시때때로 성령님의 음성을 외면하지 마십시오. 성령님 안에서 기도하면 깨어 근신할 수 있습니다. 우리의 사고와 감정과 감각이 흐려지지 않습니다. 영적 분별력과 사람에 대한 분별력이 예민해집니다. 의로운 판단력이 생깁니다. 감동이 주어집니다. 그래서 행동하게 됩니다. 땀 흘려 수고할 수 있습니다. 눈물을 흘리며 씨를 뿌릴 수 있습니다. 성령님 안에서의 기도는 "가능한 모든 기회를 잡아" 기도하는 것입니다. 우리가 기도할 수 있도록 도우시는 성령님께 기도하는 것입니다. 동시에 간구한 대로 매 순간 그렇게 행동하는 것입니다. 우리와 손을 맞잡고 일하시는 하나님과 거룩한 파트너십을 이루어 살아가는 것입니다.

사랑하는 여러분! 오늘 하루도 그렇게 살아갑시다. 성령님 안에서의 기도의 열매를 맺읍시다. 하나님은 우리 한 사람 한 사람이 성령님 안에서 기도하는 능력을 덧입기를 간

이토록 따스한 성령님

절히 기대하십니다.

함께 찬양드립니다(찬송가 190장).

성령이여 강림하사 **크신 권능 주소서**
원하옵고 원하오니 충만하게 하소서
예수여 비오니 나의 기도 들으사
애통하며 회개한 맘 충만하게 하소서

16. 분별
우리들이 싸울 것은(요 8:44)

　모 유명 연예인이 극단적인 선택으로 생을 마감했다는 소식이 들려옵니다. 새벽기도회에 나가 기도하기도 했던 기독교인이었습니다. 그 이유가 무엇이었든 그녀는 자살했습니다. 기독교인이 자살할 수 있느냐 없느냐의 논쟁도 일어날 수 있습니다. 자살한 크리스천이 천국에 갈 수 있느냐 없느냐의 논쟁도 가능할 것입니다. 그런데 자살은 성경적이지 않습니다. 하나님이 주신 생명을 스스로 끊어버리는 것은 생명의 주인이신 하나님을 적대시하는 것입니다. 그것은 사탄적입니다. 왜냐면 사탄은 생명을 파괴하고 공격하며 경시하도록 부추기는 존재이기 때문입니다. 오늘 본문 말씀은 사탄의 정체를 한마디로 설명하고 있습니다. "너희는 너희 아비 마귀에게서 났으니 너희 아비의 욕심대로 너희도 행하고자 하느니라 그는 처음부터 살인한 자요 진리가 그 속에 없으므로 진리에 서지 못하고 거짓을 말할 때마다 제 것으로 말하나니 이는 그가 거짓말쟁이요 거짓의 아비가 되었음이라"(요 8:44).

사탄, 곧 마귀는 거짓말쟁이요 거짓의 아비입니다. 마귀는 수시로 거짓말을 할 뿐 아니라, 우리가 하는 모든 거짓말의 원조요 출처이며, 이 세상을 온통 거짓으로 가득 찬 세상으로 만들어버립니다. 일찍이 성경은 마귀를 '광명의 천사'라고 말했습니다. 겉으로는 빛인 것처럼 하지만 속으로는 어두움이며, 진리인 척하지만 비진리이고, 생명을 가져다주는 척하지만 죽음을 가져다주는 존재입니다. 마귀는 태초 에덴동산에서부터 거짓말쟁이였습니다. 하와에게 선악과를 따먹어도 "너희가 결코 죽지 아니하리라"(창 3:4b)는 거짓말을 했습니다. 하와와 아담은 속아 넘어갔습니다. 사탄의 거짓말에 속아 범죄하였습니다. 이렇게 죄는 거짓으로 나타납니다.

요즘에 보면 허위광고라는 게 있습니다. 인터넷 쇼핑에서

만병통치약으로 과대 선전된 약들이 알고 보면 엉터리인 것들이 많습니다. 의약 제품의 품질 검사도 거치지 않았을 뿐 아니라, 효용도 검증 안 된 제품들이 활개를 칩니다. 마찬가지입니다. 마귀가 우리에게 가져다주는 것들은 허위광고입니다. 과대 포장된 것들이 너무 많습니다. 막상 포장을 풀어 보면 쓰레기입니다. 제품을 복용해 보면 아무런 효능이 없습니다. 오히려 약이 아니라 독입니다. 부작용과 후유증이 큽니다. 그때 가서야 속은 것을 알게 됩니다.

얼마 전에 어떤 사모님으로부터 전화가 왔습니다. 자기가 아는 어떤 분이 있는데, 그분은 약 50세 정도 되었고 고등학교 교사라고 합니다. 그런데 주일 성수도 하고 헌금도 하면서 교회 생활을 오랫동안 해왔지만 한 가지 믿지 못하는 게 있는데, 그게 바로 마귀의 존재랍니다. 그러니 사실은 마귀가 없다고 생각하는 것입니다. 여러분은 어떠신가요? 마귀가 있다고 믿으시나요? 아마도 이 분은 영적 세계를 체험해 보지 못한 분인 것 같습니다. 이렇게 마귀의 첫 번째 거짓말은 "자기가 존재하지 않는다"입니다. 그래서 많은 사람은 마귀의 존재를 믿지 않습니다. 심지어 성도들까지도 마귀는 성경에 나와 있기는 하지만, 고대인들의 신화적인 사고가 표현된 것으로 생각합니다. 그래서 마귀가 존재하지 않는 것처럼, 마귀가 활동하지 않는 것처럼 그렇게 자기 마음대로 살아갑니다. 우리 주변에는 이렇게 마귀 불감증에 걸린 사람들이 많습니다.

우리는 하나님을 믿지만 동시에 마귀의 존재도 믿어야 크리스천이라고 할 수 있습니다. 마귀를 두려워하거나 무시하라는 게 아닙니다. 마귀의 정체(identity)와 현실(reality)을 믿으라는 말입니다. 그래서 베드로는 경고합니다. "근신하라 깨어라 너희 대적 마귀가 우는 사자같이 두루 다니며 삼킬 자를 찾나니 너희는 믿음을 굳건하게 하여 그를 대적하라"(벧전 5:8-9a). "마귀에게 틈을 주지 말라"(엡 4:27). "큰 용이 내쫓기니 옛 뱀 곧 마귀라고도 하고 사탄이라고도 하며 온 천하를 꾀는 자라 그가 땅으로 내쫓기니 그의 사자들도 그와 함께 내쫓기니라"(계 12:9). 마귀는 이렇게 거짓말쟁이로 자신의 정체를 드러냅니다. 온 세상을 미혹하게 하는 자입니다. 태초 이래 지금까지, 아니 세상 끝날까지 온 세상을 거짓으로 물들이고자 몸부림칠 것입니다. 그러나 안심하세요. 마침내 사탄은 하나님의 심판을 받게 되어 이 땅에서 있을 곳을 찾지 못하고, 세상 끝날에 영원한 불 못에 들어가게 될 것입니다. 거짓의 아비는 영원토록 세상을 속이지 못하고 결국은 진리 앞에 힘을 잃고 굴복하여 패배하게 될 것입니다.

그렇다면 사탄은 어떻게 거짓의 아비 노릇을 할까요? 그는 도대체 무엇을 향해 거짓말을 하고 있을까요?

첫째로, 거짓의 아비인 마귀는 하나님에 관하여 거짓말을 합니다. 사탄은 하나님을 대적하는 자입니다. 어떻게 해서든지 우리가 하나님에 대해서 실망하고 오해하도록 만듭니다. 하나님에 대한 그릇된 생각을 우리의 생각에 주입합니다. "하나님은 너를 사랑하지 않아. 하나님은 너에게 관심이 없어. 하나님은 선하신 분이 아니야. 하나님은 너에게 벌을 주실 거야." 이렇게 하나님의 성품과 인격에 대하여 바르게 이해하지 못하도록 만듭니다. 여러분! 우리가 살아가면서 제일 힘든 것 가운데 하나는 사람과 사람 사이에 오해가 생기는 것입니다. 그러면 둘 사이가 참 불편해집니다. 서로의 본심을 이해하지 못하고, 원래의 의도를 제대로 파악하지 못한 채 얼굴을 마주 대한다는 게 얼마나 어려운 일입니까? "좋으신 하나님"이라는 찬양을 불러도, 마음의 중심

이토록 따스한 성령님

에 좋으신 하나님에 대한 느낌이 없다면 얼마나 불행할까요? "공의로우신 하나님!"이라고 하면서도, 하나님은 불공평하시다는 생각에 사로잡혀 있다면 얼마나 안타까운 일일까요? "복 주시는 하나님!"이라고 말하면서도, 정작 복 받았다는 마음이 없이 살아가는 사람들은 얼마나 힘들까요?

실은 하나님도 힘이 드십니다. "네가 나를 오해하고 있구나"라고 하시면서 얼마나 답답하시겠습니까? "네가 내 마음을 몰라주는구나. 내 속을 활짝 펼쳐 보여주어야겠니?" 그래서 말씀하십니다. "너희를 향한 나의 생각을 내가 아나니 평안이요 재앙이 아니니라 너희에게 미래와 희망을 주는 것이니라"(렘 29:11). 그러나 사탄은 계속해서 공격해 옵니다. "도대체 너희 하나님이 어디 계시냐?" 그때마다 우리는 혼란에 빠지기도 합니다.

사탄의 최종적인 목적은 사람들이 하나님을 믿지 못하게 해서 영원한 멸망에 빠지게 하는 것입니다. 오늘도 끊임없이 하나님과 사람 사이에 이간질과 파괴 공작을 서슴지 않습니다. 무엇보다 우리가 죽는 마지막 순간까지도 하나님의 사랑을 믿지 않고 예수님을 거절하도록 합니다. 사탄의 속임수는 온 세상에 미칩니다. 성경에는 이렇게 기록되어 있습니다. "악한 자의 나타남은 사탄의 활동을 따라 모든 능력과 표적과 거짓 기적과 불의의 모든 속임으로 멸망하는 자들에게 있으리니 이는 그들이 진리의 사랑을 받지 아니하여 구원함을 받지 못함이라 이러므로 하나님이 미혹의 역사를 그들에게 보내사 거짓 것을 믿게 하심은 진리를 믿지 않고 불의를 좋아하는 모든 자들로 하여금 심판을 받게 하려 하심이라"(살후 2:9-12). 이 땅의 한 사람이라도 덜 예수님을 나의 구주로 영접하고 믿지 못하도록 하는 것, 그것이 사탄의 최종적인 목표입니다.

그뿐 아니라 사탄은 하나님의 자녀들을 공격하는 일에 목을 매고 있습니다. 생각해 보세요. 하나님을 믿지 않는 세상 사람들은 굳이 사탄이 공격하지 않아도 이미 사탄의 자녀들입니다. 자신의 손아귀 안에 들어와 있고 종이 되어 있기에 굳이 그들에게는 관심을 쏟을 이유가 없습니다. 오히려 사탄은 하나님 자녀들을 훼방하고 위협하며 유혹하는 일에 전심전력합니다. 그래서 처음 신앙생활을 할 때는 주일 성수를 하지 못하도록 자꾸 일을 만들어냅니다. 이상하게 전에 없던 집안일이 생기고, 몸이 아프고 그렇습니다. 조금 믿음이 자라면, 헌금 생활이 어렵게 경제적인 어려움도 생깁니다. 어디 그뿐인가요? 괜히 교회 안에서 교인들과 불화하는 일이 일어납니다. 사소한 일로 상처를 받습니다. 어떨 때는 목사님의 설교가 자기를 마구 내려치는 설교로 들리기도 합니다. 사탄은 이렇게 우리의 신앙이 쑥쑥 자라지 못하도록 자꾸 발뒤꿈치를 잡아당깁니다. 이게 사탄의 전공 종목입니다.

그뿐 아니라 우리에게 예기치 못했던 고난이 생깁니다. 몸에 병이 들고, 자녀가 대학 시험에 떨어지며, 사업이 부도가 나고, 직장에서 퇴출을 당합니다. 그러면 우리는 시험에 빠집니다. "왜 나에게 하나님이 이런 어려움을 허락하셨을까? 왜 피할 길을 주시지 않으실까? 하나님이 살아 계시면 어떻게 이럴 수가 있을까? 하나님은 날 사랑하지 않는가 보다. 아니 덜 사랑하시나 보다. 어쩌면 하나님은 존재하지 않는지도 몰라." 그래서 우리가 하나님에게 상처를 받았다고 느끼게 합니다. 마음이 섭섭해집니다. 이것이 다 섭섭 마귀의 짓이라고 합니다. 성도들도 어떤 경우에는 하나님을 믿지 않고 잔뜩 시험에 들어서 교회를 떠나가기도 합니다. 여러분 중에 이런 분이 아무도 없기를 소망합니다. 그래서 바울은 경고합니다. "뱀이 그 간계로 하와를 미혹한 것같이 너희 마음이 그리스도를 향하는 진실함과 깨끗함에서 떠나 부패할까 두려워하노라"(고후 11:3).

이러한 사탄의 공격에 힘없이 넘어지지 않기 위해서 우리는 어떻게 해야 할까요? 날마다 하나님의 말씀을 읽고, 듣고, 묵상하고, 암송해야 합니다. 성경은 하나님이 날 사랑하신다는 말씀으로 가득 차 있습니다. 어떤 처지와 형편에서도 하나님은 우리를 고아와 같이 버려두지 않으신다고 약속하셨습니다. 심지어 고난과 역경과 결핍까지도 우리에게 선물로 주셔서, 우리를 바른길 가게 하시고 더욱 성숙한 믿음으로 훈련하십니다. 어디 그뿐인가요? 하나님은 악한 자들의 형통을 허락하지 않는 공의로운 하나님이심을 성경 속에 나타난 인물들과 역사 속에서 확인할 수 있도록 하셨습니다. 우리에게 사탄의 어떠한 공격도 막아낼 수 있는 하나님의 말씀을 성령님의 양날 선 검으로 주셨습니다. 예수님도 40일 동안 금식하신 후에 사탄의 집요한 공격을 오로지 하나님의 말씀으로 적극적으로 방어하셨습니다. 그래서 우리는 성령님 안에서 쉬지 않고 기도함으로 사탄의 거짓말을 이겨낼 수 있습니다.

바울은 말하고 있습니다. "아무것도 염려하지 말고 다만 모든 일에 기도와 간구로, 너희 구할 것을 감사함으로 하나님께 아뢰라 그리하면 모든 지각에 뛰어난 하나님의 평강이 그리스도 예수 안에서 너희 마음과 생각을 지키시리라"(빌 4:6-7). 사탄의 거짓말에 속아 넘어가지 않을 수 있는 것은 사랑의 하나님과 쉬지 않고 대화를 나누며 교제를 할 때입니다. 그러면 그 어떤 공격도 물리칠 수 있습니다. 신실하신 하나님에 대한 믿음만이 우리를 사탄의 거짓말로부터 승리할 수 있게 해줍니다.

둘째로, 거짓의 아비인 마귀는 우리 자신에 대하여 거짓말을 합니다. 하나님의 자녀인 우리에게 사탄은 거짓의 불화살을 쏘아 댑니다. "너는 무가치한 사람이야. 너는 아무짝에도 쓸데없어. 너는 아무에게도 인정받지 못해. 누구도 너를 사랑하지 않아. 너는 이 세상을 홀로 살아갈 수밖에 없을 거야." 이렇게 우리의 마음의 귀에 대고 속삭입니다. 수시로 우리의 자존감을 무너뜨립니다. 우리의 마음속에 끊임없이 열등의식을 심어줍니다. "나는 이것도 할 수 없고 저것도 할 수 없는 무능한 사람이야." 그래서 자기 삶에 두 손을 들어버리게 만듭니다. 마침내 우울증에 걸리게 됩니다.

여러분! 주부 우울증이라는 것 아시지요? 결혼해서 아이를 낳고 정신없이 키우다 보면, 어느새 아이가 초등학교에 들어가고 엄마 없이 혼자서도 무언가를 할 수 있게 되면, 갑자기 "나는 누구인가? 나는 무엇을 할 수 있나?"라는 무력감이 몰려옵니다. 남편은 회사 일로 바빠서 밤늦게 들어오고, 집에 들어와서는 곧장 곯아떨어집니다. 집안일을 상의할라치면, "당신이 다 알아서 해. 나 힘들어"라고 하면서 돌아눕습니다. 친구들과 전화로 수다를 떨어보지만 왠지 공허해집니다. 그러면 멍하니 창밖을 바라보는 횟수가 많아지고 눈가에 눈물이 주르륵 흐릅니다. "살아도 사는 게 아니야"라는 생각이 듭니다. TV 드라마를 보다가도 수시로 공연히 눈물이 흐릅니다. 말수가 줄어들고 기쁨도 사라지며 자살 충동을 느끼게 되는 것이 주부 우울증입니다. 물론 그렇다고 해서 다 죽음에 이르는 것은 아닙니다. 중년의 여성들에게 자주 찾아오는 우울증이지만, 사람에 따라 몇 개월, 혹은 몇 년씩 계속되기도 합니다. 심지어 교인들 가운데도 적지 않습니다. 물론 모든 우울증이 다 사탄의 공격 때문은 아니지만, 성도들은 더욱 말씀과 기도에 힘써야 합니다. 그리고 때로는 정신과 치료나 상담을 받아야 할 필요도 있습니다.

　　　　　　　　　　　　　　　이토록 따스한 성령님

사탄은 참소하는 자입니다. "우리 형제들을 참소하던 자 곧 하나님 앞에서 밤낮 참소하던 자가 쫓겨났고"(계 12:10b)라고 했습니다. 참소한다는 말은 영어로 'accuser', 즉 '고발인', '고소인'이라는 말입니다. 우리의 죄 항목을 찾아내어 고소하는 자라는 말입니다. 일찍이 사탄은 하나님 앞에서 욥을 고소했습니다. "욥이 하나님을 잘 섬기는 것은 순전히 하나님이 그에게 많은 재물과 복을 주셨기 때문이지요"라고 말입니다. 사탄의 주 전공은 우리를 비난하는 것입니다. 흉보고 헐뜯는 것입니다. 그래서 우리 자신도 모르게 사탄의 영향을 받게 되면, 자기 자신을 비난합니다. "그때 그렇게 한 것은 전적으로 내 잘못이야. 그 사람을 선택한 것은 나의 최악의 결정이었어. 나의 삶은 실수투성이야. 아마도 내 인생은 잘못될 거야. 이게 내 팔자라고." 그래서 후회와 자책감과 탄식으로 가득 찬 불면의 밤을 보냅니다. 어떤 사람은 이런 생각이 꼬리에 꼬리를 물어서 한숨도 못 잔다고 합니다. 그게 사탄이 노리는 것입니다. 육체와 정신을 황폐해지게 만듭니다.

자신을 지나치게 과대평가하는 과대망상증이나 누군가 자기를 해치려고 한다는 피해망상증 혹은 모든 사람을 다

적대시하는 적대망상증 등은 사탄의 거짓말에서 비롯됩니다. 자신을 온전히 제대로 바라보지 못하게 하는 마귀의 장난입니다. 그러므로 우리는 날마다 하나님의 말씀에 우리 자신을 비추어보아야 합니다. 말씀의 거울에 비친 참된 자화상을 바라보아야 합니다. 하나님의 소중한 사랑의 파트너로서의 자신감을 잃게 만들고, 교만과 열등의식이 주기적으로 반복되는 잘못된 자화상에서 하루속히 벗어나야 합니다.

이는 오직 하나님의 말씀을 통해 치유될 때 가능합니다. "너는 나에게 가장 소중한 존재란다. 나는 너밖에 없어!"라는 말씀이 담긴 구약과 신약을 복용해 보세요. 우울증 환자들은 약을 복용해야 할 수도 있고, 때로는 완치가 안 된다고 합니다. 그러나 하나님의 말씀은 무슨 병이라도 완치할 수 있는 특약입니다. 부작용도 없고 후유증도 없습니다. 건강해지는 지름길입니다. 하나님의 말씀 속에 깊이 젖어 드세요. 사탄의 거짓말에 휘둘리지 않게 됩니다. "그런즉 너희는 하나님께 복종할지어다 마귀를 대적하라 그리하면 너희를 피하리라"(약 4:7). 그렇습니다. 하나님을 가까이하면 사탄은 떠나갑니다. 하나님의 말씀을 통해 사탄의 거짓말이 폭로되고 결국은 사탄이 패배하게 됩니다.

셋째로, 거짓의 아비인 마귀는 사람들과 일에 대하여 거짓말을 합니다. 마귀는 우리가 세상을 잘못 바라보게 하며, 오해를 만드는 데 전문가입니다. 사람들을 서로 오해하게 합니다. 그래서 용서하지 못한 채, 원망하고 분노하며 적대적인 관계로 만들기도 합니다. 얼마나 많은 사람이 사소한 오해로 시작되어 점점 자라서 원수가 되는지 모릅니다. 남편과 아내가 그러하고, 시어머니와 며느리가 그러하고, 사장과 직원이 그러하고, 목사와 평신도가 그러합니다. 생각을 바꾸면 풀리는 문제가 실타래가 꼬이듯이 도무지 풀리지 않습니다. 마치 눈덩이가 점점 불어나듯이 뒤엉킨 오해는 결국에는 인간관계를 해치고 맙니다. 상대가 우연히 던진 말 한마디가 가슴에 꽂혀서 피가 흐르고 닦여지지 않은 채 시간이 흐르면, 미움의 악성 종양이 생겨납니다. 그러면 상대의 눈빛이 조금만 이상해도, "저 사람이 나를 싫어하는 거야. 저 사람이 나를 해치려나 봐"라고 생각하며 마음의 문을 꼭 닫습니다. 사탄의 짓입니다. 나도 모르게 장단을 맞추어주지 맙시다.

성경은 말합니다. "너희가 무슨 일에든지 누구를 용서하면 나도 그리하고 내가 만일 용서한 일이 있으면 용서한 그것은 너희를 위하여 그리스도 앞에서 한 것이니 이는 우리로 사탄에게 속지 않게 하려 함이라 우리는 그 계책을 알지 못하는 바가 아니로라"(고후 2:10-11). 우리가 사람들을 오해하고 사람들과 불화하는 게 사탄의 전술 전략입니다. 그리하여 서로 마음으로 살인하고 시기하며 악독을 품고 증오하도록 하는 게 사탄의 목적이요 방법입니다. 여기에 속아 넘어가지 맙시다. 일어나 깨어 살핍시다.

따라서 사탄은 세상을 바라보는 눈을 어둡게 하고 삐딱하게 만듭니다. 이상하게도 좋은 모습을 보지 못하고 사사건건 부정적인 것만을 바라보고 비판하는 사람들이 있습니다. 누가 해도 잘못했다는 겁니다. 사물의 밝은 것은 보지 못하고 어둡고 추악한 부분만 눈에 들어옵니다. 그래서 시각이 잘못 고정되어 있습니다. 사탄이 가져다준 거짓의 안경을 쓰고 세상을 바라보면 모든 것이 다 그렇게 보입니다. 독일에서는 신문의 사회면에 자살 사건, 극악무도한 살인사건, 흉악한 범죄 사건들을 일부러 보도하지 않는다고 합니다. 신문이 갖는 기능 중에 사회를 바르게 인도하고 선도할 책임이 있기 때문이라는 이유입니다. 여기에는 모방범죄를 막으려는 뜻이 있다고 합니다. 반면에 한국은 언론의 자유

이토록 따스한 성령님

가 무한 보장된 탓인지, 보도 통제가 안 되어서인지 사회면에서 온통 어둡고 끔찍하고 흉악한 사건들이 여과 없이 보도됩니다. 이제는 신문과 TV, 그리고 인터넷도 정화되고 순화되어야 합니다. 대중은 그것들을 통해서 세상을 바라보기 때문입니다. 사탄의 파괴적인 능력이 대중을 압도하는 장면들을 영화나 TV나 신문에서 덜 보여주어야 합니다. 그것이 사탄의 활동에 부채질하지 않는 길입니다.

사탄의 거짓말에 속지 맙시다. 그는 거짓의 아비입니다. 하나님에 대해서, 우리 자신에 대해서, 그리고 사람들과 세상에 대해서 끊임없이 속삭이는 사탕발림과 협박과 회유와 미혹에 속아 넘어가지 맙시다. 우리는 거짓의 자녀들이 아니기 때문입니다. 진리의 자녀들입니다. 그러므로 "시험에 들지 않게 깨어 있어 기도하라"(마 26:41a)는 말씀처럼, 우리는 이 험악한 세대에 깨어 있어야 합니다. 마귀의 공격에 대비하여 깊은 잠에 빠지지 말고, 그러다가 우울증에 걸리지 말고, 삶을 포기하는 유혹에 걸려들지 말고 승리하는 삶을 살아야 합니다. 요즘 한국 사회는 자살 신드롬에 걸려 있습니다. 중병입니다. 삶이 너무 힘들어 한강에 몸을 던지고 목을 맵니다. 물론 그럴만한 이유가 있을 것입니다. '오죽하면 그랬을까? 얼마나 힘들었을까?' 동정할 수도 있겠습니다.

그러나 이는 사탄의 강력한 생명 파괴 공작에 속은 것입니다. "더는 미래가 보이지 않는다. 살아도 사는 게 아니다. 이제는 끝이야"라고 귓가에 속삭이는 거짓의 아비에게 속아 넘어간 것입니다. 이제부터 하나님의 말씀에 귀 기울입시다. 쉬지 않고 기도합시다. 그래서 믿음에 굳게 서서 싸움에 이깁시다. 우리는 결코 패배자들이 아닙니다. 그리고 다른 사람들과 이 병든 사회를 위하여 기도합시다. 중병이 들기 전에 치유와 회복과 예방이 이루어지도록 먼저 크리스천들이 앞장서서 사탄의 거짓말을 폭로하고 대적합시다. 그것이 우리가 살아야 할 이유이고 과제입니다. 모두 승리합시다.

🎼 함께 찬양드립니다(찬송가 350장).

우리들이 싸울 것은 혈기 아니요
우리들이 싸울 것은 육체 아니요
마귀 권세 맞서 싸워 깨쳐 버리고 죽을 영혼 살릴 것일세
한마음으로 힘써 나가세 한마음으로 힘써 싸우세
악한 마귀 군사들과 힘써 싸워서 승전고를 울리기까지

이토록 따스한 성령님

17. 용서
참된 평화 얻음은(요 20:19-23)

대부분의 한국 TV 드라마의 주제는 사랑입니다. 그 사랑 안에는 반드시 상처와 미움, 그리고 용서와 화해라고 하는 소주제들이 밀접하게 엉켜 있습니다. 오래전에 방영되었던 미니시리즈인 〈그린 로즈〉라고 하는 드라마도 예외는 아닙니다. 어린 시절부터 자기 아버지의 원수라고 믿었던 회장에 대한 신 사장의 복수극, 또한 자기에게 누명을 씌우고 결국 어머니까지 잃게 한 신 사장에 대한 복수극을 벌이는 드라마의 중심에는 용서라고 하는 주제가 꿰뚫고 있습니다. 그렇습니다. 우리는 서로 용서할 수 없는 사람들이 만나 살아가고 있습니다. 그래서 어떤 분은 "삶은 용서이다"라고 말했습니다. 크든 작든, 많든 적든, 짧든 오래 걸리든 우리가 서로를 용서하지 않으면, 우리는 피비린내 나는 전쟁터에서 분노의 칼을 휘두르는 사람들과도 같습니다. 그래서 용서는 모든 건강한 인간관계의 기본입니다.

오늘 본문 말씀은 예수님께서 십자가에서 돌아가신 후 무덤에 갇히셨다가 부활하신 후에 제자들에게 나타나신 사건입니다. 제자들이 문을 닫고 숨어 있던 곳에 예수님이 등장하셨습니다. 그들에게 하신 첫 번째 말씀이 바로 "너희에게 평강이 있을지어다", 즉 "샬롬"입니다. 손과 옆구리를 보여주시며 되풀이해서 말씀하시기를, "샬롬!"이라고 하십니다. 예수님이 제자들에게 진정으로 원하셨던 삶의 모습은 평안이었습니다. 바로 그런 삶을 위해서 그들에게 성령님을 받으라고 말씀하셨습니다. 오직 성령님 안에서만이 참된 평안을 누릴 수 있다는 말씀입니다. 그러면서 그 평안을 누릴 방법을 알려주십니다. "너희가 누구의 죄든지 사하면 사하여질 것이요 누구의 죄든지 그대로 두면 그대로 있으리라 하시니라"(요 20:23). 그렇습니다. 우리가 평안을 누릴 수 있는 가장 우선적인 방법은 먼저 용서하는 것입니다. 용서할 수 있는 사람은 평안을 누리게 되며, 성령님 안에 거하

이토록 따스한 성령님

는 사람입니다. 그러면 우리는 어떻게 용서할 수 있을까요?

첫째로, 우리는 오직 성령님 안에서 용서할 수 있습니다.
이 세상을 살아가는 우리는 결코 스스로 먼저 용서할 수 없
는 사람들입니다. 태어날 때부터 천성적으로 남을 용서하
기를 잘하고, 용서를 쉽게 하며, 용서에 능수능란한 사람들
은 존재하지 않는 듯합니다. 우리는 용서를 매우 부자연스
러워 합니다. 저도 세상에서 가장 힘든 일 가운데 하나가 바
로 누군가를 용서하는 일입니다. 용서는 어떤 일이나 환경
에 대한 것이 아니라 사람을 향한 것입니다. 즉 그 사람이
내게 저지른 행동이나 태도가 아니라, 바로 그 사람에 대한
증오와 분노가 우리를 질병의 차원으로 인도하기 때문에 반
드시 치유받아야 합니다. 물론 우리가 어떤 사람을 용서하
지 못할 때는 나름대로 충분한 이유가 있습니다. 분명 그 사
람이 잘못했다고 생각합니다. 아니 나에게 몹쓸 짓을 했다
는 이유입니다. 그는 나쁜 사람이고 벌을 받아야 마땅한 사
람이라고 판단합니다. 그래서 내가 직접 심판을 가하든지,
아니면 다른 사람이 대신해서, 아니 하나님이 끔찍한 형벌
을 주셔야 한다고 생각합니다. 그러니 우리가 용서하지 못

하는 이유는 정의에 대한 우리의 생각과 관련이 있습니다. 그 사람의 죄와 악은 반드시 심판받아야 하며, 그것이야말로 공평하다는 생각을 가지고 있습니다. 그럴 때 나의 마음이 비로소 풀리게 된다고 합니다.

그런데 크리스천은 어떤 사람일까요? 한마디로 용서할 수 있는 사람입니다. 무엇보다도 하나님의 용서를 체험한 사람이기 때문입니다. 온갖 허물과 죄악에도 불구하고, 값없이 용서해 주신 예수님의 사랑을 십자가에 나아갈 때마다 경험했기 때문입니다. 절도범이 유치장 신세를 열흘 정도 지거나 사기 공갈범이 벌금을 내는 정도가 아닙니다. 우리는 모두 죄악으로 말미암아 사형선고를 받은 사람들이라서, 단지 보석금을 내기 위해서도 수백만 달러가 필요할지도 모릅니다. 그런데 우리는 보석금 없이 방면되었습니다. 우리에게 내려진 사형선고가 이제 하나님의 최고심에서 무죄판결이 났습니다. 그래서 우리는 모두 다 하나님으로부터 용서받은 사람이요, 용서받고 있는 사람이며, 앞으로도 계속해서 용서받을 사람들입니다.

성경은 은혜와 구원이 무조건적이라고 가르칩니다. 사실 우리가 하나님의 은혜와 구원을 얻기 위해서 할 수 있는 일

이토록 따스한 성령님

은 아무것도 없습니다. 우리의 구원은 하나님 사랑의 선물로서, 우리에게 값없이 주어진 것이기 때문입니다. 그러므로 우리가 하나님의 용서를 뼈저리게 체험하면 할수록 다른 사람을 용서할 수 있게 됩니다. 제가 아는 어떤 분은 무척 유명한 교회 목사님의 아들인데 젊은 시절에 방황을 참 많이 했습니다. 사춘기 시절부터 아버지에 대한 반항과 하나님에 대한 불순종으로 얼룩진 삶을 살았을 뿐 아니라, 도덕적으로도 사람들의 비방을 받았습니다. 그 아버지는 그 때문에 오랫동안 속을 끓였습니다. 그러던 그가 하나님께로 돌아와 신학을 공부하고 목사가 되어 열심히 목회하고 있습니다. 그런데 그분이 저에게 했던 이야기 가운데 지금까지 기억되는 말이 있습니다. "나는 이 세상 그 어떤 사람에게도 돌을 던질 수가 없습니다. 나는 그 누구도 비판하거나 손가락질할 수 없습니다. 하나님이 나를 용서하셨기 때문입니다."

그렇습니다. 교부 아우구스티누스는 심지어 이렇게 말했습니다. "죄를 지으라. 그러면 하나님의 사죄 은혜를 더 깊이 경험할 수 있다." 도무지 용서받을 수 없는 죄를 범한 사람만이 용서받는다는 게 얼마나 큰 은혜인지를 깨닫게 됩니다. 비로소 다른 사람들을 조금씩 용서할 수 있습니다. 우리가 성령님 안에 거할 때, 우리는 얼마나 큰 죄인이었는지, 우리가 얼마나 큰 용서를 받았는지를 깨닫게 됩니다. 성령님 안에 거할 때, 다른 사람들도 나와 똑같은 연약한 사람들이며, 너도나도 모두 용서가 필요한 사람들이라는 사실이 가슴에 와 닿게 됩니다.

하나님은 우리를 용서하시기 전에, 우리가 다른 사람을 용서하기를 원하신다고 반복해서 강조하고 있습니다. 누가복음 6장 37절은 "용서하라 그리하면 너희가 용서를 받을 것이요"라고 말합니다. 주기도문에서도 "우리가 우리에게 죄지은 자를 사하여 준 것같이 우리 죄를 사하여 주시옵고"(마 6:12)라고 되어 있습니다. 예수님은 계속해서 이렇게 말씀하십니다. "너희가 사람의 잘못을 용서하면 너희 하늘 아버지께서도 너희 잘못을 용서하시려니와 너희가 사람의 잘못을 용서하지 아니하면 너희 아버지께서도 너희 잘못을 용서하지 아니하시리라"(마 6:14-15). "서서 기도할 때에 아무에게나 혐의가 있거든 용서하라 그리하여야 하늘에 계신 너희 아버지께서도 너희 허물을 사하여 주시리라 하시니라"(막 11:25).

그래서 우리는 성령님께 나아가 이렇게 말씀드릴 수 있

이토록 따스한 성령님

습니다. "성령님! 저는 그에 대한 저의 감정을 바꿀 수가 없습니다. 저 스스로는 그를 용서할 수 없습니다. 그러나 성령님께서 그 사람에 대한 새로운 감정과 생각을 주신다면 그것을 받아들이겠습니다. 저를 도와주소서." 그런데 성령님께서 우리가 어떤 사람을 용서할 필요가 있음을 깨우쳐주실 때가 있습니다. 문득 그 사람의 얼굴이 떠오르거나, 그 사람의 마음의 고통이 느껴지거나, 혹은 갑자기 자신의 마음이 다급해지기도 합니다. "아, 그때 그 말은 내가 그 사람에게 하지 말았어야 했어." "내가 그렇게 행동한 것은 전혀 그 사람을 배려하지 않는 행동이었어." "나의 태도가 얼마나 그 사람을 불쾌하게 했을까?" 이러면서 먼저 자신이 뉘우침의 시간을 갖게 됩니다. 그때 우리는 겸손히 이렇게 성령님께 말씀드려야 합니다. "성령님! 저는 그 사람을 용서할 준비가 되어 있습니다. 저는 하나님의 때를 받아들이겠습니다. 성령님께서 어떻게 하라고 하시든지 저는 계속해서 성령님의 지시를 기다리겠습니다."

그렇습니다. 무거운 죄를 범하고 용서를 받아본 사람은 자비로운 마음으로 다른 사람을 용서할 수 있습니다. 우리가 다른 사람을 용서하지 않으면서 하나님께서 자신을 용서해 주시기를 바라는 것은 뻔뻔스러우며 헛된 일입니다. 우리가 누군가를 용서하지 않을 때, 우리는 하나님의 음성을 선명하게 듣지 못합니다. 우리의 시각이 하나님이 아닌, 내가 용서할 수 없는 바로 그 사람에게만 고정되어 있기 때문입니다. 그 사람 때문에 다른 문제들이 작아지고, 오직 나에 대한 그 사람의 악행과 잘못만이 크게 보입니다. 그럴 때 우리는 하나님의 사랑을 경험할 수 없습니다. 그러므로 우리는 용서받기 위해서 기도하고, 용서하기 위해서 끊임없이 기도해야 합니다. 바울은 말합니다. "서로 용서하기를 하나님이 그리스도 안에서 너희를 용서하심과 같이 하라"(엡 4:32b). 이는 오직 성령님 안에서만 가능합니다. 성령님께 용서를 간구하세요. 용서할 수 있는 능력도 함께 간구합시다.

둘째로, 우리는 먼저 용서의 훈련을 쌓아가야 합니다. 용서는 하루아침에, 혹은 단숨에 이루어지는 것이 아닙니다. 그 사람을 용서해야 하겠다고 굳게 마음을 먹는다고 해서 가능한 것이 아닙니다. 용서는 하나의 과정입니다. 계속되는 과정입니다. 이 세상에 용서의 재능을 타고난 사람은 아무도 없습니다. 그러므로 용서 또한 학습되고 훈련해야 합

이토록 따스한 성령님

니다. 마치 운동선수들이 쉬지 않고 체력을 단련하고 기술을 갈고 닦듯이, 우리도 용서의 근육을 단련하고 용서의 기술을 연마해야 합니다.

용서는 사건과 상황, 그리고 그 사람의 전체를 볼 때 비로소 가능합니다. 어떤 사건이나 사람의 한 부분만 보게 되면 우리는 용서하기 어렵습니다. "당신이 나에게 어떻게 그럴 수 있어? 당신은 나에게 해를 끼쳤으니 참 나쁜 사람이야." 이렇게 한 번 단정을 짓고 나면, 우리는 좀처럼 그 사람에 대한 인상을 바꾸지 않습니다. 그 사람이 그래도 괜찮은 사람이라고 옆에서 아무리 말해주어도 듣지 않습니다. 그 사람의 다른 여러 가지 장점들이 눈에 들어와도 일부러 눈을 감습니다. 더구나 그 사람이 출세하고 성공해서 나보다 앞서가면 그야말로 견딜 수 없어 합니다. 그 사람이 울 때, 그것을 바라보며 속으로 한없이 기뻐합니다. 그 사람이 즐거워할 때, 속에서 괴로워 죽으려고 합니다. 이렇게 우리는 용서할 수 없는 사람과 마음을 함께할 수 없습니다.

그런데 바울은 말씀합니다. "너희를 박해하는 자를 축복하라 축복하고 저주하지 말라 즐거워하는 자들과 함께 즐거워하고 우는 자들과 함께 울라 서로 마음을 같이하며 높은 데 마음을 두지 말고 도리어 낮은 데 처하며 스스로 지혜 있는 체하지 말라"(롬 12:14-16). 이는 참으로 어려운 일입니다. 그러나 어느 때인가 우리에게 상처를 준 사람을 떠올렸을 때 그 사람이 잘되기를 바라는 마음이 생긴다면, 바로 그 시점부터 용서가 시작된 것입니다. 벌써 용서의 절반이 이루어진 것입니다. 나에게 피해를 주고 상처를 주었던 원수 같은 그 사람이 밉지 않을 때, 이미 우리의 마음에는 사랑이 싹튼 것입니다. 그러므로 용서는 사랑에서 우러나오는 가장 강력한 행동이면서, 동시에 사랑을 만들어내는 가장 위험한 모험입니다.

용서는 기다림을 통해 가능해집니다. 용서에는 시간이 필요합니다. 어떤 사람에게는 아주 많은 시간이 필요하기도 합니다. 때로 평생이 걸리기도 합니다. 그렇기에 우리가 누구를 용서한다는 것은 그 사람에게 시간을 내어준다는 것입니다. 그 사람이 변화하고 성숙해지는 시간입니다. 아니 내가 달라지고 성숙해지고 너그러워지는 시간입니다. 그래서 누군가를 용서한다는 것은 나와 상대, 그리고 모두에게 시간을 더 내어주는 일입니다. 기다려주는 일입니다. 그래서 성경은 말합니다. "오래 참음으로 사랑 가운데서 서로 용납하고"(엡 4:2b).

사실 하나님께서는 우리에게 늘 시간을 내어주십니다. 우리가 돌아설 시간, 삶의 방향을 바꿀 시간, 회개할 시간, 뉘우칠 시간, 변화될 시간, 부드러워질 시간입니다. 돌처럼 딱딱한 우리의 마음이 살코기처럼 부드러워지는 시간입니다. 그래서 때로는 "세월이 약"입니다. 간혹 우리의 조급함이 오히려 상대와의 관계를 더 엉망으로 만들기도 합니다. 마음에 떠오르는 대로 당장 그 사람을 만나는 것이 꼭 현명한 일은 아닐 수 있습니다. 왜냐면 그 사람은 내가 그 사람에게 잘못을 저질렀다는 사실을 미처 알지 못할 수도 있습니다. 또는 그 사람이 내게 무엇을 잘못했는지도 모르는 수도 있습니다. 그렇기에 오히려 더 역효과를 낼 수도 있습니다.

때로 불화한 사람들이 만나서 "우리 서로 탁 까놓고 얘기하자"라고 합니다. 그러다가 어떤 경우에는 관계가 정말 탁 깨어지기도 합니다. 다시 수습할 수 없을 정도로 완전히 갈라서게 되기도 합니다. 이전에는 그냥 그런 줄 알았는데, "내가 당신 때문에 이래서 기분이 나빴고 저래서 힘들었어"라고 미주알고주알 다 털어놓습니다. 그러면 상대는 "아니 나도 모르는 일에 그렇게 혼자 마음이 상했어? 이 사람 아주 속이 좁구먼. 어쩌면 이렇게 나와 생각이 다를 수 있을까?"라고 하면서 아예 마음을 닫아 버리는 수도 있습니다.

우리가 그 사람의 어느 한 측면만 보면, 어느 사건의 조각만 보면, 어느 상황의 한 부분만 보면 우리는 가끔 오해하게 됩니다. 그런데 "아, 그때 그래서 그랬구나. 그 사람이 원래는 그렇지 않은데, 그 순간 기분이 나빴던 거구나"라고 이해하게 되면 용서할 수 있게 됩니다. 저는 때로 어떤 사람에게 무시를 당하거나 상처를 입게 되면 무척 속이 상합니다. 도무지 그 사람을 용서할 수 없을 것 같습니다. 그런데 그 사람이 나에게만 그러는 것이 아니라 다른 사람들에게도 그렇게 행동하는 모습을 보면 저절로 속이 풀립니다. "아, 원래 그런 사람이구나"라고 말입니다. 슬그머니 미움이 사라집니다.

이렇게 용서는 우리에게 새로운 시각이 열릴 때 가능합니다. 이전의 관점이 아닌 다른 관점으로 그 사람을 바라보게 되었을 때, 우리의 무겁던 심장이 가벼워집니다. 비로소 우리는 용서의 손을 내밀 수 있습니다. 그러므로 때로 우리는 천천히 용서할 수 있어야 합니다. 왜냐면 용서에는 이해가 필요하기 때문입니다. 물론 우리가 그 사람의 모든 것을

이토록 따스한 성령님

이해한다면, 아예 용서할 필요가 없을 것입니다. 그렇기에 한 번에 조금씩 용서하라고 권합니다. 처음에는 잘 안 되어도 나중에는 작은 용서들이 쌓여 진정한 용서가 가능하게 될 것입니다.

어느 날 베드로가 예수님에게 묻습니다. "그때에 베드로가 나아와 이르되 주여 형제가 죄를 범하면 몇 번이나 용서하여 주리이까 일곱 번까지 하오리이까 예수께서 이르시되 네게 이르노니 일곱 번뿐 아니라 일곱 번을 일흔 번까지라도 할지니라"(마 18:21-22). 이 말이 대체 무슨 뜻일까요? 흔히 유대인들은 한 사람의 잘못에 대해서 세 번은 용서해 준다고 합니다. 돌아서고 뉘우치며 새롭게 될 수 있는 세 번의 기회를 내어줍니다. 그런데 예수님은 490번 용서해 주라고 하십니다. 이는 조금씩, 셀 수 없을 정도로, 끝까지, 완전하게 용서하라는 의미가 아닐까요? 이것이 가능한 일인가요? "가장 많이 용서하는 자가 가장 많이 용서를 받는다." 이것은 남북 전쟁 당시 노예제도 폐지론자였던 가말리엘 베일리라는 미국 언론인이 한 말입니다. 한 번 두 번 자꾸 용서하는 훈련과 습관을 쌓아가는 사람은 그만큼 용서를 받게 됩니다.

하나님께서는 우리에게 누군가를 용서하라고 명령하실 때, 그 사람이 변화될 것을 약속하지 않으셨습니다. 그러므로 우리가 한 용서의 결과는 우리가 주관하지 못합니다. 단지 우리는 그 결과를 하나님께 맡겨야 합니다. 용서는 우리가 용서한 그 사람을 우리 마음대로 조종하는 것이 아닙니다. 진정한 용서는 그 결과를 하나님에게 내어 맡기는 것입니다. "내 사랑하는 자들아 너희가 친히 원수를 갚지 말고 하나님의 진노하심에 맡기라 기록되었으되 원수 갚는 것이 내게 있으니 내가 갚으리라고 주께서 말씀하시니라 네 원수가 주리거든 먹이고 목마르거든 마시게 하라 그리함으로 네가 숯불을 그 머리에 쌓아 놓으리라 악에게 지지 말고 선으로 악을 이기라"(롬 12:19-21). 실제로 우리가 그 사람을 용서했다고 해서 반드시 그 사람과 화해가 이루어지고 이전의 관계로 회복되어야 하는 것은 아닙니다. 그래서 우리는 이렇게 기도해야 합니다. "하나님! 저는 이 사람을 무조건 용서합니다. 저는 이 결과를 하나님께 맡기렵니다. 장차 무슨 일이 일어나든 하나님 뜻대로 되길 원합니다."

셋째로, 우리는 용서를 통해 평안을 누릴 수 있습니다.

이토록 따스한 성령님

"용서를 베푸는 사람은 그 용서의 행위를 통해 가장 먼저 혜택을 받는다"라는 말이 있습니다. 용서하는 자가 그 누구보다도 가장 큰 혜택을 누릴 수 있습니다. 누군가를 용서하지 못하는 사람의 마음은 늘 무엇엔가 얽매여 있습니다. 미움의 쇠사슬에 매인 것입니다. 온종일 끊임없이 분노하기도 하고, 적의를 품기도 합니다. 물론 그렇지 않기도 합니다. 보통 때는 그냥 정상입니다. 그런데 그 사람 이야기를 듣게 되면, 그 사람과 관계된 일을 접하면 즉시 비정상이 됩니다. 노이로제 증세를 보입니다. 얼굴 색깔이 확 달라진다든지, 표정이 일그러진다든지, 근육이 가볍게 떨린다든지, 힘줄이 솟습니다.

저는 가끔 TV를 통해서 프로레슬링을 보곤 합니다. 선수들이 상대에게 화를 내고 감정을 토해낼 때, 한 가지 특이한 현상이 눈에 뜨입니다. 얼굴뿐 아니라 온몸이 붉게 상기되고 근육이 수축하며 힘줄이 불뚝불뚝 솟아납니다. 금방이라도 터져버릴 것 같습니다. 정말이지 우리 안의 정서가 신체의 모든 부분과 밀접하게 관계된다는 것을 확인하게 됩니다. 너무 화가 나면 "피가 거꾸로 솟는다"라고 합니다. 신체의 순환과 호흡 및 소화의 모든 기관이 정상적으로 반응하지 않게 된다는 말입니다. 결국에는 몸을 망치는 결과를 얻게 됩니다.

오늘날 현대 의학은 아주 중요한 사실을 발견해 냈습니다. 우리가 화낼 때 속으로 열 받는다고 합니다. 그런데 세포가 실제로 열을 받는다고 합니다. 세포 주위를 둘러싸고 있는 전자들이 열을 받아 정신이 없어지면 전자를 잃어버립니다. 이것을 프리 래디칼(free radical), 즉 활성산소 혹은 유해산소라고 합니다. 그러면 그 활성산소가 세포를 산화시킵니다. 마치 쇠가 녹슬 듯이 세포가 녹이 스는 것입니다. 그리고는 이 활성산소가 마구 돌아다니면서 다른 세포들의 전자를 뺏어옵니다. 그래서 세포의 돌연변이가 일어납니다. 마침내 세포가 병이 들게 됩니다. 바로 암을 일으키는 매우 중요한 원인이 됩니다.

제가 미국에서 발목을 수술한 적이 있는데, 입원한 병실에 마침 한국 여성이 함께 있었습니다. 난소암으로 인해 두 번째 항암 치료를 받는 여성이었는데, 어찌나 괴로워하던지 옆에서 보기에도 무척 안쓰러웠습니다. 애를 낳는 것보다도 더 아프다고, 차라리 죽는 게 더 낫겠다고 밤새 애절하게 호소하는 모습을 지켜보았습니다. 그런데 다음 날 새벽

이토록 따스한 성령님

녘에 저에게 그분이 이렇게 털어놓았습니다. 사실 자기는 크리스천이고 공부하려는 남편을 따라 미국에 왔는데, 여러 가지 사정으로 인해 남편이 공부를 중단하게 되었다고 합니다. 그 이후 비자 문제뿐 아니라 경제적으로 매우 어렵게 살아왔다고 합니다. 그런데 3, 4년 전부터 그렇게 남편이 미울 수가 없었다는 것입니다. 남편은 모르지만, 매일 남편에게 죽도록 분노하고 미워하며 용서할 수 없었는데, 그만 이렇게 암에 걸리게 되었다는 것입니다. 제 앞에서 눈물을 흘리며 회개를 하고 다짐을 했습니다. 다시는 남편을 미워하지 않고 다 용서하겠다고 말입니다.

하나님께서도 사랑하는 당신의 자녀들에게 날마다 권면하고 계십니다. "용서하라." 왜 그럴까요? 이는 "암 걸리지 말라", "병원비 아껴라", "네 몸을 생각하라"는 권면이요 배려입니다. "네 영혼을 상하게 하고, 네 마음을 닫히게 하며, 네 몸을 망가뜨리는 미움과 분노를 떨쳐버리라"는 말씀입니다. 어떤 사람은 평생 어떤 사람을 용서하지 못한 채 눈을 감기도 합니다. 어느 부흥회에서 강사님이 이렇게 질문했다고 합니다. "지금 여러분 가운데 용서하지 못하는 사람이 한 사람도 없는 분은 손을 들어보세요." 그러자 맨 앞자리에 앉으신 가장 나이 많으신 할아버지 장로님이 손을 번쩍 들었습니다. 강사님이 다소 의아해하면서 "정말 장로님은 이 세상에 미워하는 분이 한 사람도 없으신가요? 다 용서하셨나요?"라고 묻자, 그 장로님은 "아, 그럼요. 그동안 내가 용서하지 못한 사람들은 다 죽었답니다. 작년 연말에 한 사람이 남았었는데 올해 1월에 죽었어요"라고 대답했다고 합니다. 여러분! "그 사람은 죽어도 용서 못 해!"라고 하시는 분들은 꼭 자기가 먼저 죽습니다. 어떤 경우는 그 사람이 이미 죽었음에도 아직도 그 사람을 용서하지 못하는 사람들도 있습니다. 내 눈에 흙이 들어가기까지는 용서하지 못한다고 말합니다. 결국은 자기 삶만 사각사각 갉아 먹는 일입니다.

그러므로 먼저 용서하는 사람은 자유롭게 됩니다. 우리가 누군가를 용서하지 못할 때, 우리는 바로 그 사람의 인질이 됩니다. 미움의 노예가 됩니다. 그래서 바울은 힘주어 말합니다. **"분을 내어도 죄를 짓지 말며 해가 지도록 분을 품지 말고 마귀에게 틈을 주지 말라"**(엡 4:26-27). 그렇습니다. 누군가를 미워할 때, 어떤 일에 대해서 분노할 때 하루를 넘기지 말아야 합니다. 특히 우리가 분을 품고 잠들면 그것이 그대로 체내에 독으로 쌓인다고 합니다. 더욱 심각한 것은, 그것이 바로 마귀가 역사하는 통로가 됩니다. 우리의 약점을 엿보던 마귀가 우리가 용서하지 못하는 마음을 통해 미움을 자라게 하고 증오를 키워 우리의 마음과 영혼을 망가뜨립니다. 그러므로 기독교인은 증오하는 것보다 용서하는 게 훨씬 비용이 덜 든다는 것을 아는 사람입니다. 용서는 분노의 비용과 증오의 비용, 그리고 정신의 낭비를 막아주기 때문입니다.

오히려 바울은 우리에게 이렇게 권면하고 있습니다. "악을 악으로, 욕을 욕으로 갚지 말고 도리어 복을 빌라 이를 위하여 너희가 부르심을 받았으니 이는 복을 이어받게 하려 하심이라"(벧전 3:9). 무슨 뜻인가요? 참된 복은 용서하는 데서 온다는 말씀입니다. 건강의 복, 평안의 복, 사랑의 복, 화평의 복을 누리기 위해서는 먼저 선제공격을 취해야 합니다. 악을 악으로 갚지 말고 선으로 악을 이기라고 합니다. "아무에게도 악을 악으로 갚지 말고 모든 사람 앞에서 선한 일을 도모하라 할 수 있거든 너희로서는 모든 사람과 더불어 화목하라"(롬 12:17-18). 살아가면서 우리는 서로 원수를 맺지 않아야 합니다. 누군가에게 의도적이든 그렇지 않든 간에 악을 행하는 어리석음을 범하지 말아야 합니다. 상처를 주고 치유하지 않은 채 오랜 시간이 흐르도록 내버려두는 미련함과 완악함을 버려야 합니다.

여러분! 우리는 성령님 안에서만 용서할 수 있습니다. 하나님의 조건 없는 용서를 체험할수록 우리는 용서할 수 있는 능력을 얻게 됩니다. 그 사랑에 기대어 용서하고, 또 용서하고, 또 용서하는 사람들이 되기를 바랍니다. 살아가면서 우리의 원수가 하나씩 둘씩 늘어가는 것이 아니라 점점 줄어가게 되기를 바랍니다. 우리 평생의 삶이 복수극이 되어서는 안 됩니다. 원수가 없는 사람들이 평안을 누립니다. 한 번, 두 번, 일곱 번, 그리고 490번 용서의 실천을 통해서 위대한 용서의 능력을 덧입게 되기를 소원합니다. 나의 정서적, 신체적, 영적인 건강을 위해서입니다. 하나님에게서 오는 진정한 용서를 힘입기 위해서입니다. 우리 주변을 밝고 건강하고 행복하게 하기 위해서입니다. 우리 모두 그 길을 함께 걸어보지 않으시렵니까? 아멘.

🎼 함께 찬양드립니다(찬송가 191장).

전에 죄에 빠져서 평안함이 없을 때

이토록 따스한 성령님

예수 십자가의 공로 힘입어

그 발아래 엎드려 **참된 평화 얻음은**

주의 영이 함께함이라

성령이 계시네 할렐루야 함께하시네

좁은 길을 걸으며 밤낮 기뻐하는 것

주의 영이 함께함이라

18. 선물
이웃과 한 형제 되었도다(행 11:1-18)

오늘 말씀은 초기 교회 당시 성령님의 역사를 증언하는 사도행전의 특징이 분명하게 드러나는 본문입니다. 예수님이 부활하시고 승천하신 후에 예루살렘을 뒤흔들었던 오순절 성령 강림 사건이 이제 사마리아와 가이사랴, 그리고 안디옥으로 널리 퍼져 그 영향력과 효력을 발생하는 장면을 생생하게 보여줍니다. 사도행전 11장 4절부터 17절의 말씀은 이미 10장에 자세하게 나왔던 내용입니다. "성령님이 고넬료에게 환상 가운데 베드로를 초청할 것을 지시하셨다. 또 베드로에게 환상 중에 세 번씩이나 부정한 음식을 받아 먹으라고 말씀하셨다. 하나님께서 깨끗하게 하신 것을 네가

이토록 따스한 성령님

부정하다고 하지 말라. 내가 괜찮다고 하면 괜찮은 것이다. 마침내 하나님께 순종한 베드로가 고넬료의 집에 갔는데, 고넬료의 집에 모인 사람들에게 유대인들과 마찬가지로 동등하게 성령님이 역사하셨다. 이에 베드로는 예수 그리스도의 이름으로 그들에게 세례를 베풀었다"라는 내용입니다.

그런데 문제가 생겼습니다. 유대에 있던 사도들과 형제들이 베드로를 비난하기 시작합니다. "당신이 그 무리와 함께 어깨를 맞대고 금지된 음식을 먹으며 우리 이름에 먹칠을 하다니요. 도대체 어찌 된 일인가요? 아니 이방인과 함께 어울리다니 당신이야말로 정신이 똑바로 박힌 거 맞습니까?" 그러자 베드로가 성령님이 자신과 고넬료의 집에서 행하신 일을 차근차근 설명합니다. 여러분! 누가는 왜 이 본문을 상세하게 다시 반복하여 길게 서술하고 있을까요? 베드로가 그저 "한 줄 요약!" 하지 않고 풀어쓴 데는 다 이유가 있습니다. 그만큼 유대인과 이방인의 벽이 높았고, 서로 뿌리 깊은 불신과 불화가 있었기 때문입니다. 이제 베드로가 그들에게 질문합니다. "하나님께서 우리가 주 예수를 믿을 때 우리에게 주신 것과 동일한 선물을 그들에게도 주신다면, 내가 어떻게 하나님을 막을 수 있겠습니까?" 마침내 모든 이야기를 들은 사람들이 잠잠해졌고, 그 의미가 마음에 스며들자 하나님을 찬양하기 시작했습니다. "이 일이 정말 일어났다. 하나님께서 이방인들의 마음을 열어 생명을 주셨다."

이제 배제와 차별이 아닌 포용과 화해의 성령 역사가 시작된 것입니다. 오늘 본문 후반부에는 또 다른 포용의 역사가 기록되어 있습니다. 사도행전 9장에서 바나바는 예루살렘에 온 사울을 여러 사도에게 소개해 주었습니다. 바나바가 직접 다소로 사울을 찾아가서 안디옥으로 데리고 왔다는 내용입니다. 바나바는 "핍박하는 자, 사울"이라는 딱지를 떼내어 줍니다. 그러자 폭발적인 복음 전파의 사역이 일어나게 되고, 마침내 안디옥에서 그리스도인이라는 별명을 얻게 됩니다. 오늘 본문의 사건은 온 세계를 향한 하나님의 구원 역사의 결정적인 분기점이 아닐 수 없습니다. 베드로가 고넬료를 받아들이고, 예루살렘 공동체가 이 사실을 용납하고, 바나바가 사울을 포용함으로써 드넓은 하나님 선교의 비전이 활짝 펼쳐집니다.

여러분! 우리가 열심히 신앙생활하는 것은 무엇을 위한 것일까요? 결국은 하나님을 사랑하고 다른 사람을 사랑하기 위한 것입니다. 하나님을 사랑하는 것은 결과적으로 이

이토록 따스한 성령님

웃 사랑의 열매로 드러납니다. 그런데 우리는 선입견의 영
향을 받고, 때로는 편견의 노예로 살아가기도 합니다. 그래
서 사도 바울이 예수님 때문에, 또 예수님을 위해서 배설물
처럼 버린 것들을 우리는 그리스도인이 된 후에 오히려 우
리의 사고와 삶의 태도에 다시금 주섬주섬 집어넣습니다. 우
리는 예수님을 처음 믿을 때만 모든 사람과 화해하고 다른
사람을 포용하고는, 그다음부터는 세상 사람들의 가치관과
세속적인 인간관계와 다를 바 없이 살아갑니다. 편견과 선
입견의 늪에 빠져 차별의 역사에 동참합니다. 이런저런 이유
로 사람들을 편 가르고 나눕니다. 한국 사회도 철저히 나뉘
어 있습니다. 한국전쟁 이전 세대와 이후 세대, 2030세대와
6070세대, 남과 북, 동과 서, 보수와 진보로 산산이 찢어져
있습니다. 같은 하늘 아래 사는 사람들이 맞나 싶을 정도로
생각과 가치관과 이념이 다릅니다. 대단히 불행한 일입니다.

그러나 오늘 본문은 우리에게 말씀하고 있습니다. "다름
을 받아들여라." "포용하라." 우리는 어떻게 배제가 아닌 포
용의 역사에 참여할 수 있을까요?

첫째로, 오로지 성령님의 역사가 포용을 만들어냅니다.

성령님이 우리 사이에 막힌 담을 허물고 드높은 장벽을 무너뜨립니다. 이미 예수님이 하나님과 우리 사이의 장벽을 없애셨습니다. 성령님의 역사는 예루살렘 유대인들 사이에 놓인 벽을 무너뜨렸습니다. 함께 밥을 먹지 않던 주인과 종이, 남성과 여성이, 어린아이와 노인이, 장애인과 병자가, 그리고 세리와 죄인들이 한자리에서 식탁공동체를 이룹니다. 급진적인 영적 평등(radically spiritual equality) 공동체가 생겼습니다.

성령님의 역사는 포용의 역사입니다. 사탄의 역사는 배제와 차별의 역사입니다. 오늘 베드로의 설명에는 반복적으로 "성령이, 성령께서, 성령의 능력, 성령의 인도하심"이라는 표현이 나타납니다. 성령님이 주도적으로 역사해야 우리 안에 있는 편견의 틀이 깨지고 배제의 벽이 무너진다는 말씀입니다. 왜 그럴까요? 성령님은 다른 관점으로 보게 하십니다. 입장을 바꿔놓고 생각하도록 하십니다. 그래서 우리의 마음을 열어주시는 분입니다. 마음의 빗장을 풀게 하십니다. 상대가 들어올 수 있도록 마음의 공간을 만드십니다. 차가운 마음을 따스하게, 속 좁은 마음을 너그럽게, 날선 마음을 부드럽게, 치우친 마음을 공평하게, 딱딱한 마음

이토록 따스한 성령님

을 말랑말랑하게, 뻣뻣한 자세를 움직여 허리를 낮추고 고개 숙이도록 하십니다. 그리하여 남을 인정하고 존중하도록 하십니다.

둘째로, 성령님은 우리와 손을 맞잡고 일하십니다. 성령님의 포용 역사는 사람들을 통해 이루어집니다. 고넬료와 베드로의 순종이 고넬료의 온 가정을 구원하는 놀라운 역사를 만들어냅니다. 예루살렘 사도들과 신자들의 순종이 예루살렘과 온 유대와 사마리아와 땅끝까지 이르러 복음이 전파되는 성령님의 역사를 가져옵니다. 바나바의 순종은 바울을 통한 이방 민족의 구원의 역사에서 한 알의 밀알이 됩니다. 잠시 멈추어 생각해 봅시다. 만약에 베드로가 성령님의 말씀에 순종하지 않았더라면, 예루살렘 제자들이 이 사실을 받아들이지 않았더라면, 바나바가 사울을 용납하지 않았더라면 어떻게 되었을까요? 만약에 바울과 바나바가 함께 동역하지 않고 선교여행에 동참하지 않았다면 로마까지, 그리고 마침내 오늘 나에게 이르는 복음 사역은 불가능했을 것입니다.

사실 베드로는 고넬료를 받아들일 수 없었습니다. 그랬

기에 세 번씩이나 반복하여 환상 중에 성령님은 말씀하십니다. 그리고 고넬료의 집에서 성령님이 직접 모든 사람에게 역사하는 것을 눈으로 보고는 더는 하나님의 뜻을 거부할 수 없었습니다. 그렇습니다. 성령님께서 강하게 베드로의 마음을 감동하십니다. 눈으로 보고 귀로 듣고 생생하게 체험하도록 하십니다. 그랬기에 "아하, 그렇구나!" 깨닫게 되고 "아멘"이라고 응답하지 않을 수 없었습니다.

셋째로, 성령님 안에 거하는 자는 포용의 사람이 됩니다.
성령 충만은 포용의 사건을 만들어냅니다. 우리는 "끼리끼리", "유유상종"이라는 말에 너무 친숙합니다. 비슷한 사람들끼리 사귀고 싶어 합니다. 한국어에서 "우리"라는 말은 단일민족의 공동체 의식을 드러내 보여주기도 하지만, "우리가 남이가"라는 말처럼 지역과 동네, 성과 계층, 세대와 이념 사이의 균열과 갈등과 대립과 분열을 드러내기도 합니다. 특히 한국 사람들은 다른 것을 나쁜 것으로 이해하는 좋지 않은 버릇이 있습니다. "나와 다른 사람은 나쁘다"라고 인식합니다.

그러나 내가 큰 죄인임에도 불구하고 하나님으로부터

이토록 따스한 성령님

용서를 받고, 내가 약점이 많음에도 불구하고 예수님의 용납을 받고, 내가 부족함에도 불구하고 성령님께서 힘주시고 도와주셨음을 깨닫는 게 먼저입니다. 끊임없이 용서하고 베푸시는 하나님을 이해하고 감사하는 마음을 지닐 때 우리의 마음이 너그러워집니다. 누군가를 받아들일 수 있는 공간이 생겨납니다.

그러므로 성령 충만은 사랑 충만입니다. 성령 충만은 포용의 과정입니다. 말씀을 읽고 기도함으로써 우리의 심장을 가득 채우면, 우주처럼, 바다처럼 넓어진 마음을 갖게 됩니다. 그래서 타인을 담을 수 있습니다. 우리는 너무 쉽게 타인을 제쳐 놓고, 정죄하며, 상종하지 않습니다. 그러나 사랑은 상대방에게 시간을 내어줍니다. 그가 내게 들어올 수 있는 공간을 만듭니다. 즉각적으로 반응하지 않고, 성급한 결정을 내리지 않으며, 쉽게 정죄하지 않는 마음의 공간입니다.

사실 한 부모 밑에 태어나 자란 형제들끼리도 서로 다릅니다. 교회 안에서 나와 내 옆 사람과의 신앙 색깔도 다릅니다. 신앙의 수준이 다르고 정치적인 이념의 벽도 있습니다. 가족 안에서도 식성도 취미도 다 다릅니다. 그래서 다투기도 합니다. 한 교회에서 성도들끼리 서로 사이좋게 지내지 못하는 경우도 많습니다. 왜 그리 못 잡아먹어서 야단인지, 서로 으르렁거리며 원수처럼 지내는 사람들도 있습니다.

우리는 누군가의 인정과 용납과 포용이 필요한 사람들입니다. 오늘 하루도 성령님의 포용 역사에 참여합시다. 분열과 갈등, 분노와 적의, 배제와 차별이 아니라, 용서와 치유, 화해와 용납, 포용과 관대, 더 나아가 환대의 자리로 나아가는 하루가 되기를 바랍니다. 땀 흘려 일하느라고, 정신없이 돈 버느라고, 과연 바로 내 옆에 있는 사람들을 얼마나 사랑했는지요? 아예 처음부터 "저 사람하고는 안 되겠어. 나랑 어울리지 않아. 되도록 피해 가야겠어"라고 한두 번의 부정적인 이미지를 갖고는 너무 재빠르게 낙인찍어 버리지는 않습니까? 우리는 쉽사리 나와 다른 사람, 아니 나쁜 사람, 이렇게 딱지를 붙이기도 합니다.

그런데 성령님이 말씀하십니다. "용서하라. 덮어주라. 받아주라." "내가 용납한 바로 그 사람을 너도 용납하고 인정하라"고 하십니다. 때로 원하지 않을지라도 저항하지 말고, 밀쳐 내지 말고, 순종하기를 원하십니다. 베드로가 환상을 안 본 척했더라면, 성령님의 역사에 눈을 감아 버렸다면, 하나님의 음성을 청종하지 않았더라면 고넬료를 포함한 이방

이토록 따스한 성령님

인 구원의 역사는 그리 쉽게 일어나지 않았을 것입니다. 베드로의 작은 순종의 움직임이 커다란 기적을 만들어냈습니다. 물론 하루아침에 되는 것이 아닙니다. 고넬료를 포용했던 베드로는 이후 이방인들과 식사하는 자리에서, 야고보 쪽 사람들이 온다는 소식을 듣고 급히 물러났다가 바울에게 책망을 듣는 일이 일어납니다. 심지어 베드로도 그러한데 우리는 어떨까요?

내 마음이 선뜻 내키지 않아도, 간절한 마음이 없어도, 도무지 용납하고 싶지 않을 때가 있지만, 내 안에 계신 성령님께서 일하십니다. 세밀하게 내적 음성으로 들려주십니다. 그리고 어디선가 그 누군가의 마음을 움직이고 계십니다. 그 사람도 역시 포용의 역사로 초대하십니다. 지금 이 자리에 앉아 있는 여러분들은 어떠신가요? 가정에서, 학교에서, 직장에서 편견과 배제의 벽을 높이 세우고 자아의 동굴에 들어가 계신가요? 그저 내 생각만으로 가득 차 있으신가요? 그래선 안 됩니다. 우리 가운데 일어날 놀라운 성령님의 역사를 보지 못하게 될 수도 있습니다. 성령님을 가까이하세요. 성령님을 의지하세요. 그리고 순종해 보세요. 오늘도 성령님의 포용 역사에 동참하는 하루가 되도록 힘차게 발걸음을 내딛어 봅시다.

🎼 함께 찬양드립니다(찬송가 193장).

성령의 봄바람 불어오니 믿음의 새싹이 움터오고
성령의 단비로 흡족하니 메마른 영혼을 적셔주네
불같은 성령 임하시니 마음의 기쁨 넘쳐나네

성령의 생수를 마시는 자 갈급한 심령이 해갈되고
성령의 충만함 받은 자는 마음의 평안을 누리겠네
성령의 감동 받은 자는 주님의 사랑 깨닫겠네

성령의 은사를 받은 자는 시기와 질투가 사라지고
성령의 지혜를 받은 자는 **이웃과 한 형제 되었도다**
성령의 권능 받은 자는 사랑의 복음 전파하세

이토록 따스한 성령님